기독교대안학교의 교육 성과를 말한다

기독교학교교육연구신서 ⑦
기독교대안학교의 교육성과를 말한다
초판 1쇄 찍은 날 · 2012년 6월 18일 | 초판 1쇄 펴낸 날 · 2012년 6월 25일
지은이 · 박상진 · 조인진 · 강영택 · 이은실 | 펴낸이 · 김승태
등록번호 · 제2-1349호(1992. 3. 31) | 펴낸 곳 · 예영커뮤니케이션
주소 · (136-825) 서울시 성북구 성북1동 179-56 | 홈페이지 www.jeyoung.com
출판사업부 · T. (02)766-8931 F. (02)766-8934 e-mail: edit1@jeyoung.com
출판유통사업부 · T. (02)766-7912 F. (02)766-8934 e-mail: sales@jeyoung.com

ISBN 978-89-8350-789-1 (04230)
ISBN 978-89-8350-572-9 (세트)

값 11,000원

기독교학교 교육연구신서 ⑦

기독교대안학교의 교육 성과를 말한다

박상진 · 조인진 · 강영택 · 이은실 지음

예영커뮤니케이션

머리말

　오늘날 한국 기독교교육의 중요한 변화 중의 하나가 많은 기독교대안학교들이 설립되고 있다는 것이다. 기독교학교교육연구소가 2006년에 조사한 결과에 의하면 당시 43개교의 기독교대안학교들이 있었는데, 5년 이후인 현재의 수는 그 두 배를 상회하고 있다. 기독교대안학교를 찾는 부모와 학생들은 다양한 이유로 이들 학교들을 선택한다. 공교육이 지니는 한계를 절감하고 그 대안을 모색하는 경우, 입시 위주의 교육이 아닌 적성과 은사에 맞는 교육을 찾는 경우, 보다 인격적인 관계 속에서 인성을 함양하는 교육을 받고 싶은 경우, 그리고 기독교 신앙에 근거한 성경적 교육을 바라는 경우 등이다. 이러한 요구들에 부응해서 많은 기독교대안학교들이 설립되었고 기독교적이고 대안적인 건학 이념을 내세우며 교육을 실천해 오고 있다.

　그런데 과연 기독교대안학교들이 본래의 취지대로, 그리고 건학 이념대로 교육의 성과를 거두고 있는가? 기독교대안학교들은 대부분 미인가인 경우가 많기 때문에 교육과학기술부나 교육청의 통제를 받고 있지 않고, 이로 인해 어떤 교육 성과를 내고 있는지를 파악하기가 매우 어려운 것이 사실이다. 개별 학교 단위로 많은 교육적 수고를 하고 있지만, 어떤 방향의 교육이 어떤 수준으로 이루어지고 있는지는 분석되지 못하였다.

사실 기독교대안학교의 교육 성과 분석은 몇 가지 점에서 중요한 의미를 지닌다. 첫째는 각 기독교대안학교들이 그동안의 교육적 노력이 어느 정도 효과가 있는지를 판단할 수 있는 근거를 제시하고, 개선의 노력을 도모할 수 있는 기준을 제공할 수 있다. 둘째, 학부모와 학생들에게 기독교대안학교들에 대한 심도 있는 정보를 제공할 수 있는 기초자료가 될 수 있다. 셋째, 기독교대안학교들의 교육적 노력이 올바른 방향으로 나아가고 있는지를 점검하고 그 방향과 전략을 수정, 보완할 수 있는 기회가 될 수 있다. 그리고 한국교회와 교육계에 기독교대안학교의 가능성과 한계성을 보여줄 수 있는 자료가 될 수 있다.

이런 필요성에 근거해서 기독교학교교육연구소는 2년에 걸쳐서 기독교대안학교의 교육 성과 분석 연구를 수행하였다. 먼저 다양한 기독교대안학교들의 유형을 분류하는 작업을 시도하였다. '기독교대안학교'라는 용어는 너무 광범위한 성격의 학교들을 포함하고 있기 때문에 이를 하위 영역으로 분류하는 작업은 꼭 필요하다. 또한 기독교대안학교들의 성과를 평가할 수 있는 평가 지표를 개발하였다. 그리고 이러한 지표에 근거하여 전국의 기독교대안학교들을 대상으로 설문 조사를 실시하여 교육 성과에 대한 양적 분석을 시도하였다. 그리고 기독교대안학교들의 교육 성과를 보다 심도 있게 파악하기 위하여 질적 연구를 병행하였는데, 기독교대안학교를 졸업한 졸업생들에 대한 면담 조사까지 포함하였다.

이 연구에 참여하여 귀한 글을 써주신 강영택, 이은실, 조인진 교수님께 감사를 드리고, 연구의 실무를 위해 수고를 아끼지 않은 기독교학교교육연구소의 김지현 연구원을 비롯한 이종철, 성지은, 도혜연 연구원과 모든 연구원들께 감사를 드린다. 기독교교육의 동역자로서 이 책의 출판을 기꺼이 맡아 주신 예영커뮤니케이션의 김승태 사장님께도 깊이 감사드린다. 이 책이 한국 기독교대안학교들의 발전에 귀한 디딤돌이 되며, 기독교교육에 관심을 갖는 모든 기독학부모들과 교사들, 그리고 모든 독자들에게 귀한 도움이 되기를 기도한다.

2012년 6월
기독교학교교육연구소 소장 박상진

차례

표, 그림 차례

1장 기독교대안학교의 유형[1]

I. 들어가는 말

한국에서 기독교대안학교가 설립되기 시작한 지 10년 이상의 세월이 흘러가고 있고, 이제는 100개교가 넘는 많은 수의 기독교대안학교가 설립, 운영되고 있다.[2] 이들 기독교대안학교 중에는 1998년 특성화학교로 설립된 '인가받은 학교'들이 포함되어 있으나 현재 대부분을 차지하는 기독교대안학교는 미인가의 형태이다. 도시형과 전원형, 기숙형과 비기숙형, 초등과 중등, 해외 대학 준비에 치중하는 국제형과 국내형, 기독교성을 강조하는 학교와 대안성을 강조하는 학교, 그리고 설립 주체에 따른 다양한 학교들이 존재하고 있다. '기독교대안학교'라는 이름은 너무 광범위한 의미를 지니고 있고 이 이름을 해석하는 입장에 따라 다양한 성격을 지니기 때문에 '어떤' 기독교대안학교인가의 질문을 던질 수

---

1) 이 글은 『장신논단』 제37집 (2010)에 실린 논문을 일부 수정·보완한 것임.
2) 우리나라의 기독교대안학교의 수는 급증하고 있다. 기독교학교교육연구소가 2006년에 조사한 통계에 의하면 43개교였지만, 2008년도에 기독교대안학교연맹이 파악한 수는 66개교로서 2년 사이에 23개교가 증가했고, 현재는 100개교가 넘는 것으로 파악되고 있다.(기독교학교교육연구소, 『기독교대안학교 가이드』(서울: 예영커뮤니케이션, 2007)

밖에 없는 현실이다. 기독교대안학교에 관한 연구나 평가를 하고자 하더라도 '기독교대안학교'라는 한 가지 범주는 구체적인 분석을 하기에는 지나치게 추상적이고 모호하다.

본 장은 기독교대안학교를 의미 있게 유형화하고 범주화함으로써 기독교대안학교들을 하위 군으로 구분하는 기준을 제시하고자 한다. 이러한 유형화, 범주화는 기독교대안학교의 정체성 확립과 기독교대안학교에 대한 평가 또는 연구에 의미 있는 기준을 제시함으로 공헌할 수 있을 것이다. 본 연구의 목적을 달성하기 위하여 다음과 같은 연구 문제를 설정하고 이에 응답하고자 한다.

첫째, 일반대안학교의 유형 분류는 어떠한가?

둘째, 기독교대안학교의 유형 분류에 작용하는 요인들은 무엇인가?

셋째, 기독교대안학교의 유형은 일반대안학교의 유형과 어떻게 달라야 하는가?

넷째, 한국 기독교대안학교의 바람직한 유형화는 무엇인가?

이러한 연구 문제에 답하기 위한 연구 방법으로서 본 연구는 문헌 연구 방법을 사용하였다, 대안학교 유형화에 대한 연구 및 자료 분석, 그리고 기독교대안학교에 대한 선행 연구 분석을 통해 기독교대안학교의 유형화 분류를 새롭게 모색하려고 한다.

II. 대안학교 분류

기독교대안학교의 유형화 논의에 있어서 일반대안학교 유형의 분류 방식은 중요한 참고가 될 수 있다. 기독교대안학교도 '대안학교'라는 점에서 공통의 성격을 지니고 있기 때문이다.

한국의 대안학교도 그 성격이 워낙 다양하기 때문에 일치된 선명한 분류 방식이 존재하지 않는다. 대안학교 설립이 국가에 의해서 분명한 청사진과 설립 계획에 의해서 이루어진 것이 아니고, 다양한 개인과 단체에 의해서, 그리고 다양한 목적과 동기로 인해서 이루어진 것이기 때문에 대안학교에 대한 체계화된 분류가 어려운 것이 사실이다. 그러나 대안학교의 두드러지는 특징과 성격에 따라 의미 있게 분류하는 것이 가능한데, 여기에서는 먼저 교육인적자원부가 펴낸『대안교육백서:1997-2007』에서 분류한 방식을 중심으로 논의하려고 한다.

1. 대안 교육 백서의 분류

『대안 교육 백서』는 일반대안학교를 크게 인가형 대안학교와 비인가형 대안학교로 분류하고, 인가형 대안학교를 특성화학교와 위탁형 대안학교로, 비인가형 대안학교를 초·중등 대안학교로 나누고, 이를 전원형 대안학교와 도시형 대안학교로 다시 분류하여 중등-전원형 대안학교, 중등-도시형 대안학교, 초등대안학교, 그리고 통합형 대안학교로 유형화하고 있다(교육인적자원부, 2007, 66). 이를 도표로 나타내면 다음과 같다.

〈표 1-1〉 대안 교육 백서 유형화 분류 방식

분류 방식	인가	비인가	
초등	해당없음	초등대안학교	
중등	특성화학교	전원형 대안학교	도시형 대안학교
	위탁형 대안학교		

여기에서 중요한 분류 기준으로 작용하고 있는 것은 '인가, 비인

가,' '초등, 중등,' 그리고 '전원형, 도시형'이라고 할 수 있다. 먼저 인가 여부를 중요한 기준으로 선택한 이유에 대해서 『대안교육백서』는 "대안 학교에서 '학력 인정' 여부는 중요한 이슈이며 이에 따라 학교 특성이나 조건이 크게 달라지기 때문"이라고 언급하고 있다. 또한 초등대안학교 는 공동육아나 생활협동조합운동 등의 고유한 역사를 지니는데 반해 중 등대안학교는 그 스펙트럼이 다양하므로, "이러한 급별 구분에 따라 대 안학교의 특성이 여실히 달라진다"고 보아서 초등과 중등으로 나누어 분 류하였다(교육인적자원부, 2007, 66). 그리고 비인가 중등대안학교가 매우 다양한 성격을 지니지만 전원형과 도시형이 대안 교육의 성격의 분 명한 차이를 보이고, 전원형은 주로 기숙형의 형태를, 도시형은 주로 통 학형의 형태를 띠기 때문에 크게 전원형과 도시형으로 유형화하고 있다.

2. 대안학교의 건학 이념에 따른 분류

대안학교의 유형화에 있어서 많이 인용되고 있는 분류 중의 하나가 이종태의 『대안 교육과 대안학교』에서의 분류이다. 그는 대안학교가 지 향하는 가치에 따라서 네 가지 유형으로 분류하고 있는데, 자유학교형 대안학교, 생태학교형 대안학교, 재적응학교형 대안학교, 그리고 고유 이념 추구형 대안학교 등이다(이종태, 2001, 119-122).

첫째, 자유학교형 대안학교는 영국의 섬머힐로 대표될 수 있는 유 형인데, 기존의 학교 교육이 학생들을 지나치게 통제하고 억압한 것을 비판하고, 아이들의 자율성을 존중하며 아이들 속에 내재해 있는 선함과 가능성을 인정하고 이를 발현할 수 있도록 최대한 자유를 허용하는 유형 의 대안학교들이 여기에 속한다. 자유학교형 대안학교는 기존의 교육과 는 다른 인간 이해를 갖고 있는데, 공교육 제도가 학생들을 수동적이고 비자율적인 존재로 이해하고 교사 주도적인 교육을 실시하는 것에 반대하며 학생들을 능동적이고 자율적인 존재로 이해하고 학생 자발적인 교육을 추구한다.

둘째, 생태학교형 대안학교는 이름 그대로 생태와 환경, 노작을 강조하는 대안학교의 유형으로서, 1980년대 이후 환경 위기에 대한 인식이 고조되면서 영국을 비롯한 여러 지역에서 생겨나게 된다. 우리나라의 초창기 대안학교들 중에서 간디청소년학교, 푸른꿈고등학교, 실상사 작은 학교, 변산공동체학교 등이 여기에 속한다. 대안학교를 전원형과 도시형으로 구분한다면 전원형 대안학교들의 대부분은 생태학교형 대안학교에 해당된다고 볼 수 있다.

셋째, 재적응학교형 대안학교는 일반 학교에 잘 적응하지 못하여 중도 탈락된 학생이나 적응에 어려움을 겪는 학생들을 대상으로 하는 대안학교로서 우리나라의 특성화고등학교 가운데 성지고등학교, 화랑고등학교, 원경고등학교, 양업고등학교, 동명고등학교, 두레자연고등학교 등이 이 유형에 가깝다고 볼 수 있다. 정부가 대안학교를 규정할 때 제일 중요하게 언급하는 특징이 바로 학업 중도 탈락자이기 때문에 정부가 인가를 허락하고 장려하기를 원하는 대안학교의 가장 중요한 형태라고 할 수 있다.[3]

넷째, 고유 이념 추구형 대안학교는 "매우 독특한 교육 이념과 방식을 바탕으로 대안 교육을 실천하는 학교"로서 인지학이라는 독특한 철학에 기초한 발도르프 학교(또는 슈타이너 학교)가 여기에 속한다고 보았다. 또한 기독교대안학교를 비롯해 각 종교의 종교적인 이념에 근거하여 교육하는 종교계 대안학교도 이 유형에 포함시키고 있다. 종교적 이념을 추구하는 대안학교는 기존의 공교육이 탈종교적인 성격을 강하게 지니면 지닐수록 종교적 이념의 구현을 실현하기 위해 확산될 가능성이

---

3) 초중등교육법 제60조의 3항은 대안학교에 대해 규정하고 있는데, "학업을 중단하거나 개인적 특성에 맞는 교육을 받고자 하는 학생을 대상으로" 하는 학교임을 명시하고 있다.

크다고 볼 수 있다.

3. 제도교육과의 관련에 따른 분류

대안학교에 대한 초창기 분류 방식으로서 제도교육과 어떤 관련을 맺고 있느냐에 따라서 분류하는 방식이다. 대안 교육운동가인 김희동에 의해서 시도된 분류 방식인데, 제도교육 '속'의 대안 교육, 제도교육 '밖'의 대안 교육, 그리고 제도교육 '곁'의 대안 교육으로 나누고 있다(이병환 외, 2008, 215; 이종태, 2001, 119).

첫째, 제도교육 '속'의 대안 교육은 기존의 제도교육 안에 속해 있으면서도 내용적으로 대안 교육을 시도하는 경우를 일컫는다. 한국에서 대안학교 운동이 본격적으로 시작하기 훨씬 전부터 제도교육 안에서 대안 교육을 시도했다고 볼 수 있는 거창고등학교나 풀무농업고등기술학교, 그리고 특성화학교로 인가받은 성지고등학교 등이 이에 속한다고 볼 수 있다. 대안 교육을 굳이 제도교육 바깥에서 현재의 체제를 부정하며 시도되기보다는 제도교육 안에서 대안적 교육 과정을 시도하는 것을 중요시하는 입장이다. 이 경우 제도교육의 유익을 유지하면서 교육개혁과 열린 교육을 시도할 수 있는 장점이 있는 반면 교육의 근본적인 변화를 추구하는 데에 한계가 있다는 약점이 있다.

둘째, 제도교육 '밖'의 대안 교육은 기존의 제도교육의 한계를 인식하고 제도교육으로부터 나와서 새로운 대안 교육을 시도하는 경우를 말한다. 우리나라의 경우 비인가학교로 시작한 간디학교를 비롯한 대부분의 비인가 대안학교들이 여기에 속한다. 국가의 입장에서는 불법적인 교육기관으로 인식될 수밖에 없고 제도교육 내에서 받을 수 있는 혜택을 받을 수 없다는 한계가 있다. 예컨대 학력 인정이 되지 않기에 이러한 비인가 대안학교에 재학하는 학생들은 검정고시를 통해서 학력을 인정받게 된다. 반면에 교육 과정은 물론 교사 선발과 학생 선발, 교육의 모든 활동을 자율적으로 시도할 수 있는 장점이 있기 때문에, 보다 대안적 교육을 실천할 수 있는 여지가 있다.

셋째, 제도교육 '곁'의 대안 교육은 기존의 제도교육인 학교 교육을 그대로 둔 채, 학교 교육 시간 외의 시간을 활용하여 학교 교육에서 상실한 내용들을 교육하는 경우를 말한다. 예컨대 방과 후 또는 주말이나 방학 등을 이용해 다양한 대안 교육의 프로그램을 운용함으로써 학교 교육을 보완하는 교육을 생각해 볼 수 있다. 이 경우, 과격하게 제도교육을 떠나는 위험을 피할 수 있으면서 왜곡되거나 부족한 학교 교육을 수정, 보완할 수 있는 대안 교육을 시도할 수 있다는 점에서 제도교육 '밖'의 대안 교육과 제도교육 '속'의 대안 교육을 절충할 수 있는 방식이라고도 할 수 있다.

4. 기타의 분류

이 밖에도 대안 교육 또는 대안학교에 대한 다양한 분류 방식이 존재하는데, 대상에 따른 분류, 운영 형태에 따른 분류 등이 있다. 대상에 따른 분류는 대안 교육의 대상의 발달단계와 연령에 따른 분류를 의미하는데, 기본적으로 유아(만 3-5세), 아동(만 6-11세), 청소년(만 12-18세)으로 분류할 수 있다(이병환 외, 2008, 216). 어린이집이나 유치원의 형태이지만 대안 교육으로 시도되는 유아대안학교, 초등학교 학생 연령에 해당되는 아이들을 대상으로 하는 초등대안학교, 그리고 중고등학생 연령에 해당되는 청소년들을 대상으로 하는 중등대안학교 등으로 분류하는 것이 대표적인 예이다. 운영 형태에 따른 분류는 대안 교육의 운영을 어떤 형태로 진행하느냐에 따라 분류하는 것으로서 정규학교 형태, 계절학교 형태, 방과 후 프로그램 형태, 홈스쿨링 형태 등으로 나누어 볼 수 있다(이병환 외, 2008, 219).

5. 논의

이상과 같은 대안학교의 분류 방식은 기독교대안학교의 분류에도 어느 정도 적용될 수 있다. 기독교대안학교도 대안학교 범주 안에 포함된다면 대안학교의 하위분류 방식이 그대로 적용될 수 있는 여지가 있기 때문이다. 우선 기본적으로 초등과 중등 등 발달단계별로 나누는 것은 교육 대상의 차이가 분명하기 때문에 기독교대안학교의 분류에도 그대로 적용될 수 있을 것이다. 아직 학령기 이전의 대안학교에 대한 논의나 실천이 활발하지 않기 때문에 유아 대상의 대안학교는 생소한 감이 있지만, 그만큼 이 대상에 대한 기독교대안 교육이 요청된다는 점에서 여전히 이 분류는 의미를 갖는다. 인가, 미인가의 기준으로의 구분도 현실적으로 무시할 수 없는 분류 방식이다. 인가받은 학교와 인가받지 않은 학교의 차이는 학력 인정 여부, 교육 과정, 교사 선발, 학교 재정, 학교 행정 등 모든 교육 활동 영역에서 드러날 수밖에 없다. 또한 국가의 법질서를 준수하느냐의 문제는 단순히 교육의 효율성 문제를 넘어선 차이를 가져다준다.

대안학교의 건학 이념에 따른 분류는 기독교대안학교의 내면적 성격을 드러내 주는 분류로서 사용될 수 있다. 물론 기독교대안학교 자체가 네 가지 유형 중 '고유 이념 추구형 대안학교'에 해당된다고 볼 수 있지만, 기독교대안학교 안에서도 보다 '자유'를 강조하는 대안학교와 '생태'를 강조하는 대안학교, 그리고 부적응 학생이나 중도 탈락 학생들의 '재적응'을 강조하는 대안학교, 그리고 특정 교파나 교리와 같은 '고유 이념'을 보다 강조하는 대안학교 등으로 분류할 수 있다.

기독교의 신학적, 철학적 스펙트럼이 넓기 때문에 이러한 분류 기준에 의한 기독교대안학교의 분류가 얼마든지 가능한 것이다. 이 중 '자유'와 '생태'를 강조하는 기독교대안학교는 일반대안학교와 유사한 형태를 띠게 되고, '고유 이념'을 강조하는 기독교대안학교는 대안성보다는 기독교성을 더 추구한다고 볼 수 있다. '재적응'을 강조하는 기독교대안학교는 일반인들이 종교인들에 대하여 더 기대하고 요청하는 형태의 유형일 수 있는데 이 부분의 기독교대안학교들이 많지 못한 것은 안타까운 일이다. 이 외에도 대안학교의 다양한 분류 방식은 기독교대안학교에도 의미 있게 적용될 수 있지만, 이 모든 분류 방식이 기독교대안학교 내의 다양한 유형들을 선명하게 보여 주는 데에는 한계가 있다. 왜냐하면 기독교대안학교는 일반대안학교와는 매우 다른 성격을 지니기 때문이다.

III. 기독교대안학교의 성격

기독교대안학교의 분류가 일반대안학교의 분류와 동일하기가 어려운 것은 기독교대안학교가 지니는 성격이 일반대안학교와는 사뭇 다르기 때문이다. 일반대안학교 진영에서 기독교대안학교에 대하여 '기독교대안학교가 대안학교인가?'라고 질문할 수밖에 없는 것은 바로 이런 성격의 차이로 말미암은 것이다. 한국에서의 기독교대안학교는 그 발생의 과정 자체가 일반대안학교의 그것과는 매우 다르다. 여기에서는 일반대안학교의 발생 근거를 살펴보고 그것과 대비하여 기독교대안학교의 발생 근거를 살펴보려고 한다. 그리고 이를 토대로 기독교대안학교의 성격으로서 '기독교적 대안성'을 논의하려고 한다.

1. 대안학교의 발생 근거

대안학교가 출현한 근본적인 원인은 무엇인가? 대안학교의 발생 배경을 살펴보면 대안학교의 성격을 파악할 수 있다. 대안 교육(alternative education)은 그 명칭이 내포하는 의미 그대로 무엇인가에 대한 대안 (alternative to)을 추구하는 교육이다. 대안 교육 즉, 기존의 전통적인 학교의 한계로부터 출발한다고 볼 수 있다. 대안 교육을 "현존하는 교육의 근본적인 한계를 직시하고 그것을 극복하고자 시도하는 교육"이라고 정의내리는 것도 이런 맥락에서이다(이종태, 2001, 13). 그렇다면 기존의 전통적인 학교의 한계가 무엇일까? 특히 대안 교육이 1990년대에 교육 분야에서 일어난 운동이라고 볼 때 그 시기가 갖는 의미가 무엇일까? 많은 교육학자들은 이것을 교육에 있어서 모더니즘이 갖는 한계를 극복하려는 시도로 이해한다.

1) 근대주의적 교육의 한계 극복

계몽주의와 산업혁명 이후 근대 시기동안 과학적 사고와 합리성을 강조하는 교육은 학교라는 제도와 인쇄술의 발명에 근거한 책이라는 매체를 통해 전 세계적으로 확산되게 된다. 대중교육으로서의 학교 교육은 대량 생산 체제라는 산업구조를 지탱해 주는 기능을 감당하게 되고, 이로 인하여 산업과 경제가 발달하게 된다. 인간 이성을 통해 이상적인 사회를 건설할 수 있다는 과학적 낙관주의에 기초한 과학 문명의 발전은 인간에게 편리한 생활을 할 수 있는 다양한 문명의 이기를 가져다주었다. 그러나 이러한 근대적 인간 문명은 20세기 말에 그 한계를 경험하게 되는데, 크게 네 가지 한계로 요약될 수 있다. 첫째는 대량 생산 체제에 맞는 획일적인 방식이 지니는 한계이고, 둘째는 전 지구적 생태 위기로서 근대적 합리성의 한계이며, 셋째는 근대적 개인주의의 한계이고, 넷째는 과학적 합리성과 보이는 세계만을 추구하는 것으로 인한 영성과 초월성의 상실이라는 한계이다(이종태, 2001, 40-47).

첫째, 근대주의적 학교 교육은 마치 공장에서 동일한 물건을 생산

해내듯 획일적인 교육이 이루어지고 있다. 하나의 교과서, 하나의 정답, 하나의 수능 시험, 하나의 교복 등 개인의 자율성과 다양성이 무시된 채 외부에서 주어지는 획일화된 기준에 맞추도록 강요되고 있다. 이는 근대 산업사회의 경제구조인 '소품종 대량 생산 체제'와 맞물려 거대한 기계의 한 톱니바퀴와 같은 존재로 인간을 인식하는 결과이다. 대안 교육은 이러한 획일주의를 비판하며 자율성과 다양성을 실현하는 교육을 추구한다.

둘째, 근대주의적 학교 교육은 기술 공학(technology)을 그 이데올로기로 삼고 있다. 슬로언(Douglas Sloan)이 지적하고 있듯이 이러한 기술 공학주의는 인간의 편리성과 효용성만을 추구한 나머지 자연환경에 대한 돌이킬 수 없는 손상을 입히게 되었다(Douglas Sloan, 1983, 29). 대안 교육은 이러한 기술 공학주의를 비판하며 인간이 자연의 한 부분이라는 것과 환경 보전을 위한 교육을 강조하고 있다. 많은 대안학교들이 '녹색교육'을 강조하며 자연친화적 성격을 지닌 생태학교의 형태를 띠는 것은 이러한 경향성을 드러내고 있는 것이다.

셋째, 근대주의적 학교 교육은 교육의 단위를 한 개인으로 여기고, 교육을 사적인(private) 영역으로 간주해왔다. 그런 점에서 학교는 개인이 이기적인 유익을 위해 학교 교육에 투자(input)하여 개인의 출세라는 산출(output)을 획득하는 자본주의적 논리에 충실하였다. 이러한 개인주의는 데카르트(Rene Descarte)의 '모든 것을 의심해도 의심하는 자신을 의심할 수는 없다'는 '자아의 확실성'에 기초해 있다고 볼 수 있다. 그러나 대안 교육은 이러한 개인주의(individualism)를 비판하고 협동(cooperation)과 공동체(community)를 강조한다.

넷째, 근대주의적 학교 교육은 현세주의를 전제하고 있다. 이것은 과학주의와 기술 공학주의, 그리고 실증주의와도 맥을 같이 하는데, 초월의 존재를 인정하지 않고 관찰하고 볼 수 있는 현실만을 교육의 내용으로 삼으려는 경향이다. 그렇기 때문에 종교와 영성은 비과학적이고, 비과학적인 것은 당연히 비교육적이라고 인식한다. 소위 객관적인 탐구가 가능하다고 믿고 그것만을 중시하는 객관주의(objectivism)에 빠진 나머지 상상과 예술성, 초월과 종교성을 무시하는 경향이 있다. 대안 교육은 이러한 현세주의와 물질주의를 비판하고 초월과 영성을 강조한다.[4]

2) 진보주의

대안학교 가운데 많은 학교들이 근대주의적 학교 교육이 지니는 획일주의와 기술 공학주의, 그리고 지나친 지식 위주의 교육을 강조하는 합리주의의 한계를 극복하기 위한 대안으로서 진보주의 교육을 추구하는 경향이 있다. 인간의 자유, 자율성, 다양성을 강조하고 자연친화적인 생태 환경을 강조하는 낭만주의적, 진보주의적 성격은 오늘날 열린 교육을 지향하는 대안학교의 중요한 특징이라고 할 수 있다.

"대안 교육은 진보주의 교육을 포괄하고 있다고 할 수 있다. 전통적 교육이 교과서 중심, 교사 중심, 강의식, 경쟁, 암기식, 지력, 시험 등의 특징을 갖는 경향이 있다면, 대안 교육은 자유, 성장, 흥미, 활동, 발견, 생활, 사회 재건, 협동, 발견학습, 감성 등에 핵심을 두고 있다." (이병환 외, 2008, 74-75)

서구의 대안학교의 주된 특징이 루소(J. J. Rousseau)의 『에밀』(Emile)에서 주창되는 아동 중심주의에 바탕을 두고 있으며, 니일(A. S. Neill)의 섬머힐 학교가 대표적으로 보여 주는 열린 교육의 성격을 띠고 있다. 우리나라의 대안학교의 주된 흐름도 획일주의와 기술 공학주의, 합리주의의 한계를 극복하려는 시도로서 진보주의 성향을 띠고 있다고 볼 수 있

---

4) 필자는 근대주의적 학교 교육의 특징으로 이 네 가지 외에 경쟁주의, 지식주의, 권위주의, 형식주의, 문자주의, 재생산주의 등을 열거하고 이를 설명하고 있다.(졸고, 『기독교 학교 교육론』(서울: 예영커뮤니케이션, 2006)

는데, 간디학교를 비롯하여 생태, 노작, 놀이, 아동의 자유와 자율을 강조하는 모든 학교들이 여기에 해당한다고 볼 수 있다.

3) 사회비평주의

대안학교 발생의 중요한 원인 중의 하나로 기존의 학교 교육으로부터 소외되거나 탈락하는 학생에 대한 사회적 관심이다. 이는 앞에서 언급한 근대주의 교육의 한계 중의 하나로서 개인주의로 말미암은 경쟁주의와 연유되는데, 학교 교육이 사회적 계층 상승의 수단으로 전락하게 되고 이 경쟁에서 소외되는 학생들을 위한 새로운 교육에 관심을 갖게 된 것이다. 전통적인 학교 교육은 '실력주의'(meritocracy)를 표방하고 교육의 기회균등(equal opportunity)을 주장하면서도 부모가 속해 있는 계층을 결국은 재생산(reproduction)하게 된다는 비판을 받을 수밖에 없다. 교육열도 교육에 대한 진정한 열성이라기보다는 계층 이동을 위한 '상향성의 욕구'라고 보는 것이 더 정확한데, 학교는 계층 재생산을 위한 '합리화의 수단'으로 기능하게 된다.

이반 일리치(Ivan Illich)의 『탈학교사회』(Deschooling society)를 비롯해 라이머(E. Reimer)의 『학교는 죽었다』(School Is Dead), 프레이리(P. Freire)의 『교육과 의식화』(Education for Critical Consciousness) 등은 이러한 학교주의로부터의 해방을 주장하는 것으로 대안 교육의 중요한 이론적 근거를 제공하고 있다(Ivan Ilich, 2004). 우리나라에서의 대안학교 운동을 70년대 80년대의 민중 야학 운동이나 공부방의 연속선상에서 이해하거나, 대안 교육을 '학교 중도 탈락자'나 '소외된 계층의 학생들'을 위한 교육으로 제한하여 이해하려고 하는 입장은 바로 이 범주에 속한다고 볼 수 있다.

2. 기독교대안학교의 발생 근거

일반대안학교의 발생 근거가 근대주의 교육 한계에 대한 포스트모던 대안 모색과 진보주의 교육, 그리고 사회비평주의로 볼 수 있다면, 기독교대안학교의 발생 근거는 일반대안학교와는 많은 차이점을 갖는다. 물론 기독교대안학교 중에는 그 발생 근거가 일반대안학교와 유사한 성격을 지닌 학교들이 상당수 존재한다. 그러나 기독교대안학교의 발생은 일반대안학교의 발생 근거만으로는 다 설명할 수 없는 부분이 있고, 이것이 대안학교 분류 방식을 그대로 기독교대안학교 분류 방식으로 적용하는 것을 어렵게 하고 있다. 일반대안학교의 발생 근거와는 다른 기독교대안학교의 발생 근거에는 기독교세계관을 통한 접근, 기독교교육운동, 그리고 기독교적 수월성 교육을 통한 기독교인재 양성을 들 수 있다. 이 세 가지 발생 근거를 통칭한다면 학교 교육에 대한 '기독교교육적 접근'이라고 할 수 있는데, '대안 교육적 접근'과 때로 공통점을 가지면서도 서로 다른 요소를 지닌다.

1) 기독교교육적 접근

학교 교육에 대한 기독교교육적 접근은 학교에서도 '기독교교육'을 실천하여야 한다는 입장이다. 한국 교육 현실에 대한 문제에서 출발하기보다는 기독교 계시로부터 교육으로 나아가는 접근이라고 할 수 있다. '하나님은 어떤 교육을 원하시는가?' '하나님이 기뻐하시는 교육은 무엇인가?' '교육의 영역에서도 주님되심(Lordship)을 인정하는 것은 무엇을 의미하는가?' '진정한 의미에서의 기독교학교는 무엇인가?' 등의 질문을 제기하면서 굳이 '대안 교육'임을 주장하기보다는 '원래의 교육' 또는 '원안 교육'을 표방하는 입장이라고 할 수 있다.

첫째, 학교 교육에 대한 기독교교육적 접근의 하나로 기독교세계관을 통한 접근을 들 수 있다. 한국에서의 기독교대안학교 운동은 상당 부분 기독교세계관 운동에 근거하고 있다. 기독교세계관 운동은 신앙과 삶의 이원화를 극복하고 기독교세계관으로 삶의 전 영역을 바라보고 이를 실천하는 운동이다. 1970년대부터 한국기독학생회(IVF)와 같은 선교단체를 통해 외국의 기독교세계관에 대한 서적과 운동들이 소개되다가, 1980년대에 들어서면서 기독교대학설립동역회, 기독교학문연구회 등을 중심으로 본격적으로 기독교세계관에 대한 논의와 연구가 시작된다. 각 전문 영역에 대한 기독교 세계관적 관심과 실천이 전개되기도 하는데, 기독교사회(Teacher's Christian Fellowship), 기독의사회인 누가회 (Christian Medical Fellowship)를 비롯하여 기독법조인회, 기독경영인회 등으로 확산된다.

기독교세계관(Christian worldview)은 성경을 하나님의 계시 된 말씀으로 믿고, 성경에 계시 된 대로 창조, 타락, 구속의 관점으로 세계를 바라보는 관점이다. 정치, 경제, 사회, 문화, 예술 등의 분야와 마찬가지로 교육도 하나님이 원래 계획하신 하나님의 교육(education of God)이 죄로 인해 왜곡되고 뒤틀려 온갖 악한 증상들이 나타나는 '타락된 교육'으로 전락되는데, 예수 그리스도의 십자가는 이를 회복하는 능력이 됨을 믿고 타락된 교육을 하나님의 교육으로 변혁(transformation)하는 사명을 감당함으로 교육의 영역에서 하나님의 나라가 이루어지도록 하는 과정이라고 할 수 있다. 학교 교육에 대한 기독교세계관적 접근은 학교에 예배와 성경시간(종교 수업)이 있는 것만으로 기독교교육이 이루어진다고 볼 수 없으며, 교과목과 교수 방법, 교육 행정, 학급 경영, 학생 상담 등 교육 활동 전 영역에 대한 기독교세계관을 통한 접근이 필수적이라고 본다. 이러한 교육을 이루려는 노력이 기독교대안학교 설립으로 이어지게 되는데, '대안'에 대한 강조보다는 '기독교교육'에 대한 강조에 더 큰 무게를 두고, '미인가'의 상태로라도 기독교 학교 교육을 실천하려는 노력이라고 볼 수 있다.

둘째, 기독교대안학교의 발생 근거로서 기독교교육운동, 특히 기독교사운동을 들 수 있다. 한국에는 기독교사회를 비롯한 15개 기독교사단체들이 1996년에 '기독교사연합'이라는 이름으로 연대를 맺게 된다. 그리고 1998년 제1회 기독교사대회를 강원대학교에서 개최하게 되는데, 이를 기점으로 기독교사운동이 시작된다고 볼 수 있다. 2000년 제2회 기독교사대회를 계기로 '좋은 교사운동'으로 개칭하게 되며, 학교교육을 기독교적으로 변화시키는 기독교사운동이 본격적으로 전개된다. 기독교사로서의 사명과 역할이 무엇인지를 추구하면서 학교를 기독교교육의 장으로 재인식하게 된다. 이러한 기독교사의 정체성에 대한 관심은 자연스럽게 기독교학교에 대한 관심으로 이어지게 된다. 공교육 상황 속에서 기독교교육은 한계를 지닐 수밖에 없음을 인식하면서 기독교대안학교를 통한 본질적인 기독교교육의 실행을 모색하게 되었다고 할 수 있다. 기독교사운동을 통해 기독교교육에 충실한 기독교사를 양성한 것이 기독교대안학교의 교사 충원은 물론 기독교대안학교의 설립을 가속화시키는 중요한 요인으로 작용하게 된다.

셋째, 기독교대안학교의 또 다른 발생 근거로서 기독교적 수월성 교육으로서 기독교인재 양성에 대한 추구가 있다. 이것은 기독교교육에 대한 강조와 동시에 '수월성'(excellence)을 추구하는 경향을 지닌다. 한국의 교육 상황, 특히 평준화 정책으로 인한 '학교 선택권', '학생 선발권'의 제한, 그리고 소위 교실 붕괴로 표현되는 학교 교육의 부실화는 기독교적 수월성 교육에 대한 관심을 고조시키게 된다. 또한 세계화(globalization) 추세에 발맞추어 국제적인 안목과 커뮤니케이션 능력을 갖춘 기독교인재를 양성해야 할 필요성을 인식하고 기독교국제학교 설립에 관심을 갖는 개인이나 단체, 교회들이 급증하게 된다. 이미 타종교 단체에 의해 설립된 국제중학교와 정부에서 설립을 허가해 준 두 곳의

국제중학교는 기독교국제학교 설립을 더욱 재촉하였다고 볼 수 있다. 미인가 형태로 설립되는 기독교국제학교는 기독교적 수월성 교육을 추구하되 세계화의 요청에 부응하는 기독교인재 양성교육이라고 할 수 있다.

2) 대안 교육적 접근

한국에서 설립된 기독교대안학교들 가운데 상당수는 기존의 교육의 한계를 직시하고 그 '대안'을 추구하는 학교들이다. 획일적인 몰개성화 교육의 대안으로서 아동의 자율성과 개성을 존중하는 교육, 입시 위주 교육의 대안으로서 노작과 놀이를 강조하는 교육, 개인주의와 경쟁주의, 이기주의 교육의 대안으로서 공동체와 협동의 가치를 존중하는 교육, 그리고 신자유주의시대의 무한 경쟁에서 상위 몇 퍼센트에 해당되는 소수에게만 관심을 갖고 나머지를 낙오시키고 탈락시키는 비인간적인 교육에 대한 대안으로서 소외된 학생들에 대한 관심을 지니고 긍휼을 실천하는 교육으로서 기독교대안학교를 설립하는 경우이다. 나름대로 이러한 대안 교육이 기독교교육 정신과 일맥상통함을 깨닫고 대안학교를 설립하되 기독교 정신으로 설립하는 것이다. '기독교 교리'나 '신앙 교육' 자체의 관심보다는 왜곡된 교육 현실에 대한 '대안'을 모색하되 '기독교적 대안'을 추구하는 접근이라고 할 수 있다. 이러한 기독교대안학교는 그 스펙트럼이 다양한데, 거의 일반대안학교와 다를 바 없을 정도로 '기독교성'이 '대안성' 속에 스며들어 있는 형태에서부터, 학생들에 대한 복음화와 제자화 등 '기독교성'을 매우 강조하는 유형까지 존재한다. 앞의 '기독교교육적 접근'의 기독교대안학교와는 달리 '대안 교육적 접근'의 기독교대안학교들은 일반대안학교 진영과 소통할 수 있는 공통분모가 크다고 할 수 있다.

Ⅳ. 기독교대안학교 유형화의 한 시도

기독교대안학교의 발생 근거의 다양성은 기독교대안학교의 정체성이 다양할 수 있음을 보여 준다. 이는 기독교대안학교가 하나의 성격이 아니라 복잡한 성격을 지니며, 그만큼 분명하게 유형화하기가 어려움을 의미하기도 한다. 기독교대안학교는 기독교학교이며 대안학교이고, '기독교성'을 강조하기도 하고 '대안성'을 강조하기도 한다. 이러한 복잡성은 그만큼 기독교대안학교의 유형화와 하위 영역 구분이 중요함을 의미한다고도 볼 수 있다. 그러면 어떻게 기독교대안학교를 유형화할 수 있을 것인가? 여기에서는 기독교대안학교의 다양한 준거들을 검토해 보고 기독교대안학교의 성격을 가장 잘 드러내 주는 준거들에 근거하여 기독교대안학교의 유형화를 시도해보려고 한다.

1. 기독교대안학교의 여러 준거들

일반대안학교의 분류 기준과 기독교교육적 접근의 다양성을 고려할 때 기독교대안학교의 다양한 준거들을 추출할 수 있다. 특히 기독교대안학교의 정체성, 설립 형태, 교육 기회, 환경요인에 근거하여 기독교대안학교의 성격을 규정짓는 여러 가지 준거들을 발견할 수 있다. 기독교대안학교의 정체성과 관련해서는 기독교성을 강조하는지, 대안성을 강조하는지, 국제화를 어느 정도 강조하는지, 교과에서 기독교적 접근을 시도하는지 등의 준거들이 있다. 설립 형태와 관련해서는 인가 여부와 설립 주체가 교회인지 개인인지 등이 중요한 준거가 될 수 있으며, 교육 기회와 관련해서는 엘리트 위주의 교육인지의 여부, 장애 학생의 접근성 여부, 그리고 경제적인 요인 등이 준거가 될 수 있을 것이다. 또한 환경적인 요인으로서 도시인지 전원인지, 그리고 기숙형인지 비기숙형인지도 의미 있는 준거가 될 것이다. 이들 10가지 준거들을 열거하면 다음과 같다. 1) 인가/비인가, 2) 기독교성/대안성, 3) 국제지향/국내지향, 4) 엘리트 교육/긍휼 교육, 5) 도시형/전원형, 6) 기숙형/비기숙형, 7) 교회설립/개인(기타)설립, 8) 기독교적 교과/일반 교과, 9) 통합/비통합, 10) 고급형/서민형.

1) 인가/비인가

기독교대안학교가 인가받은 학교인지 인가받지 않은 학교인지는 매우 중요한 차이를 가져온다. 정부의 인가를 받았다는 것은 법적인 승인을 받은 것으로서 재정적인 지원을 비롯한 다양한 지원을 받을 수 있다. 그러나 인가를 받지 않은 경우 정부의 입장에서 볼 때, 사실상 불법적인 단체이며 학력 인정은 물론 재정적인 지원을 받을 수 없게 된다. 그러나 인가의 경우도 어떤 인가냐에 따라 다양한 스펙트럼이 있을 수 있다. 정식 사립학교로서 인가받은 경우와 특성화학교로서 인가받은 경우, 그리고 대안학교로서 인가받은 경우의 세 종류로 나누어 생각할 수 있다. 첫 번째 정식 사립학교로서 인가받은 경우는 공식적인 공교육 체제 속에서 '기독교적 대안'을 추구하는 학교들이다. 기독교학교라는 명칭을 갖고 있는 학교 또는 명칭은 기독교학교가 아니지만 건학 이념이 분명히 기독교적 교육을 추구하는 학교들로서 이들 학교들이 '기독교적 대안'을 추구한다면 이 범주에 포함시킬 수 있다.[5] 그러나 이런 학교들을 내용상 '기독교적 대안'을 추구한다고 할지라도 이미 공교육 체제 속에 속해 있기 때문에 '대안학교'의 범주에 포함시키기는 어려울 것이다. 둘

---

5) 인가받은 기독교학교들로서 기독교적 대안을 추구하고 있는 학교로는 일반 학교 인가를 받은 거창고등학교, 고등기술학교 인가를 받은 풀무농업기술학교, 그리고 학교 명칭에 '기독'이 표현되어 있는 수원중앙기독초등학교와 수원중앙기독중학교를 들 수 있다. 이 외의 미션스쿨 중에서도 명실상부한 기독교학교로서의 성격을 지니고자 노력하는 여러 학교들을 이 범주에 포함시킬 수 있을 것이다.

째는 특성화학교로서 인가받은 기독교학교들로서 지구촌고등학교, 동명고등학교, 두레자연중고등학교, 한마음고등학교, 세인고등학교, 한빛고등학교 등을 들 수 있다. 문민정부가 1995년 5.31 교육개혁으로 '고교설립준칙주의'를 도입하여 다양한 유형의 학교 설립이 가능하도록 조치하였고, 1996년 10월에 발표된 '중도 탈락 예방 종합 대책'과 연계되어 1998년부터 설립된 학교들이다. 『대안교육백서』에 따르면 이들 특성화학교 가운데 종교계 학교가 전체의 71%를 차지하고 있고, 특히 기독교계 학교가 전체의 38%를 차지하고 있다. 그런데 특성화학교라고 해서 중도 탈락자만을 대상으로 하는 것은 아니며, 오히려 개인 선택에 의하여 입학하는 경우가 85%, 부적응 학생의 경우는 9%, 탈북 학생이 2%를 차지하는 것으로 보고되고 있다(교육인적자원부, 76). 셋째 대안학교로서 인가받은 경우는 2007년 7월에 발표된 대안학교법 시행령에 근거하여서는 TLBU 글로벌학교와 서울실용음악학교 밖에 없었다. 이에 대안학교의 현실적 상황을 고려하지 못했다는 평가를 받았고, 2009년 10월에 한층 완화된 기준으로 대안학교법을 개정하였다.

2010년 2월 서울시 교육청의 대안학교법 세부 기준 고시를 시작으로 인가 대안학교들이 생기고 있고, 인가 받은 기독교대안학교는 여명학교, 쉐마기독학교, 한동글로벌학교, 글로벌선진학교, 지구촌학교가 있다. 하지만 대부분의 기독교대안학교는 아직 미인가의 형태를 취하고 있다. 이는 여전히 대안학교법의 기준이 열악한 대안학교 상황에는 높고, 인가 이후 교육 과정에 대한 제약을 받지 않을까 하는 우려가 있기 때문이다. 그러나 이후 많은 기독교대안학교들이 인가를 받게 된다면, 인가냐 비인가냐의 분류는 보다 더 의미 있는 분류 기준으로 자리잡게 될 것이다. 그런데 인가를 받지 않은 기독교대안학교들이 상당수가 있을 것이고, 여건이 됨에도 불구하고 인가를 받지 않는 학교들이 존재할 경우 인가, 비인가의 분류는 복잡한 양상을 띠게 될 수도 있다. 즉 인가를 받지 '못한' 학교와 인가를 받지 '않은' 학교의 차이가 존재할 수 있다. 이는 의미상 혼용하여 사용하는 '미인가'와 '비인가'의 차이가 중요한 기준으로 부각될 수도 있다. 또한 실제적으로 교육청에서 인가 여부를 결정하는 기준이 시설과 재정 등 형식적인 면을 중시하느냐 건학 이념과 교육 과정 등 내용적인 면을 중시하느냐에 따라 인가, 미인가의 분류가 의미하는 것이 전혀 다를 수 있다. 그러나 어떤 성격이 되든 인가와 미인가는 학교에 엄청난 다른 영향을 미치기 때문에 기독교대안학교의 성격을 구분하는 중요한 분류 기준이 될 것이다.

2) 기독교성/대안성

기독교대안학교가 '기독교학교'인가 아니면 '대안학교'인가? 물론 이런 질문은 지나치게 단순한 질문임이 틀림없다. 기독교대안학교는 그 명칭이 전제하는 바, 기독교학교이면서 대안학교이기 때문이다. 그러나 기독교대안학교의 성격을 명료화하기 위해서는 여전히 이 질문이 유효하다. 앞에서도 논의했지만 기독교대안학교들 중에는 '기독교성'을 보다 강조하는 학교와 '대안성'을 보다 강조하는 학교가 존재하기 때문이다. '기독교성'을 강조하는 학교들 가운데는 '대안'이라는 용어를 사용하지 않고 '기독교 미인가학교' 또는 '미인가 기독교학교'라고 표현해도 좋을 학교들이 있다. 만약 미국을 비롯한 외국의 경우처럼 학교 설립이 자유롭다면 굳이 '대안학교'로서 기독교학교를 설립할 필요가 없는 학교들이다. 단지 공교육 체계 안에서 정식 학교로 설립하기 어려운 여건 속에서 대안학교의 형태로 설립되었을 뿐이다. 그러나 반대로 '대안성'을 강조하는 기독교대안학교들도 많이 존재한다. 현재의 교육 상황에 대한 비판의식과 안타까움을 갖고 그 대안을 모색하는 학교들이다. 입시 위주의 획일적인 교육의 대안으로 아동 중심, 체험 중심, 인성 교육, 노작 교육, 생태 교육을 강조하는 기독교학교들이다. 이들 '대안성'을 강조하는 학교들 중에는 '기독교성'이 별도로 강조되지 않아 일반대안학교와 거의 차이를 보이지 않는 듯한 학교도 있다.[6]

이들 '기독교성'을 강조하는 기독교대안학교와 '대안성'을 강조하는 기독교대안학교는 각각 공교육 체계 속에 존재하는 기독교학교와 일반대안학교와 매우 유사성을 갖고 있다. 이 유사성은 때로 이 두 종류의 기독교대안학교 상호 간의 유사성보다 더 강할 수도 있다. 즉, '기독교성'을 강조하는 기독교대안학교와 공교육 체계 속의 기독교학교와 갖는 유사성이 '대안성'을 강조하는 다른 기독교대안학교와 갖는 유사성보다 더 강할 수 있다. 마찬가지로 '대안성'을 강조하는 기독교대안학교와 일반대안학교가 갖는 유사성이 '기독교성'을 강조하는 다른 기독교대안학교와 갖는 유사성보다 더 강할 수 있다. 이를 그림으로 나타내면 다음과 같다.

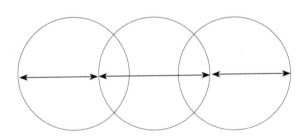

기독교학교   기독교대안학교   대안학교

[그림 1-1] 기독교학교, 대안학교와 기독교대안학교의 유사성

'기독교성'과 '대안성'을 기준으로 기독교대안학교들을 분류하는 것은 신학적인 성찰이 요구된다. 신학의 다양성이 기독교대안학교의 정체성과 관련되고, '기독교성'과 '대안성'의 관계 정도를 결정하기 때문이다. 보다 보수적인 신학적 성향을 지닌 기독교대안학교일수록 '기독교성'을

---

6) 감리교단에서 2004년에 설립한 산돌학교가 그 대표적인 사례가 될 수 있다.

강조할 가능성이 있고, 보다 진보적인 신학적 성향을 지닌 기독교대안학교일수록 '대안성'을 강조할 가능성이 있다. 이는 리차드 니버(Richard Niebuhr)의『그리스도와 문화』(*Christ and Culture*)에서 제시하는 다섯 종류의 신학적 유형에서도 통찰을 얻을 수 있다(Ricard Niebuhr, 1998).

'문화와 대립하는 그리스도'(Christ against culture)나 '문화 위의 그리스도'(Christ above culture)는 배타적으로 '기독교성'을 강조하는 경향이 있고, '문화의 그리스도'(Christ of culture)는 굳이 기독교와 비기독교를 구분하지 않고 일반대안학교와 마찬가지로 '대안성'을 강조하는 경향이 있다. 그리고 '그리스도와 문화의 역설적 관계'(Christ and culture in paradox)와 '그리스도, 문화의 변혁자'(Christ transforming culture)의 신학 유형은 이 두 극단의 가운데에 위치한다고 볼 수 있다.[7]

'대안성'을 강조하는 기독교대안학교도 어떤 '대안'을 추구하느냐에 따라 다양하게 분류될 수 있다. 앞에서 논의한 것처럼 자유학교형, 생태학교형, 재적응학교형, 고유 이념 추구형 등으로 나눌 수 있다. '기독교성'을 강조하는 기독교대안학교도 구체적으로 어떤 교리에 근거한 기독교교육을 추구하느냐에 따라 보다 세분화된 구분이 가능하다. 제임스 카퍼(James C. Carper)와 토마스 헌트(Thomas C. Hunt)는『미국에서의 종교학교』(*Religious Schooling in America*)에서 교리적인 성향에 따라 미국의 종교학교들을 유형화하고 있는데, 카톨릭 학교(Catholic School), 루터교 학교(Lutheran School), 칼빈주의 학교(Calvinist Day School), 제칠일 안식교 학교(Seventh-day Adventist School), 복음주의 기독교학교(The Christian Day School), 그리고 유대교 학교(Jewish Day School) 등으로 분류하고 있다(James C. Carper & Thomas C. Hunt, 1984). 이들 각각의 학교

---

7) 이러한 분류는 일반대안학교들이 말하는 '대안성'을 전제한 것으로서, 진정한 '대안성'이 무엇인가를 논의의 초점으로 삼는다면 전혀 다른 설명이 가능할 수도 있다. 예컨대, '기독교성'과 '대안성'을 분리되는 것으로 보지 않고 진정한 '기독교성'이 '대안성'이라고 주장할 수도 있다.

는 그 종교나 교단, 교파의 교리적 체계에 붙박여있고, 이러한 교리의 차이가 학교의 정체성 차이를 가져오게 된다. 그러나 기독교대안학교가 지나치게 특정 교단의 교리에 제한되어 다른 교단의 학생들을 받을 수 없다면 '교회의 분열'이 그대로 '학교의 분열'로 재현되는 한계를 지닐 수 있다. 한국교회가 건강하게 연합을 추구하고 있듯이 한국의 기독교대안학교도 '건강한' 기독교의 공통적 기반 위에 세워지는 것이 바람직할 것이다.[8]

3) 국제지향/국내지향

한국의 기독교대안학교 중의 상당수는 기독교국제학교의 성격을 띠고 있다. 명칭에도 '국제'(international)라는 용어가 포함되어 있고, 국제적인 기독교인재 양성을 목적으로 하여 설립된 학교들이다. 대부분의 경우 영어로 모든 수업을 진행하고 해외, 특히 미국의 대학교에 입학할 수 있도록 준비시키는 교육 과정을 운영한다. 세계화 시대에 부응하여 국제사회 속에서 그 역할을 감당하기 위해서 영어를 비롯한 언어적인 능력, 그리고 탁월한 지적 능력과 인성적 능력을 배양하려고 한다. 교육과정 자체를 미국의 교육 과정대로 운용하는 경우도 많으며, 미국 교과서를 그대로 사용하는 경우도 있다. 원어민 교사는 필수적인 요소로 인식되고 있으며, 미국 대학에 합격하기 위해서 SAT 준비는 물론 사회봉사, 예체능 능력 함양, 리더십 배양 등 다양한 노력을 기울이고 있다. 이들 학교들도 '기독교'학교이기 때문에 신앙 교육과 기독교적 인성 교육을 중요시하지만 '국제'학교로서의 특수성이 학교의 정체성에 큰 영향을 미치

---

8) 기독교대안학교의 '건강한' 기독교적 기반에 대해서는 필자가 졸저 『기독교학교 교육론』에서 다음과 같이 제시하고 있다. 첫째, 기독교학교는 복음적이어야 한다. 둘째, 기독교학교는 성경적이어야 한다. 셋째, 기독교학교는 개혁적이어야 한다. 넷째, 기독교학교는 연합적이어야 한다. 다섯째, 기독교학교는 세계관적이어야 한다. 여섯째, 기독교학교는 통전적이어야 한다. 마지막으로, 기독교학교는 공동체적이어야 한다.

는 것은 부인할 수 없다. 즉, 기독교대안학교들 가운데 국제학교는 그렇지 않은 학교와 여러 가지 면에서 큰 차이를 나타내게 된다. 교육 목표에 있어서 외국의 대학 입학이 중요하게 포함될 수밖에 없으며, 교육 과정에 있어서 외국의 커리큘럼이나 교과서가 큰 비중을 차지하게 되며, 모든 교과목은 아니더라도 소위 영어몰입교육이 이루어질 정도로 영어와 제2외국어의 중요성이 강조된다. 교사 선발에 있어서도 원어민 교사를 채용해야 하는 등 교육 전반에 걸쳐서 차이를 가져올 수밖에 없다.

기독교국제학교가 다른 기독교대안학교와 공유하는 면도 많을 것이다. 기독교교육의 목적과 방법, 그리고 기독교적 인성 교육, 예배와 성경과목, 소그룹을 통한 관계 교육 등 '국제'학교이지만 여전히 기독교대안학교가 추구하는 '기독교성'을 추구한다고 말할 수 있을 것이다. 그러나 '국제학교'이기 때문에 갖게 되는 독특성이 워낙 강하기 때문에 국내를 교육의 기반으로 삼고 있는 다른 기독교대안학교들과는 쉽게 구별된다. 기독교국제학교가 대안학교라고 할 수 있다면 그것은 세계화 시대임에도 불구하고 국제적인 능력을 갖춘 인재를 양성하지 못하고 있는 현 한국의 교육 현실에 대한 대안을 의미할 것이다. 한국의 학교 교육에 있어서 영어가 중요하지만 초중등 교육 과정에서 지나치게 기본적으로만 다루고 있고, 그 교수 방법 자체가 한계가 있기 때문에 이를 극복할 수 있는 대안으로서 기독교국제학교를 실천하고 있다고 할 수 있다. 이런 기독교국제학교가 많이 설립될 수 있는 것은 그만큼 부모들의 요구가 있음을 반증해 주고 있기도 하다.

그런데 과연 '국제학교'가 대안학교(alternative school)로 인정될 수 있는가? 앞에서 언급한 것처럼 국제화를 강조하지 못하고 있는 교육 현실에 대한 대안이기 때문에 이것도 대안 교육의 일환이라고 할 수 있다. 그러나 일반대안학교 진영에서 말하는 '대안성'과는 거리가 있을 것이다. 학교 중도 탈락자나 재적응이 필요한 학생들을 위한 교육이 아니고,

아동의 자율성을 신장하거나 생태나 노작을 강조하는 교육도 그 초점이 아니다. 보다 더 '수월성'(excellence)을 추구한다는 점에서 국제학교의 형태가 아니더라도 여전히 입시 위주의 수월성을 추구하는 다른 국내형 기독교대안학교와 함께 '기독교 수월성교육'의 한 형태로 보아야 할 것이다. 기독교국제학교는 그 성격상 여타의 기독교대안학교와의 유사성보다는 일반 국제학교와의 유사성이 더 강하다고 볼 수 있다. 공교육 안에서 인가받은 국제학교로 존재하는 몇 몇 국제중고등학교와 국제학교라는 공통점을 갖는다. 만약 기독교국제학교가 정부로부터 '국제학교' 인가를 받을 수 있다면 굳이 '기독교대안학교'의 범주에 남아 있을 이유가 없을 것이다. 그런 점에서 기독교국제학교는 기독교대안학교라는 정체성보다는 기독교 미인가 국제학교라는 정체성에 더 가까울 것이다.

4) 엘리트교육/긍휼 교육

기독교대안학교가 어떤 대안을 추구하느냐에 따라 전혀 다른 성격을 나타내 보이게 된다. 기존의 한국의 교육 상황, 특히 평준화 제도로 인하여 엘리트를 양성하지 못했다는 반성을 지니고 국제학교의 형태는 아니지만 엘리트 교육을 추구하는 기독교대안학교들이 있다. 심지어는 본격적으로 입시 위주의 교육을 하는 학교도 얼마든지 있을 수 있다. 표방된 건학 이념이나 교육 목표는 전인 교육, 인성 교육을 지향한다고 할지라도 실제적으로 지식 위주의 엘리트 교육에 치중할 수 있는 것이다. 그 학교가 엘리트 교육을 추구하는지, 전인 교육 나아가 긍휼 교육을 추구하는지를 가장 잘 알 수 있는 것은 학생 선발 방식 및 학생 평가 방식이다. 엘리트 교육을 추구하는 학교는 학생 선발 과정에 있어서 필답 고사가 포함되어 있어서, 시험 결과에 따라 성적이 높은 학생 위주로 선발하는 경향이 있다. 반면에 전인 교육이나 긍휼 교육을 추구하는 학교는 필답 고사가 아닌 다른 방식으로 학생을 선발하는 경향이 있다.

기독교대안학교들 중에서 긍휼 교육에 관심을 갖는 학교들이 있다. 이들은 성적이 높은 학생을 선발하는 것이 아니라 오히려 학교 중도 탈락자나 성적이 일정 수준보다 낮은 학생들, 탈북 청소년들, 다문화 가정 및 외국인 노동자 자녀들, 장애가 있는 학생들을 선발한다. 기독교긍휼학교는 '기독교성'을 교육 내용에 대한 기독교적 이해라는 관점만으로 접근하는 것이 아니라 '정의'와 '평화', '사랑'의 실천으로 이해한다. 어떤 학생을 어떻게 선발해서 어떤 목적으로 교육하느냐가 기독교적이어야 한다고 생각한다. 공교육 상황 속에서 보다 소외된 학생들에 대한 관심을 갖고 그들에 대한 기독교적 긍휼의 교육을 실천하는 것이다. 일반적으로 사회가 요구하는 종교의 봉사적 측면과 관련된다고 볼 수 있다. 정부가 대안학교법을 제정할 때 염두에 두고 있는 대안학교의 취지도 이런 소외된 학생들에 대한 교육이라는 점에서 이런 성격을 지닌 기독교대안학교는 상당 부분 국가의 법적, 재정적 지원을 받을 수 있으며, 일반대안학교 진영과 보다 소통할 수 있는 성격이라고 할 수 있다.

5) 도시형/전원형

기독교대안학교의 중요한 분류 기준의 하나로서 도시형인가 전원형인가의 여부를 검토해 볼 수 있다. 이것은 단지 소재하는 위치의 문제만이 아니라 기독교대안학교의 성격을 드러내 주는 기준이기도 하다. 도시형은 학교가 도시 안에 위치하면서 일상적인 삶과 문화, 생활 속에서 이루어지는 교육이라고 한다면, 전원형은 자연 친화적인 생태 환경 속에서 노작을 통한 경험을 중시하는 교육이라고 할 수 있다. 영국의 섬머힐이나 우리나라의 간디학교 등 많은 대안학교들이 도심지를 떠나 자연 환경 속에 위치해 있는 것과 같은 맥락에서 이해할 수 있다. 도시형 대안학교라고 해서 반전원적 가치를 지녔다고 볼 수는 없으며, 반대로 전원형 대안학교라고 해서 모두 반도시적 가치를 지녔다고 볼 수 없다. 그러나 도시형 대안학교는 도시의 정치, 경제, 문화, 기술 등의 문명화된 삶을 긍정하는 가치가 내재되어 있다고 볼 수 있으며, 전원형은 근대화된 도시 중심의 문화 자체에 대한 대안을 모색하는 경향이 있다고 볼 수 있다.

6) 기숙형/비기숙형

도시형, 전원형의 분류는 기숙형이냐 비기숙형이냐의 분류 기준과 밀접한 관련을 맺는다. 일반적으로 도시형은 비기숙형의 성격을 지니고, 전원형은 기숙형의 성격을 지니는 경향이 있다. 물론 얼마든지 반대의 경우도 있을 수 있고, 이 두 가지 형태가 절충된 모습도 있을 수 있다. 그러나 일반적으로 도시형 대안학교는 가정에서 통학하는 학생들을 대상으로 하는 경우가 많고, 전원형 대안학교는 소재지 자체가 통학하기가 어려운 여건이기 때문에 기숙사 생활을 하는 경우가 대부분이라고 할 수 있다. 기숙형이냐 비기숙형이냐의 문제는 의도했건 의도하지 않았건 '가정에 대한 관점'의 차이를 내포하게 된다. 학생이 그가 속해 있는 가정 안에서의 삶과 교육을 중요한 가치로 여긴다면 가정에서 생활하면서 통학할 수 있는 비기숙형을 택할 가능성이 높고, 가정보다는 학교공동체를 강조하고 기숙사 생활을 통한 생활 교육의 가치를 강조한다면 기숙형을 택하게 될 가능성이 높다. 기독교대안학교가 가정교육의 가치를 중시할 것인가 자연친화적 교육의 가치를 중시할 것인가에 따라서 다른 유형을 선택하게 될 수 있다. 일반적으로 초등학교는 비기숙형이 대부분이고 기숙형의 많은 경우는 중등학교로 제한되는 경향이 있다.

7) 교회설립/개인(기타)설립

기독교대안학교의 설립 주체별 분류도 중요한 의미를 지닌다. 지난 2006년에 기독교학교교육연구소가 조사한 통계에 의하면 기독교대안학교 가운데 가장 많은 비중을 차지하는 것은 교회가 설립하는 경우(40%)

이며, 단체나 법인이 설립하는 경우와 개인이 설립하는 경우(각각 30%)가 비슷한 비율을 보이고 있다(기독교학교교육연구소, 2007, 33). 이 중 교회가 설립하는 경우와 그렇지 않은 경우는 학교의 성격을 매우 다른 양상을 띠게 만든다. 교육 시설과 재정 면에서 교회가 상당 부분 지원하는 경우가 많으며, 그만큼 학교가 교회에 의존되는 구조를 지니기가 쉽다. 학교의 의사결정구조에서 교회의 영향력이 클 가능성이 있으며, 교회의 담임목사나 당회의 구조의 변화가 학교에 직접적인 영향을 미칠 가능성이 있다. 즉, 교회와 학교가 상호 존중하면서도 서로의 자율성을 인정하는 구조로 발전하지 않을 경우 갈등이 일어날 가능성도 배제할 수 없다. 교사 충원과 학생 충원에 있어서 교회와의 적극적인 협조가 가능하며, 교육 과정 운용에 있어서도 학교와 교회의 다양한 연계 프로그램을 시도할 수 있다. 교육 이념이나 목적, 방향에 있어서는 교회와 교회가 속해 있는 교단의 신학적, 교리적 입장과 연속성을 지닐 것을 요청받을 수도 있다. 개인이나 특정 단체가 학교를 설립하는 경우도 그 나름의 제한점을 갖는다. 각 기독교대안학교는 이사회가 구성되어 있어도 실질적인 의사결정이 개인이나 몇몇 사람들에 의해서 결정될 위험이 있으며, 이는 설립자의 건학 정신과 공공성의 확보라는 두 가치가 충돌할 가능성이 있음을 의미한다.

8) 기독교적 교과/일반 교과

기독교대안학교로 통칭되는 학교들을 교육 과정의 측면에서 살펴볼 때 매우 다양한 성격의 학교들이 존재하고 있음을 알 수 있다. 일반 공교육의 제7차 교육 과정과 그 교과서를 그대로 사용하는 경우, 그 교육 과정은 그대로 사용하지만 교사가 이를 기독교적으로 재해석하여 가르치는 경우, 외국의 교육 과정을 그대로 사용하거나 번역해서 사용하는 경우, 기독교적 교육 과정을 나름대로 개발해서 사용하는 경우, 이러한 방식들을 혼용해서 사용하는 경우 등 다양하게 접근하고 있다. 그런데 이를 크게 두 가지 접근으로 나누어 본다면 기독교적 교과를 강조하는 입장과 일반 교육 과정을 그대로 사용하는 입장이다. 전자는 자체의 기독교적 교육 과정을 제작하는 입장과 기존의 교육 과정에 대한 기독교적 재구성을 시도하는 입장을 포함한다. 즉, 자체 제작 여부를 떠나 교육 과정에 대한 기독교세계관적 접근을 강조하는 학교들이 여기에 속한다. 후자는 기독교교육을 추구하되 교육 과정 자체에 대한 기독교적 접근에는 큰 관심을 기울이지 않는 경우이다. 예배와 성경 수업을 통한 신앙 교육, 인성 교육, 그리고 기독교인재 양성이나 정의, 평화를 위한 교육목적 추구, 사랑으로 가르치는 교육 방법을 강조하지만 모든 교과 내용에 대한 기독교적 접근을 중요하게 생각하지는 않는 학교들이 여기에 속한다. 이 분류는 앞의 '기독교성과 대안성'의 분류와도 관련되는데, 그 학교가 보다 기독교성을 강조하고 '기독교세계관'을 강조하는 학교인 경우 '기독교적 교과'를 강조할 가능성이 높고, 기독교성보다는 대안성을 강조하는 학교인 경우는 교과 자체에 대한 기독교적 접근에 대해서는 상대적으로 낮은 관심을 보일 가능성이 있다.

9) 통합/비통합(장애 학생)

기독교대안학교가 장애 학생들을 통합하여 교육하는가에 따라 '통합이냐 비통합이냐'로 분류해 볼 수 있다. 통합의 비율은 다양할 수 있는데, 그 학교가 지향하는 방향이 장애 학생을 그 대상으로 포용하는 경우는 통합 교육에 해당되고, 장애 학생을 그 대상에서 제외하는 경우는 비통합 교육에 해당된다. 물론 장애 학생 외에도 부적응 학생이나 탈북 청소년, 다문화 가정의 자녀 등 다양한 형태의 소외된 학생들도 '통합'의 대상으로 고려할 수 있지만 이는 그 성격이 워낙 다양하고 복잡하며, 그 학교의 성격을 가장 선명하게 드러낼 수 있는 기준이 장애 학생과 비장애 학생의 통합이라고 생각했기 때문에 여기에서는 이 경우만을 고려하기로 한다. 기독교대안학교가 통합 교육을 한다는 것은 여러 가지 투자를 한다는 것을 의미한다. 장애 학생에 대한 특수교사 임용, 교육 시설의 투자, 교육 방법이나 교육 활동에서의 고려 등 관심을 가져야 할 영역이 대폭 늘어나게 된다. 무엇보다 '효율성'(efficiency)의 입장에서 볼 때 학교 교육 전반에 부담을 줄 수 있을 것이다. 그러나 그럼에도 불구하고 통합 교육을 추구하는 데에는 그 학교가 지닌 교육 이념이 강하게 작용하는 것이고 이것이 그 학교의 성격을 분명히 드러내 주는 한 척도가 될 수 있다. '통합 교육과 비통합 교육'의 분류 기준은 앞에서 논의한 '엘리트 교육과 긍휼 교육'의 분류 기준과도 연결되는데, 통합 교육을 추구하는 학교는 엘리트 교육보다는 긍휼 교육에 가깝다고 볼 수 있다. 학교 교육의 효율성보다는 장애 학생들을 품어 안음으로써 장애 학생들은 물론 비장애 학생들에게도 기독교적 긍휼의 마음을 갖게 하는 교육을 실천할 수 있다.

10) 고급형/서민형

인가받지 않은 미인가 대안학교의 공통된 특징은 정부 보조금이 없기 때문에 상당 부분 학생들의 등록금에 의존할 수밖에 없다는 점이다. 그런데 학생들에게 받는 등록금의 액수는 학교마다 실로 다양하다. 기부금이나 기탁금을 받는 학교와 그렇지 않은 학교, 고가의 등록금을 받는 학교와 그렇지 않은 학교, 가난한 가정의 학생들을 위한 충분한 장학금 제도가 확립되어 있는 학교와 그렇지 않은 학교 등 여러 가지 형태가 있을 수 있다. 일반적으로 이런 경제적인 요인과 관련지어 '고급형과 서민형'으로 분류할 수 있을 것이다. 그러나 등록금이나 장학금 액수만을 고려하여 구분하는 것은 결코 용이하지 않다. 왜냐하면 교회나 단체의 재정 지원이나 보조가 있는 경우와 그렇지 않은 경우, 시설이 갖추어져 있는 경우와 임대하는 경우 등 다양한 상황이 있기 때문이다. 그러나 현실적으로 학부모들이 학교를 선택할 때에 중요한 요소로 작용하는 것이 경제적인 요인이고, 등록금의 책정 방식이나 금액이 그 학교의 성격을 일면 드러내 주고 있기 때문에 이러한 분류가 의미 있을 것이다. 더욱이 기독교대안학교가 일반대안학교 진영으로부터 받는 비판 중의 하나가 '귀족형'이라는 점을 고려한다면 일반인들의 시각에서는 이 분류가 중요할 수 있을 것이다. 그러나 '귀족형'이라는 명칭은 지나치게 부정적인 이미지에 의해 채색된 것이라고 볼 수 있고, '중상층형'이라는 표현도 가능하지만 이것도 지나치게 계층 구분에 따른 것이기에 '고급형'이라는 용어를 사용하는 것이 무난할 것이다. 물론 '고급형'이 학부모에게 요구되는 등록금의 수준만을 의미하는 것이지 학교 교육의 내용이나 질의 고급을 의미하는 것은 아니다. '고급형과 서민형'의 기준은 앞의 '엘리트 교육과 긍휼 교육'과도 직결되며, 어느 정도 '대안성'을 강조하느냐와도 연계된다고 볼 수 있다.

2. 기독교대안학교의 유형 분류 기준

기독교대안학교를 체계적으로 유형화하기 위해서는 앞에서 논의한 10가지 분류 기준을 고려하되, 기독교대안학교라는 명칭이 함의하고 있듯이 '기독교성'과 '대안성'의 성격의 차이에 따른 분류를 중심으로 하는 것이 기독교대안학교의 독특한 분류 방식이 될 것이다. 여기에서는 크게 '기독교성'을 강조하는 학교와 '대안성'을 강조하는 학교로 구분하고 어떤 기독교성, 어떤 대안성이냐에 따라 이를 세분하여 분류하려고 한다. 기독교성에 따른 분류는 보다 기독교적 접근을 강조하는 입장에서부터 기독교적 접근을 별도로 강조하지 않는 입장까지 다양한 스펙트럼이 있을 수 있다.[9] 대안성에 따른 분류는 보다 대안성을 강조하는 입장에서부터 대안이 아니라 단지 미인가 또는 일반대안학교 진영에서 볼 때에는 '반대안'으로까지 여기는 입장 등 다양한 스펙트럼이 있을 수 있다.

'기독교적 대안성'에 대한 다른 이해는 기독교대안학교를 시작하게 된 이유의 다양성에 기인한다. 즉, 무엇에 대한 대안이냐에 따라서 전혀 다른 지향점을 지닌 기독교대안학교가 출현하는 것이다. 즉, 현재의 공교육 체제 속에 있는 미션스쿨에 대한 대안으로서 단지 예배와 종교 수업 시간이 있는 정도의 기독교학교가 아니라 진정한 기독교교육을 추구하는 학교를 세우고자 하는 시도가 있다. 평준화 제도로 인해 소위 '하향평준화'에 대한 우려를 갖고, 그 대안으로서 진정한 수월성 교육을 하되 기독교적 시각에서 교육하는 학교를 세우기도 한다. 세계화 시대에 부응하지 못하는 '우물안 개구리식'의 교육 현실과 조기 유학으로 인한 폐해에 대한 대안으로서 국제학교를 설립하기도 한다. 입시 위주의 획일적인 교육, 몰개성화 교육에 대한 대안으로서 인성 교육을 강조하는 학교를 세우기도 한다. 근대주의 교육, 특히 환경 파괴와 육체적인 노동의 가치를 무시하고 개인주의화 되어 버린 교육에 대한 대안으로서 생태를 강조하는 자연친화적인 교육, 노작과 공동체를 강조하는 학교를 설립하기도 한다. 공교육 체제 속에서 탈락되고 소외되는 학생들에 대해 관심을 갖지 못하는 교육 현실에 대한 대안으로서 학교중도 탈락자와 부적응 학생, 탈북 청소년이나 다문화 가정의 자녀들을 대상으로 긍휼 교육을 실천하는 학교를 설립하기도 한다.

---

9) 기독교적 접근을 별도로 강조하지 않고 '좋은 대안학교' 그리고 '정의로운 학교'가 바로 기독교가 추구하는 학교가 되어야 한다는 입장의 이면에는 '기독교'가 무엇을 의미하는지에 대한 다른 신학적인 이해가 있을 수 있다.

3. 기독교대안학교의 유형들

이상과 같이 '기독교적 대안성'의 다양한 성격에 따라 기독교대안학교들을 여섯 가지의 학교 군으로 구분해 보면 기독교미인가학교, 기독교수월성학교, 기독교국제학교, 기독교긍휼학교, 대안기독교학교, 그리고 참대안학교 등으로 분류할 수 있다.

1) 기독교미인가학교
기독교미인가학교는 '기독교성'을 강조하는 학교로서 단지 '미인가' 상태일 뿐 만약 학교로 인가가 된다면 '기독교학교'라는 이름으로 불려지기를 원하는 정체성을 지닌 학교들이다. 기독교세계관을 강조하고 단지 예배나 종교 수업, 교목실이 존재하지만 교육 내용이나 수업 안에서는 기독교적이지 못한 '미션스쿨'의 한계를 극복하여, 명실상부한 기독교교육의 실현을 추구하는 학교를 표방한다. 그렇기 때문에 단지 대안이 아니라 원래의 기독교교육의 회복이라는 관점에서 '원안 교육'이라고 불려지기를 원한다. 즉, 일반적인 대안 교육이 지니는 '인본주의적' 입장을 배격하고 '신본주의적' 입장의 교육을 추구하기를 원한다.

2) 기독교수월성학교
기독교수월성학교는 '기독교성'을 강조하면서도 '수월성'을 강조하는 학교를 일컫는다.[10] 소위 기독교 인재 양성을 목적으로 설립된 학교로서, 기독교적 인성 교육을 외면하는 것은 아니지만 수월성 교육에 초

---

10) 수월성에 대한 다양한 이해가 존재하고, 넓은 의미로 이해할 때 수월성이 사회적 수월성, 도덕적 수월성을 포함하는 것으로 볼 수 있지만 여기서는 수월성 개념을 일반적인 이해라고 할 수 있는 '학업성취에 있어서의 수월성'의 의미로 사용하였다. 수월성에 대한 자세한 논의는 강영택, "수월성에 대한 기독교적 재개념화와 대학입시 개혁" 강영택, 황병준, 김현숙, 박상진, 『입시에 대한 기독교적 대응』(서울: 예영커뮤니케이션, 2009)을 참조하라.

점이 있기 때문에 입시 위주와 성적 위주의 교육의 성향을 지니기도 한다. 학생 선발 시에 필답 고사를 통해 성적이 우수한 학생을 선발하는 경향이 있으며, 대학 진학 준비에 만전을 기하여 소위 명문대학교에 많이 합격시키는 것에 비중을 두는 학교이다. 예배와 기도, 성경 공부도 강조되지만 이러한 신앙적인 교육이 수월성 교육을 지원하는 방식으로 운영되는 경향이 있다.

3) 기독교국제학교

기독교국제학교는 넓은 의미에서 기독교수월성학교에 속하는 학교지만 그 성격의 독특성으로 인해서 별도로 분류할 필요가 있는 학교군이다. 기독교국제학교는 국제화 시대에 부응하는 기독교인재를 양성하는 학교를 말한다. 해외의 대학교, 특히 미국의 명문대학교에 학생들을 입학시키는 '준비학교' 형태를 띠는 경우가 많다. 거의 모든 수업을 외국어로 진행하는 등 기독교교육을 추구하면서도 교육의 전반적인 형태는 일반 국제학교와 유사한 성격을 지닌다. 기독교국제학교 가운데도 보다 '기독교성'을 강조하는 학교로부터 일반 국제학교와 대동소이한 학교에 이르기까지 다양한 스펙트럼이 존재하지만 '국제화'를 강조한다는 공통점이 있고, 대부분의 경우 그 명칭에서도 '국제학교'임을 명시하고 있다.

4) 기독교긍휼학교

기독교긍휼학교는 앞에서 논의한 기독교수월성학교와는 대비되는 학교로서 엘리트 양성보다는 소외된 학생들에 대한 기독교적 긍휼을 실천하는 학교이다. 공교육 체제 속에서 탈락한 학생들, 부적응 학생들, 탈북 청소년, 다문화 가정의 자녀들을 위한 학교로서 이들을 기독교적 정신으로 교육하고자 하는 학교이다. '기독교성'도 강조되지만 공교육의 한계에 대한 '대안성'이 강조되고 있고, 일반적으로 정부가 규정하는 대안학교의 범주에 가장 가까운 형태의 학교들이라고 할 수 있다. 학교 교육의 내용만이 아니라 학교 설립의 정신 자체가 기독교적 긍휼에 입각해 있다는 점에서 중요한 기독교학교의 한 형태라고 할 수 있는데, 현실적으로 운영하기가 쉽지 않기 때문에 많은 수의 학교를 찾아보기가 어렵다.

5) 대안기독교학교

대안기독교학교는 '기독교성'보다는 '대안성'을 보다 더 강조하는 입장의 학교로서 오늘날의 교육 현실, 특히 근대주의 교육의 한계에 대한 대안으로서의 교육을 추구하는 학교이다. 인성을 강조하는 교육, 개개인의 재능을 계발하는 교육, 생태 환경을 강조하는 교육, 노동의 가치와 노작을 강조하는 교육, 공동체를 강조하는 교육 등 다양한 대안적 교육을 시도하는 학교이다. 대안기독교학교는 이러한 '대안성'을 기독교적으로 재해석하여 '기독교적 대안성'으로 정립하려고 노력한다. 사실 기독교교육이야말로 이러한 가치들을 추구하고 있기 때문에 '기독교성'과 '대안성'이 얼마든지 일치될 수 있다고 보는 입장이지만, '대안성'에 더 무게를 두는 학교들이다.

6) 참대안학교[11]

참대안학교는 대안기독교학교에 속하면서도 '기독교성'이 거의 학교 전반에 스며들어 굳이 '기독교학교'로 구별되지 않는 듯이 보이는 학교이다. 기독교적인 접근이 상실되어 있는 것이 아니라, 기독교를 폭 넓게 이해하여 '좋은', '건강한' 대안학교를 세우는 것으로 이해하는 입장이다. 기독교학교를 일반 학교와 완전히 구별된 학교로 이해하기보다는 일반

---

11) 참대안학교의 '참'의 의미는 이 학교만이 진정한 대안학교라는 의미가 아니라 전국교직원노동조합이 '참교육'을 주창하면서 본래의 교육의 회복을 추구하려고 했던 것처럼 진지하게 '대안성'을 추구하려고 노력한다는 의미이다.

학교와 소통하며 기독교인이 아닌 학생들에게도 얼마든지 개방된 학교로서 기독교적 정신이 '정의' '평화' '사랑' 등의 가치로 스며들어 있는 학교로 여긴다. 신학적인 입장에 있어서 '기독교성'을 강조하는 학교들보다 진보적이고 열려 있는 학교라고 볼 수 있다. 또한 일반대안학교와 연대하고 소통하는 데에 아무런 어려움을 느끼지 않는 학교이기도 하다.

4. 기독교대안학교 유형의 성격

기독교대안학교들에 대한 이상과 같은 유형화는 그 경계가 선명한 것은 아니다. 경우에 따라서는 한 학교가 두 가지 이상의 유형에 속할 수도 있다. 예컨대 기독교미인가학교이면서 기독교수월성학교를 추구할 수도 있다. 또한 어떤 학교는 어느 유형에 정확하게 속하기보다는 경계에 놓여 있는 학교도 있을 수 있고, 해당 학교가 표방하는 정체성이 속한 유형과 실제적인 정체성이 해당되는 유형이 다른 경우도 있을 수 있다. 예컨대 기독교미인가학교의 정체성을 표방하지만 실은 기독교수월성학교의 유형에 속하는 경우가 있을 수 있는 것이다. 그러나 이러한 유형의 분류는 기독교대안학교의 성격을 어느 정도 드러나게 하는 데에 공헌할 수 있고, 이를 근거로 기독교대안학교의 정체성과 방향, 협력 방식에 대한 심도 있는 논의가 전개될 수 있을 것이다. 기독교대안학교의 유형 중 어느 것이 옳고 바람직한 유형이냐의 논쟁은 매우 신중할 필요가 있다. 왜냐하면 각각의 유형이 지니는 독특성이 있고, 그 유형이 추구하는 가치가 있기 때문이다. 그렇기 때문에 그 유형이 전제하는 '기독교'의 의미와 '대안'의 의미, 그리고 이에 따른 '교육적 가치'가 무엇인지를 이해하고 그 유형을 비판할 수 있어야 할 것이다.

기독교대안학교는 그 유형에 따라 기독교대안학교 진영 밖의 다른 학교들과의 관계의 밀도에 있어서 차이가 있다. 기독교대안학교(CA)와

공교육 내의 기독교학교(PC), 일반대안학교(GA), 그리고 일반 국제학교
(IC)와의 관계를 도표로 나타내면 다음과 같다.

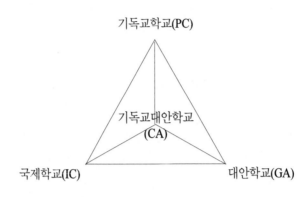

[그림 1–2] 기독교대안학교와 다른 학교와의 관계

　　기독교대안학교의 유형에 따라 기독교대안학교 진영 밖의 학교와
의 관계에 있어서 차이가 있게 되는데, 기독교미인가학교의 경우는 국세
학교나 대안학교와의 관계성보다는 기독교학교와의 관계성이 더 밀접할
수 있으며, 기독교국제학교의 경우는 일반대안학교와의 유사성보다는
일반 국제학교와의 유사성이 더 강할 수 있다. 반면에 참대안학교의 경
우는 기독교학교나 국제학교보다는 일반대안학교와 보다 더 깊은 연관
성을 지니고 있다고 볼 수 있다. 이들 관계성이나 유사성, 친밀도는 기
독교대안학교의 협력 방식의 중요한 근거가 되는데, 기독교대안학교 상
호 간의 관계성, 유사성, 친밀도보다 기독교대안학교 진영 밖의 학교와
관계성, 유사성, 친밀도가 높다면 기독교대안학교라는 연대 의식만이
아닌 다른 연대 가능성을 고려할 수 있을 것이다. 기독교대안학교의 유
형에 따른 다른 학교와의 관계성을 간단하게 도표로 요약하면 다음과 같
다.

〈표 1-2〉 기독교대안학교와 다른 학교와의 관계성

관계의 종류	기독교 미인가학교	기독교 수월성학교	기독교 국제학교	기독교 긍휼학교	대안 기독교학교	참 대안학교
CA - PC	상	상	중	중	중	하
CA - IC	하	중	상	하	하	하
CA - GA	중	하	하	상	상	상

　　기독교미인가학교는 명실상부한 기독교학교를 추구하기 때문에 공교육 안의 인가받은 기독교학교와 밀접한 관계를 지닐 수 있다. 물론 현재의 교육 체제, 특히 평준화 체제 안에 있는 미션스쿨과는 분명한 차별성을 갖지만, 궁극적으로 기독교학교가 추구하는 '기독교적 교육'의 비전을 공유하고 있기 때문에 보다 깊은 상호 협력 관계가 요청된다. 이에 비해서 국제학교와는 매우 다른 성격을 지니며, 일반대안학교와는 기독교적 가치에 근거한 대안을 추구한다는 점에서 약간의 공통점을 지니고 있다고 볼 수 있다. 기독교수월성학교는 현재 공교육 체제 안의 기독교학교와 매우 유사한 성격을 지니는데, 기독교성과 수월성을 함께 추구하는 성향이 있다. 국제학교와는 궁극적으로 기독교인재 양성이라는 수월성을 추구한다는 점에서 어느 정도 공통점을 지니고, 반면에 수월성 추구에 비판적인 일반대안학교와는 상반된 입장을 지니고 있다. 기독교국제학교는 기독교학교와는 특성이 매우 다르지만 기독교교육과 수월성교육을 함께 추구한다는 점에서 공유하는 면이 있고, 국제학교라는 정체성이 매우 강하기 때문에 일반 국제학교와 유사하며, 반면에 일반대안학교가 주장하는 '대안성'과는 상당한 거리가 있다고 할 수 있다. 기독교긍휼학교는 '긍휼'을 강조한다는 점에서 공교육 안의 기독교학교와는 다른 면이 있고, '수월성'과 '국제화'를 추구하는 국제학교와는 상반된 면이 있

으며, 반면에 '부적응 학생'을 대상으로 하는 일반대안학교와는 매우 유사한 성격을 지닌다. 대안기독교학교는 '기독교성'을 여전히 중시한다는 점에서 기독교학교와 연관성이 있지만, 국제학교와는 전혀 다른 정체성을 지니며, 반면에 일반대안학교와는 소통할 수 있는 공통성을 지닌다. 마지막으로 참대안학교는 '기독교성'을 별도로 강조하지 않기 때문에 공교육 체제 속의 기독교학교와 공통점을 찾기는 어려우며, 국제학교와도 전혀 다른 성격을 지니고 있는 반면, 일반대안학교와는 거의 동일한 정체성을 지닌다.

기독교대안학교의 이러한 유형별 성격을 고려할 때, '기독교대안학교'라고 하는 광역의 범주화만이 아니라 각각의 유형별 범주화를 통한 교류와 소통이 필요하다. 동일한 유형 안에서는 얼마든지 공동의 협력이 가능하며, 교육 과정과 교육 프로그램의 교환을 통해 상호 간의 발전을 도모할 수 있다. 예컨대 기독교국제학교는 다른 유형의 기독교대안학교와는 정체성의 상이성 때문에 교류에 어려움이 있지만, 동일한 기독교국제학교 유형 안의 학교들 사이에는 활발한 교류가 가능하며 그로 인한 발전을 도모할 수 있다. 또한 각 유형별 기독교대안학교는 기독교대안학교 진영 밖의 학교와의 연대를 추구할 수 있는데, 앞의 도표에서 관계가 높은('상') 학교와의 상호 연대를 추구할 수 있다. 기독교미인가학교와 기독교수월성학교는 일반 기독교학교와, 기독교국제학교는 일반 국제학교와, 그리고 기독교긍휼학교, 대안기독교학교, 참대안학교는 일반대안학교와의 상호 협력 및 연대를 추구할 수 있다.

V. 나가는 말

본 장에서 제안된 기독교대안학교의 유형화는 하나의 시도일 뿐이다. 이 유형이 실제적으로 어느 정도 한국의 기독교대안학교들을 유형화하는 데에 공헌할 수 있을 지는 더 많은 연구를 요청한다. 실제적으로 기독교대안학교들이 이 유형들 중 어디에 속하는 지를 파악하는 통계적 연구 및 질적 연구가 후속적으로 이어져야 할 것이다. 또한 보다 선명하게 유형의 정체성과 특성을 드러내는 구체적인 근거를 밝히는 연구도 필요할 것이다. 이러한 한계에도 불구하고 이상과 같이 기독교대안학교에 대한 유형화를 시도하는 것은 기독교대안학교의 정체성에 대한 보다 심도 있는 논의와 기독교대안학교의 성격이 지니는 다양성에 대한 깊은 이해를 추구하며, 기독교대안학교 간은 물론 다른 학교들과의 새로운 협력 방식을 시도하는 계기가 될 수 있을 것이다. 기독교대안학교 유형화는 기독교대안학교의 분리를 추구하는 것이 아니라 기독교대안학교가 연합하되 서로의 다양성을 이해하면서 연합을 추구하려는 노력이다. 그 과정에서 자신의 정체성에 대한 반성적 사고와 비평적 성찰을 통해 하나님이 원하시는 기독교대안학교의 모습을 향해 나아갈 수 있을 것이다. 기독교대안학교의 유형화에 대한 논의를 통해 기독교대안학교가 보다 성숙하고, 이 땅에 하나님의 교육이 보다 힘 있게 실현될 수 있기를 기대한다.

2장 기독교대안학교 평가 지표[12]

Ⅰ. 들어가는 말

　　교육 수요자들이 자신의 교육적 요구와 관심에 따라 학교를 선택하고자 하는 열망은 최근 사회의 변화와 제도적 합법화 수용의 흐름에 따라 다양한 형태의 기독교대안학교를 생성해 내고 있다. 기독교대안학교는 학생의 학교 선택권이 보장되지 않는 한국의 현행 공교육 체제에서 기독교세계관에 기초하여 영성과 인성, 지성을 함양하기를 원하는 기독교인 교육 수요자들의 갈증을 풀어 줄 대안으로서 폭넓은 관심을 불러일으키고 있다. 또한 기독교학교가 기독교인으로 학생을 선발하여 교육 이념에 따라 교육 과정을 구성하여 교육하기 위해서는 기독교대안학교의 형태로 설립 운영하여 그 정체성과 자율성을 확립할 수밖에 없다. 이러한 이유로 어느 때보다 기독교대안학교에 대한 관심이 높아지고 있고, 설립 또한 급증하는 추세에 있다. 이런 시점에서 이제 10년을 넘어선 기독교대안학교들이 어떠한 교육 성과를 나타내고 있는지를 진단하고 그에 대한 논의가 전개되어야 할 필요가 있다. 그 필요성에도 불구하고 아

---

12) 이 글은 『신앙과 학문』 15권 제1호 (2010)에 실린 논문을 일부 수정·보완한 것임.

직 우리나라 기독교대안학교 전반에 걸쳐 교육적 성과가 어떠한지 체계적으로 연구된 바는 별로 없다.

본 연구는 기독교대안학교의 교육 성과를 분석하는 것에 관심을 가지고 시작되었다. 기독교대안학교들의 학교운영이 기독교대안학교의 취지와 목표에 적합하게 운영되었는지, 그에 따른 교육적인 성과는 어떠한지에 대해 성찰하는 기회를 갖고자 한다. 이러한 성찰의 기회는 기독교대안학교들의 정체성을 더욱 분명하게 할 뿐 아니라 학교로서의 전문성을 신장시킬 수 있는 계기가 될 수 있으리라 생각한다.

기독교대안학교는 일반 학교와는 차별화된 관점에서 그에 대한 성과가 논의되어야 한다. 기독교대안학교는 학교라는 면에서 일반 학교에서와 같은 교육적 성과를 요구받고 있으며 또한 그러한 점에서 학교성에 대한 교육 성과 분석이 이루어져야 한다. 그러나 기독교대안학교는 공교육에 대한 대안으로서의 대안성과 기독교세계관에 따른 교육을 추구하는 기독교성을 동시에 만족시키는 교육이 이루어졌는지에 대한 교육 성과 가 분석되어야 하므로, 기독교대안학교에 대한 교육적 성과는 너욱 섬세하게 논의되어야 한다. 따라서 본 장에서는 기독교대안학교의 성과 분석에 있어서 '기독교성', '대안성', '학교성'이라는 세 가지 차원에서 그 성과를 고찰하고자 한다.

첫째, 기독교대안학교의 '기독교성'에 대해서는 각 기독교대안학교들이 지향하는 교육관과 교육 이념, 교육 과정에 기독교세계관이 구체적으로 명료하게 체계화되어 있는가를 검토하여야 한다. 기독교대안학교는 성경적 세계관에 입각하여 지성, 영성, 인성을 갖춘 기독교인재를 양성하는 것이다. 일반 학교의 인본주의와는 구분되는 신본주의 즉, 하나님 중심의 교육 목표, 내용, 방법으로 하나님의 뜻과 진리에 근거하여 이루어지는 교육이다. 이러한 교육관은 학생들의 삶의 전 영역에 걸쳐 영향을 미칠 수 있도록 학교 교육목적과 교육 과정, 학교운영 등 전체 영역에 제시되어야 한다. 둘째, 기독교대안학교의 '대안성'에 대해서는 기독교대안학교들이 기존의 공교육 체제의 획일화된 기준과 내용, 방법에 의존하는 형식적이고 권위적인 학교 교육에 문제를 제기하고, 학생 개개인의 다양성과 개성을 인정하고 참여적이며 삶의 가치를 중요시하는 대안적 교육 이념을 추구하는지를 검토하여야 한다. 기본적으로 학습자에 대한 학습의 주체로서의 존중과 참여, 학습자에 대한 믿음과 신뢰, 학생 성장에 대한 적극적인 지원, 학생과의 긍정적 관계 유지 등에 관한 준거를 고려한다. 셋째, 기독교대안학교의 '학교성'은 일반적인 학교 평가 연구에서 이루어지는 평가 지표들 중에서 기독교대안학교에도 적용될 수 있는 기본적으로 학교를 운영하는데 필요한 항목과 준거들을 고려하여야 한다.

본 장의 목적은 일반 학교와는 차별화된 기독교대안학교의 교육 성과를 평가하기 위한 평가 지표를 개발하고자 하는 것이다. 이를 위해 기독교대안학교의 교육 성과에 대한 구성 요인들을 설정하여 기독교대안학교 현장 교사와 교직원들에게 적합도에 대한 의견 조사를 실시하고 평가 지표들에 대한 타당도와 신뢰도를 검증하였다. 이러한 연구를 통하여 기독교대안학교에 대해 관심을 가지고 있는 교육 수요자들이나 기독교대안학교 예비 교사들, 정책 결정자들에게 기독교대안학교가 다른 일반 학교와 어떻게 차별화되어야 하는지에 대한 안목을 제공할 수 있을 것이다. 또한 본 연구를 계기로 기독교대안학교에 대한 연구의 지평을 넓히고, 기독교대안학교가 이끌어내야 할 교육 성과 는 무엇이어야 하며, 그러한 교육 성과를 위해 갖추어야 할 교육 여건과 교육 프로그램은 어떠하여야 하는지의 기독교대안학교 교육 성과에 대한 논의를 활성화시키는 데 단초로서 기여하고자 한다.

II. 기독교대안학교 교육 성과에 대하여

본격적인 고찰에 앞서 먼저 우리나라에서의 기독교대안학교 교육 성과에 대한 기존의 연구들을 잠깐 살펴볼 필요가 있다. 그러나 기독교 대안학교에 대한 연구에 비해 그 교육 성과 연구는 아직 미미한 수준이 기에 여기에서는 그간의 기독교대안학교를 포함한 대안학교 연구와 학교 평가·교육 성과 연구를 두루 살펴보고 정리하고자 한다.

기독교대안학교의 교육을 이해하고자 하는 시도는 한국기독교대안학교의 역사가 10년을 상회하면서 그간 여러 가지 방향에서 진행되어 왔다. 기독교대안학교에 대한 연구는 길지 않은 역사에 비추어볼 때 비교적 활발하게 이루어지고 있다고 할 수 있다. 지금까지 수행된 연구의 흐름을 보면 먼저 기독교대안학교의 양적인 확산에 따라 기독교대안학교의 특성과 운영, 그리고 교육 전반을 이해하고자 하는 탐색적인 성격의 연구가 활발하게 나타났다. 기독교대안학교들의 특성(박상진, 2006), 형성과 발전 과정, 현황 등을 소개하는 연구(기독교학교교육연구소, 2007)와 소수 기독교대안학교들에 대한 사례 연구가 있다. 특히 특정 기독교대안학교를 중심으로 한 사례 연구는 주로 석사 학위 논문에서 다루어져 왔다. 기독교대안학교의 성격이나 교육 방향에 따라 기독교 대안학교를 유형화하여 각 모형을 찾아내기도 하고(배유태, 2006), 교육 과정을 비교하기도 하며(이희순, 2006), 학교들의 교육관, 교육 과정, 학교 운영의 영역을 비교 분석하고(장선희, 2002) 동일 유형 내에서도 각각 차별화되는 교육 프로그램을 운영하는 개별 대안학교에 대한 탐색의 성격이 강한 사례 연구(이시호, 2002)도 수행되었다.

최근 한국의 기독교대안학교들에 대한 실증적 연구를 수행한 Kim(2009)에 의하면, 우리나라의 기독교대안학교는 기독교적인 세계관에 토대하여 교과를 가르치지 못하는 미션스쿨에 대한 대안인 동시에 대학 입시 위주의 획일적인 교육과 학교 구성원들 사이의 깨어진 관계로 비판받는 공립학교에 대한 대안으로 설립되었다고 한다. 기독교대안학교의 교장들은 학교의 설립 목적을 종교적인 측면에서 가장 강조하고 있으며, 기독교 종교를 가진 학부모들도 기독교대안학교를 선택한 가장 중요한 이유가 기독교교육 때문이라고 밝히고 있다. 반면 비기독교인 부모들의 경우는 사회적인 영역과 교수-학습적인 면에서의 기대감으로 기독교대안학교를 선택했다고 한다 (Kim, 2009).

기독교대안학교 교육 성과에 대한 연구는 초창기에 설립된 기독교대안학교들의 역사가 이제 10년을 조금 넘긴 시점이기에 이를 본격적으로 논의하기에는 조금 이른 감이 있다. 그래서인지 아직 적극적으로 이루어지지 않고 있다. 지금까지 이에 대한 연구는 이정미(2006)의 기독교대안학교 평가를 위한 이론적 검토 연구 정도가 있을 뿐이다. 이정미의 연구는 우리나라에서 실시된 기독교대안학교 평가에 대한 거의 유일한 연구이다. 그의 연구는 미국의 기독교학교연합회가 제시하고 있는 학교 평가 자료들을 토대로 우리나라 기독교학교들을 평가할 수 있는 준거를 개발하기 위한 것이다. 평가의 영역을 교육의 목적을 포함하는 교육의 기초 영역, 학교의 조직에 관한 공동체 영역, 학교 구성원 영역, 학생 영역, 교육 과정 영역으로 등으로 분류하였다. 그러나 그의 평가 영역에는 학교 교육의 성과는 빠져 있다. 그에 비해 일반대안학교의 실태와 교육 성과에 대한 연구는 상대적으로 많이 이루어지고 있다.

90년대 후반부터 우리나라에서 이루어진 대안학교에 대한 선행 연구들은 다음과 같이 분류할 수 있다. 첫째, 공교육의 위기 진단과 다양한 대안 모색 시도들에 대한 연구들로 국내외의 대안 교육(대안학교)을 소개하는 연구들이 있다. 정유성(1997), 이종태(2001, 2007), 권대봉 외(2003), 김명신(2002), 윤정일 외(2003) 등의 연구로 대안학교 설립 초기부터 현재까지 지속적으로 논의되고 있다. 공교육, 제도교육의 한계를 극복하는 새로운 교육 패러다임으로서의 대안학교를 제시하는 연구들이다.

둘째, 국내외 대안학교들의 형성과 발전 과정, 현황, 교육 과정 사례 등에 대한 연구들이다. 정유성 외(1999), 이선숙(2001), 조금주 외(2004), 김성기(2003) 등의 연구로 주로 학위 논문이나 정책 연구 과제에서 많이 볼 수 있다. 일부 대안학교들, 주로 특성화 대안학교들에 대해 그 특성과 교육 과정 사례를 소개하는 연구들이다.

셋째, 대안학교 운영 과정에서의 문제점 분석과, 운영 방안 및 발전 방향 제시 등에 대한 연구들이다. 김성기(2004), 김영철 외(2002), 김영화(2001), 박창언(2006), 이병환 외(2004, 2005) 등으로 최근의 교육부 정책 과제 연구들이 대종을 이룬다. 2002년 이후 대안학교들이 급속하게 증가하였고, 그 과정에서 대안학교들에 대한 운영 실태를 분석하고 과제와 전망을 제시하는 연구들이 많이 대두되었다(엄재춘, 2005). 그중 조인진(2008, 2009)은 그동안 대안학교 운영에 있어서 가장 핵심적인 역할을 주도해 온 대안학교 교사에 대한 연구들을 진행하였다.

넷째, 대안학교의 교육 성과에 대한 연구로는 손영덕(2003), 이춘화(2004)의 대안학교 교육 만족도 분석 연구, 김태연(2008)의 특성화 대안학교와 자율학교를 대상으로 한 교육 과정 평가 연구, 대안교육백서(교육인적자원부, 2007), 강영혜, 박소영(2008)의 특성화 고등학교 실태 연구, 이혜영 외(2009)의 대안학교 운영실태 분석 연구가 있다.

이춘화는 대안학교에 대한 만족도 조사를 위해 세 개의 대안학교 학생들에게 학교의 교사, 수업, 학교 생활, 학교 시설, 교육 과정, 교육 성과에 대한 기대 수준과 만족도에 대해 설문 조사를 하였다. 교육 성과의 영역은 인격 형성, 지식 함양, 정서적 평안함, 지식의 유용성, 학교에 대한 만족도 등의 요소들로 구성되었다. 이춘화에 따르면, 학년이 올라갈수록, 자발적으로 학교를 선택한 학생일수록 학교에 대한 만족도가 높으며 특히 교사 영역에서 가장 만족도가 높다고 한다. 그리고 학교의 특성에 따라 만족도의 차이가 심하게 나타남을 지적하고 있다.

김태연은 특성화 대안학교 교육 과정을 평가하기 위한 준거와 대안학교 중 자율학교에 대한 평가 영역과 기준을 제시하였고, 2007년 교육인적자원부가 발간한『대안교육백서 1997-2007』은 지난 10년간의 대안학교의 역사와 실태를 가장 잘 보여 준 보고서라 할 수 있지만 이 보고서 역시 100여개 대안학교들의 운영 현황 - 역사, 학생, 교사, 재정, 시설과 교육의 과정에 대한 조사가 주를 이루고 있다.

강영혜, 박소영의 연구는 전문계 특성화고등학교와 대안계 특성화고등학교의 운영 실태를 일반계 고등학교와 비교 분석하였다. 대안계 특성화고등학교 학생들이 내재적 학습 동기와 적성 중심 진로의식에서 전문계 특성화고와 일반계 고등학교 학생들보다 높게 나타났다. 반면 자기주도적 학습 능력에서는 대안계 특성화고등학교 학생들이 전문계 특성화고등학교 학생보다는 높지만 일반계 고등학교 학생보다는 약간 낮게 나타나고 있다. 학생들의 학교 소속감을 보여 주는 몰입(engagement)에 대해서는 대안계 특성화고등학교 학생들의 수준이 전문계특성화고등학교 학생들 수준보다 많이 높게 나타났다. 대안계 특성화고등학교 학생들의 약 80%가 고등교육기관에 진학하는 것으로 나타났다. 대안계 특성화고등학교 학생들은 다양한 체험 활동, 자유롭고 자율적인 분위기, 친구들과의 친밀한 분위기 등을 학교의 장점으로 꼽았다.

이혜영 외의 연구는 대안학교의 성과를 고찰하기 위해 대안학교 학부모와 교사들이 평가하는 대안학교 교육 목표의 실현정도를 살펴보았다. 그리고 학생들의 학교에 대한 인식과 평가를 조사하고 학생과 학부모의 학교에 대한 만족도를 고찰하여 대안 교육 특성화학교, 미인가 대안학교, 위탁형 대안학교, 일반 학교를 비교 분석하였다. 그 연구에 따르면 학교 생활의 즐거움, 학생의 개별성 존중 정도, 학교 교육의 효용성, 수업의 다양성 등 학교에 대한 인식 및 평가에서 대안학교 특히 미인 가 대안학교가 일반 학교보다 상당 수준 높게 나타났다. 학교에 대한 만 족도 역시 대안학교가 전체적으로 일반 학교에 비해 높다.

학교 교육의 성과 분석에 대한 관심은 서구에서 1980년대 활발 했던 학교 효과성(school effectiveness) 연구 이후 꾸준하게 이어져 왔다. 우리나라에서도 1995년 교육개혁위원회가 학교 교육의 개혁 과제의 하 나로 학교 평가를 제시한 이후 학교 평가에 대한 연구가 지속적으로 수 행되고 있다. 한국교육개발원에서는 초등학교에서 대학에 이르기까지 각급 학교의 실태 및 교육 수준 분석을 광범위하게 실시한 바 있다(김양 분 외, 2003; 2007; 임현정 외, 2008; 최정윤 외, 2007; 2008). 학교 교육의 실태 분석에는 교육 여건, 교육 활동과 함께 교육 성과에 대 한 조사가 포함되어 있다.

국가 수준 학교 평가에 대한 연구로는 유균상 외(2002), 정수현 외 (2003) 등이 있다. 정수현 외(2003)의 국가수준 자율학교 평가 연구에서 는 향후 학교 평가의 방향과 과제에 대한 시사점으로 모든 자율학교를 대 상으로 자율학교 취지 달성 여부 및 자율학교 교육의 질을 점검하기 위한 목적을 중심으로 학교 평가를 실시하되, 다양한 구성원들의 인식을 종합적 으로 반영할 필요가 있고 양적, 질적 평가를 병행할 것을 제안하였다.

2004년부터는 지방자치제에 따라 시·도 교육청 수준의 학교 평가 만 이루어지고 있다. 이에 대한 연구로는 김주후 외(2004)가 있다. 김 주후 외의 연구에서는 16개 시·도 교육청에서 발간된 학교 평가 보고 서를 분석하고 연구자들이 학교 평가 담당자들을 면담하였다. 분석 결과 시·도 교육청 수준의 학교 평가는 평가 설계의 체계성 및 일관성 평가 방법의 과학성, 평가 실시의 전문성, 평가 결과의 활용성 측면에서 미진 한 것으로 나타났다. 시·도교육청 학교 평가가 대부분 전문가 검토 모형 (Professional review model)을 활용하고 있지만 실제로는 평가 편람에 의존하여 평정하는 방법이라고 지적하였다. 시·도교육청 수준의 학교 평가는 지역의 특성과 조건을 고려하여 특성화되어야 한다고 제언하였다.

학교 평가의 방법으로 김정원(2001)은 단위학교 스스로의 교육의 질 개선 노력을 지원하는 데에 일차적인 목적을 두는 학교 평가모형을 제안하였다. 이는 평가자와 대상 학교 사이의 상호 동등한 관계에서 이루어지는 대화로서의 평가를 지향하며, 평가 기준을 학교 교육의 본질적 목적 차원에서 설정하고, 각 평가 영역에 대한 자료와 판단들을 상호 공유하는 가운데 교육 활동 이외의 영역에 대한 평가도 교육 활동과의 관계 속에서 이루어지도록 하는 것이다. 또한 이 학교 평가모형은 질적 자료에 근거하여 평가하고 질적으로 기술된 평가 결과를 산출하며, 판단의 관점과 근거를 구체적이고도 체계적으로 드러내는 형태로 평가 결과를 제시하도록 한다고 하였다.

일반 학교를 대상으로 한 학교 교육의 성과는 김양분 외(2006, 2007)에서 각각 일반계 고등학교와 중학교 교육에 대한 교육 여건, 교육 활동 실태와 함께 교육 성과를 분석하였다. 교육 성과는 교과별(읽기, 수학, 과학) 학업 능력, 교사, 학생, 학부모의 학교에 대한 만족도, 인성의 세 가지 측면으로 구분하였다. 이 연구에서는 학교 평가 시에 학교 교육의 결과를 포함하여야 하며, 학교 교육의 여건을 고려하여 학교 교육 활동을 평가하여야 한다고 제언하였다.

조석희 외(2006)의 학교 책무성 강화를 위한 학교 평가 체제 개발 연구에서는 학교 평가에 대한 요구 조사를 실시하여 교원, 교육청 학교 평가 업무 담당자, 학교 평가위원, 학부모 등 이해 당사자 간에 견해 차이가 있음을 확인하였다. 책무성 강화를 위한 학교 평가 체제로 학교 교육의 성과 목표에 대한 책무 이행자와 책무 요구자 간의 계획 및 협의 단계, 책무 이행자인 학교가 책무를 이행하는 이행 단계를 거쳐, 두 당사자가 함께 자체 평가, 성과 분석, 방문 평가를 수행하는 평가 단계를 제시하였다. 책무성 제고를 위한 학교 평가 지표에서 학교 교육 성과에 대한 지표는 학업 성취도와 인성적 사회적 발달 정도, 신체 발달 및 건강 지표 등으로 제시하였다. 그 중 학업 성취도를 성과 지표로 활용하는 방법으로 '학교의 여건을 고려한 성장 참조 모형(Contextual Value-Added : CVA)' 즉 학교가 주어진 여건에서 얼마나 효과적으로 학생의 학업 성취도 향상에 기여했는가를 구하는 방법을 적극 고려할 필요가 있을 것이라고 하였다. 학업 성취도 지표는 기초 학력에 국한하지 않고 창의적 문제 해결, 의사 소통, 협동, 자기주도적 학습 능력, 정보문해능력 등 핵심 역량을 포괄하는 결과를 포함한 지표로 활용함으로써 학교 교육의 목표 달성을 위한 정상적인 교육 활동을 유도해야 한다고 하였다. 인성, 사회성, 창의성 등 교과 성적 이외의 발달 관련 지표는 국가 및 시·도 교육청에서 공동 개발 또는 기존 개발된 평가 도구를 활용하는 것을 원칙으로 하되, 가급적 학교의 상황과 특수성에 따라 자율적으로 선택할 수 있도록 복수 검사 도구를 제시하도록 하고, 신체 발달 관련 지표는 비만율 및 건강지수 등을 활용할 수 있을 것이라고 하였다.

III. 기독교대안학교 평가 지표 개발 방법

1. 연구 대상

본 연구의 대상은 우리나라의 다양한 기독교대안학교의 유형, 즉, 인가/비인가, 초/중/고 학교급, 도시형/전원형, 기숙형/통학형, 국제학교 등 전국에 위치한 정규 전일제 대안 초·중·고등학교에 재직 중인 기독교대안학교 행정가(교장, 교감)와 교사들이다. 연구 수행을 위하여 전국의 기독교대안학교들 중에서 어느 한 유형에 국한하지 않고 다양한

8개의 기독교대안학교들을 연구 대상으로 선정하였고, 그 선정된 학교의 정규 교사 전체가 설문에 참여하도록 하였다. 지표 개발의 초기 단계에서는 설문에 보다 성실한 응답이 기대되는 전문가 집단(기독교대안학교 연구자, 행정가, 교사)을 대상으로 한 1차 focus 그룹 전문가 협의회와 2차 델파이 조사를 통하여 문항 수정 작업을 거쳐서 최종 본 조사에서는 현직 교사와 교육 행정가들을 대상으로 설문을 실시하였다. 본 조사에 참여한 연구 대상자의 배경 변인을 살펴보면 〈표 2-1〉과 같다.

〈표 2-1〉 연구 대상자의 배경 변인

배경 변인	구분	응답자 수(명)	백분율(%)
성별	남	31	34
	여	60	66
연령	20대	23	25
	30대	50	56
	40대	11	12
	50대	6	7
학교 급별	초등학교	37	41
	중학교	31	35
	고등학교	22	24
대안학교 경력	1년 미만	27	30
	1-5년 미만	58	64
	5-10년 미만	5	5
	10년 이상	1	1
학교에서의 역할	교육 행정가	6	7
	교목	3	3
	교사	82	90

학교 소재지	대도시	46	50
	소도시	29	32
	농촌	16	18
계		91	100

　본 조사의 설문에 응답한 대상자는 모두 91명이다. 배경 변인은 먼저 성별에 따라서 여성이 66%이고, 연령에 따라서는 대안학교의 특성상 30대가 가장 많아서 56%에 해당한다. 학교 급별로는 초등학교 교사가 41%이며, 중학교 교사가 35%, 고등학교가 24%이다. 교직경력은 5년 미만이 64%로 가장 많으며, 1년 미만은 30%로 대부분의 교사가 5년 미만으로 나타났다. 한편 대안학교에서의 역할은 교사가 90%로 가장 많았으며, 학교 소재지는 대도시가 50%로 가장 많았고, 소도시는 32%였다.

2. 연구 절차

　본 연구는 다음과 같은 절차로 진행되었다.
　첫째, 기독교대안학교의 교육 성과를 분석하기 위한 평가 지표를 개발하기 위하여 선행 연구들과 참고 문헌, 관련 홈페이지를 기초로 이론적 분석을 실시하였다. 기독교대안학교의 교육 성과에 대한 국내외 사례를 기독교대안학교 홈페이지와 국내외 선행 연구, 관련 문헌 등을 참고로 하여 분석하였다. 또한 학교 평가를 위한 지표 개발 연구에 대한 문헌 연구를 통하여 본 연구에서의 지표 설정을 위한 주요 시사점을 파악하였다.
　둘째, 기독교대안학교 교육 성과에 대한 구성 요인을 규명하기 위하여 기독교대안학교 교사들 및 행정가(교장, 교감), 기독교대안학교 연구자(교수, 연구원)들을 대상으로 전문가 집단을 구성하여 focus 그룹 심층 면접을 실시하였다. 여기서 수집된 자료에서 기독교대안학교 성과 분석을 위한 평가 지표 구성 요인을 도출하였다.

셋째, 델파이 조사로 focus 그룹과는 다른 전문가들인 기독교대안학교 현장의 교사와 행정가(교장, 교감), 기독교대안학교 관련 연구자들을 대상으로 설문을 실시하였다. 델파이 조사 도구는 이론적인 기초연구와 1차 전문가 협의회를 토대로 작성된 평가 지표 시안을 수정 · 보완하여 기독교대안학교의 교육 성과에 해당하는 문항들이 어떻게 구성되어야 하는지를 전문가들의 의견을 수렴하여 구성하였다. 델파이 조사를 통하여 기독교대안학교 교육 성과 분석을 위한 평가 지표를 구성하였다. 넷째, 구성된 기독교대안학교 교육 성과 분석을 위한 평가 지표의 최종적인 수정과 검토를 위하여, 평가 지표에 대하여 평가 도구의 양호도를 분석하였다. 이를 위해 기독교대안학교 교사들 및 행정가(교장, 교감) 약 120명을 대상으로 설문 조사를 실시하여 타당도와 신뢰도를 검증하였다.

설문 조사는 연구에 협조를 요청하여 섭외된 8개의 기독교대안학교 교사들을 통하여 2009년 10월 첫째 주부터 3주간에 걸쳐서 진행되었다. 연구자가 직접 배포하고 수거하는 형태를 통하여 성실하게 답변해 줄 것을 부탁하였다. 설문 조사에서는 각 평가 지표들이 연구의 의도에 적합한지에 대해 검토하였다. 각 문항들에 대하여 5단계 평정척도(5: 매우 그렇다, 4: 그렇다, 3: 보통이다, 2: 그렇지 않다, 1: 전혀 그렇지 않다)를 사용하고, 또한 각 평가 영역에서 교육 성과 분석이 필요한 상황에 대하여 제시하지 못한 부분에 대하여 의견을 진술할 수 있도록 공간을 마련하였다. 신뢰도 검사 결과, 문항들의 신뢰도는 Cronbach α 계수가 .60 이상을 나타내었기 때문에 평가 지표의 영역을 내용에 적합하게 수정하였다. 즉, 지표의 뜻이 모호하거나, 영역이나 항목의 변경이 필요한 것, 의미가 정확히 전달되지 않는다고 판단되는 평가 지표를 수정하였다. 다섯째, 평가 지표를 검토한 후 수정 보완하여, 최종 기독교대안학교 교육 성과 분석을 위한 평가 지표를 개발하였다.

3. 자료 처리

기독교대안학교 교육 성과 분석을 위한 평가 지표 개발을 위해 연구의 자료처리는 SPSS PC+ 15.0 프로그램을 이용하였으며, 평가 지표의 적합도 검증을 위해 AMOS 7.0을 사용하였다(석임복, 강이철, 2007; 김용 외, 2007). 검증 내용은 다음과 같다.

첫째, 타당도 검증이다. 타당도 검증은 예비 검사를 실시하며, 문항 상관계수 행렬의 대각선 값에서 고유 요인의 분산을 제거하여 만들어지는 축소 상관 행렬(reduced correlation matrix)을 분해하여 공통 요인을 추출하는 공통 요인 분석(common factor analysis)을 실시하였다. 요인 수 결정을 위해서는 주축 요인 분해법(principal factor analysis)을 사용하였다. 주축요인분해법은 요인분석 시 분산을 최대한으로 추출하는 기준에 의해서 기초값을 산출하는 방법으로, 공통요인분석에서는 각 변수의 분산 중 공통요인에 의해 설명되는 부분만을 의미한다. 요인의 수 결정은 default 값인 고유치(eigen value)와 스크리(screc) 검사를 통하여 추출하였다. 둘째, 신뢰도 검증은 문항의 내적 일치도(internal consistency)와 문항 동질성 파악, 측정의 일관성을 유지하면서 측정 오차를 줄이기 위해 Cronbach α 계수를 적용한다. 셋째, 신뢰도 검증 이외에 측정 도구의 특징 분석 및 적용을 위하여 변별도와 난이도를 분석하며, 난이도 분석에서는 기독교대안학교 교육 성과 분석을 위한 평가 지표 측정에서 어떤 문항이 가장 높은 것으로 분석되었는지를 나타내었다.

4. 분석내용

기독교대안학교 교육 성과 분석을 위한 평가 지표를 구성하는 영역으로 교육 여건(투입), 교육 프로그램(과정), 교육 성과(산출) 등으로 확정하여 각 영역에서 필요로 하는 요인들을 구성하였다. 각 영역에서 기독교성과 대안성, 학교성의 요인에 해당하는 내용들을 학교 수준과 학생 수준에서 평가 항목, 평가 준거, 평가 지표의 차례로 세분화하여 평가 지표로 설정하였다. 기독교대안학교 교육 성과 분석을 위한 평가 지표의 평가 영역, 평가 항목, 평가 준거 내용과 그에 따른 지표수는 〈표 2-2〉와 같다.

〈표 2-2〉 기독교대안학교 교육 성과 분석을 위한 평가 지표 구성

평가 영역	평가 항목	평가 준거	평가 지표수
A.교육 여건	1.1 학교 경영 및 재정	1.학교 비전과 목표 설정의 적절성 2.학교 발전 계획의 적절성	34
	1.2 시설(공간)	3.대안적 학교 규모 4.교육 공간의 안정성	
	1.3 학부모	5.학부모의 학교 참여	
	1.4 학교장	6.학교장 리더십	
	1.5 교사	7.교직원 신앙 헌신도 8.교원 확보 9.교사의 업무 10.교사 역량 개발	
	1.6 학생	11.학생 교육 여건 12.저소득층 자녀들의 학교 접근성 13.학생의 다양성 14.학생 선발의 적절성 15.학생 보유력	
B. 교육 프로그램	2.1 교육 과정	1.교육 과정 편성과 운영	18
	2.2 수업	2.수업 운영 3.수업 평가 결과 활용	
	2.3 학교 문화	4.학교 문화	
	2.4 학생 활동	5.학생 활동	
	2.5 학생 지원	6.학생 지원 프로그램 7.학생 상담	

C.교육 성과	3.1 교사	1.교사 만족도 2.교사의 교직 안정성 3.교사와 학생의 관계	17
	3.2 학부모	4.학부모 만족도 5.부모와 자녀 관계	
	3.3 졸업생	6.졸업생과 학교 관계 7.졸업생 진로	
	3.4 재학생	8.학생 만족도 9.학생의 영성 성숙도 10.부적응 학생 11.기초 학업 보장성 12.사고력 13.자아 성숙	
계	15	35	69

Ⅳ. 기독대안학교 평가 지표 개발

1. 도구의 난이도와 변별도 분석

먼저 상관계수 행렬과 문항의 평균을 분석하였다. 문항의 평균은 난이도의 형태로 사용하였다. 새로운 측정 도구나 평가 준거를 개발하였을 경우, 반응 특성을 난이도로 고려하여, 각 문항 난이도는 문항마다 응답을 선택한 상대도수를 나타낸다. 그러므로 문항 난이도는 각 문항에 5단계 척도를 부여하여 계산한 각 문항 점수의 평균과 표준편차를 이용하여 알아볼 수 있다. 즉, 본 평가 지표에서는 5점에 가까울수록 긍정적인 반응의 결과를 나타낸다. 4.5점 이상이거나 2점 이하로 응답이 나타날 경우에는 응답이 너무 편중되는 것으로 인정하여 문항을 제거하고자 하였으나, 지나치게 긍정적이거나 부정적인 문항은 없는 것으로 분석되었다.

<표 2-3> 문항의 평균 및 총점과의 상관 관계

평가 영역	평가 지표	평균	표준 편차	총점과의 상관관계
A. 교육 여건	A1. 기독교교육에 기초한 학교 비전, 목표의 명료성	4.42	.794	.652
	A2. 학교 구성원의 학교 비전, 목표에 대한 이해 및 공유 정도	4.17	.874	.731
	A3. 발전 계획 수립 시 구성원 참여정도	3.86	.888	.603
	A4. 발전 계획 예산 확보율	3.44	1.001	.598
	A5. 교사 1인당 학생수	4.11	.768	.437
	A6. 학급당 학생수	4.11	.862	.471
	A7. 교지 확보율	3.10	.995	.749
	A8. 교사시설 확보율(공간)	3.04	1.103	.692
	A9. 학부모 모임, 실행횟수(학운위, PTA, 반별 모임, 기도회)	4.10	.761	.536
	A10. 부모 참여 프로그램 참여율(보조 교사, 자원 봉사)	3.91	.840	.512
	A11. 부모 교육 참여율	3.99	.913	.535
	A12. 학교장의 대안 교육에 대한 확신과 실행 의지	4.37	.908	.702
	A13. 학교장의 리더십 형태(의사 결정의 민주화 정도)	4.05	.918	.566
	A14. 학교장의 학교 경영 능력(교사 업무 분장 능력, 학교 구성원의 의견 수렴 의지, 의사 소통 능력)	4.11	.832	.687
	A15. 교사 선발 시 분명한 신앙고백 검증 정도	4.37	.683	.603
	A16. 교사의 채플, 선교 활동, 학생 지도, 사회 봉사, 교회 봉사 등에 자발적, 적극적 참여도	4.14	.858	.391
	A17. 정교사 확보율	3.87	.882	.538
	A18. 전공 일치 교사 확보율	4.09	.850	.358
	A19. 교사 지원 프로그램 여부 (행정 지원, 교육 프로그램 지 원, 재정 지원)	3.89	.832	.676
	A20. 교사의 주당 업무 비율(수업, 수업 준비, 행정 업무, 생 활 지도)	3.73	.996	.796
	A21. 교사의 주당 수업시간	3.80	.897	.628
	A22. 정교사 수업 담당 비율	3.71	.879	.551
	A23. 교사 계속 교육 프로그램 여부(예비 교사교육, 신구교사 교육, 계속 교육, 학교 정체성에 대한 교육, 교과 교육)	4.01	.845	.721
	A24. 자발적 교사 모임 여부(교과별, 학년별, 주제별 모임)	3.70	.974	.733
	A25. 학생 1인당 교육비	3.54	1.015	.647
	A26. 학생 1인당 장서 수	3.24	1.071	.655
	A27. 학생 1인당 기숙사 면적	2.62	1.167	.577
	A28. 등록금 의존율	3.25	1.128	.624
	A29. 장학금 수혜율	3.35	1.073	.623
	A30. 학생에 대한 다양성과 잠재 가능성 인정 정도	4.04	.802	.541
	A31. 경제적, 문화적, 장애 통합 등 학습자 구성의 다양성 정도	3.83	.859	.470
	A32. 기독교인 학생, 학부모 선발 기준과 실행	4.24	.742	.638
	A33. 재학생 충원율	3.87	.779	.613
	A34. 신입생 충원율	3.88	.837	.642

평가 영역	평가 지표	평균	표준 편차	총점과의 상관관계
B. 교육 프로 그램	B1. 영성 교육 특성화 프로그램 여부	3.86	.890	.767
	B2. 기독교 통합 교과 교육 비율	3.79	.958	.740
	B3. 학생의 다양성에 기초한 은사 교육 프로그램 실행 비율	3.73	.848	.797
	B4. 학교 교육 과정에 대한 문서화, 체계화 정도	3.69	.930	.728
	B5. 기독교적 진로 지도 프로그램	3.56	1.027	.756
	B6. 무학년제, 개인별 맞춤 수업, 수준별 수업, 분기별 집중이수 여부	3.60	.892	.572
	B7. 학습자 참여 수업 방법	3.94	.690	.733
	B8. 다양한 수업 자료 활용정도	3.90	.731	.641
	B9. 수업에서 학생들 간의 상호 작용 유형	4.13	.652	.601
	B10. 수업 평가 방법과 결과 활용 방법	3.94	.811	.725
	B11. 큐티, 선교 활동, 영성 캠프, 부흥회 등	3.95	.872	.578
	B12. 기독교 동아리 활동 참여율	3.41	1.001	.572
	B13. 방과 후 활동 참여율	3.69	.847	.339
	B14. 학생 자치 활동의 자율성 여부	3.69	.815	.552
	B15. 봉사 활동 참여율	3.74	.834	.663
	B16. 멘토, 튜터 제도 활용	3.49	1.034	.707
	B17. 학생 1인당 상담 시간과 건수	3.76	.942	.741
	B18. 교사와 학생 간의 상호 작용 유형	4.24	.706	.579
C. 교육 성과	C1. 교사의 학교 교육 철학, 학교 경영, 교육 활동, 행정 지원에 대한 만족도	3.97	.805	.702
	C2. 교사의 이직율	3.56	.877	.688
	C3. 학교 교육에 대한 성과로 얻어진 교사, 학생 관계에 대한 설문 평가	3.92	.698	.496
	C4. 학부모의 학교 교육 철학, 학교경영, 교육 활동, 행정 지원, 교육 결과에 대한 만족도	3.87	.656	.712
	C5. 학교 교육에 대한 성과로 얻어진 부모, 자녀 관계에 대한 설문 평가	3.82	.706	.693
	C6. 졸업생의 졸업 이후 학교와의 지속적인 네트워킹 및 자원 봉사 여부	3.78	.892	.627
	C7. 진학률	3.55	.939	.588
	C8. 취업률	3.43	.888	.587
	C9. 학생의 학교 교육 철학, 학교 경영, 교육 활동, 행정지원, 교육 결과에 대한 만족도	4.13	.640	.403
	C10. 채플, 선교 활동 등에 학생의 자발적, 적극적 참여도	4.00	.843	.416
	C11. 중도 탈락율	3.59	.902	.520
	C12. 부적응(일탈, 비행) 행동 정도	3.67	.929	.420
	C13. 기초 학습 능력	3.83	.818	.571
	C14. 비판적 사고력	3.84	.762	.645
	C15. 자기 주도 학습 능력	4.10	.736	.605
	C16. 자아 개념	4.10	.736	.748
	C17. 진로 성숙도	3.80	.788	.750

본 연구에서 기독교대안학교 교육 성과 분석을 위한 평가 지표의 난이도를 분석해 본 결과, '기독교교육에 기초한 학교 비전, 목표의 명료성' 지표가 4.42로 가장 높은 난이도를 나타내었으며, 가장 낮은 난이도를 나타낸 지표는 '학생 1인당 기숙사 면적'으로 2.62를 나타내었다. 일반적으로 변별도는 총점과의 상관관계를 통해 계산할 수 있다. 즉, 전체 평가 지표에 대한 점수가 높게 나타났고 해당 지표에 대해서도 높은 점수를 나타낸다면 변별력이 있는 문항이라고 할 수 있다. 그러나 전체 점수는 높지만 해당 지표에 대해서만 낮은 점수를 나타낸다면 변별력이 높은 문항이라고 하기는 어렵다. 따라서 총점과 해당 지표의 상관을 통하여 변별력의 정도를 알아본 결과, '방과 후 활동 참여율'의 문항이 .339로 다른 문항에 비하여 가장 낮은 값을 나타내어 다른 문항들보다는 낮은 변별력을 갖는 것으로 분석되었다. 이상을 토대로 할 때 다른 지표에 비해 너무 높거나 낮은 난이도를 나타내거나 변별력이 낮게 나타난 지표들에 대해서는 요인분석이나 모델 적합도의 분석 등에서 삭제를 고려할 필요가 있다.

2. 도구의 타당성 분석

타당도(validity)는 측정하고자 하는 개념이나 속성이 정확하게 측정되었는가에 대한 내용의 정도를 의미하는 것으로, 이를 평가하기 위해서는 내용 타당도(content validity), 준거 관련 타당도(criterion-referenced validity), 그리고 구인 타당도(construct validity) 등이 활용되고 있다. 하나의 속성을 측정하기 위해 여러 개의 문항을 사용할 경우, 원래 연구자가 의도하는 방향으로 측정되었는지를 알아볼 필요가 있기 때문에 본 연구에서 측정 도구에 대한 구인 타당도를 확인하기로 하였고 각 차원의 의미 있는 독립성(meaningful independent)을 분석, 검토하기 위해 요인 분석(factor analysis)을 실시하였다.

요인 분석의 방식은 탐색적 요인 분석(exploratory factor analysis : EFA)을 먼저 활용하였고, 탐색적 요인 분석은 주성분 분석(principal component analysis)을 통하여 직교회전 방법인 varimax 회전 요인 분석을 사용하였다. 주성분 분석은 자료에 포함된 변수들 간의 총 분산을 활용하여 요인 수를 최소화하면서 정보의 손실을 최소화하는 데 사용되는 기법이다. 요인의 수를 결정하기 위하여 기본적으로 default 값인 고유치(eigen value)를 1.0 이상인 값을 기준으로 하였으며, 스크리(scree) 검사와 함께 추출하였다. 다음으로 확인 요인 분석(confirmatory factor analysis : CFA)을 실시하였는데, 확인 요인 분석은 연구자의 지식에 근거하여 내재된 요인 차원이나 가설을 확인하는 수단으로 사용된다.

1) 교육 여건 영역의 탐색적 요인 분석

SPSS를 활용한 탐색적 요인 분석에서는 KMO의 표본 적합도와 Bartlett의 구형성 검정을 실시하여 검증하였다. 요인 수 결정은 앞에서 언급한 바대로 주성분 분석(principal factor analysis)을 사용하여 탐색 요인 분석의 default 값인 고유치(eigen value)와 스크리(scree) 검사를 통하여 추출하였다. 교육 여건 영역의 KMO 측도는 .797로 비교적 높게 나타났으며, Bartlett의 구형성 검정에서는 값이 1382.96(p 〈 .001)로 요인 분석이 가능한 것으로 나타났다. 단일 주축 분해로 인한 고유치와 누적 분산 비율은 〈표 2-4〉와 같이 누적 분산 비율이 요인 8까지는 74.3%이며, 스크리 검사(scree test) 결과, 요인 8까지가 1 이상의 값이 발생하고 있으며, 고유치가 1보다 크면서 전체 분석 모형의 74.3% 정도를 설명할 수 있는 8개 요인의 수를 최종 요인 수로 결정하고자 한다.

〈표 2-4〉 교육 여건 영역의 단일 주축 분해 분석표

요인번호	1	2	3	4	5	6	7	8
고유값	13.160	2.728	2.105	2.000	1.578	1.406	1.238	1.040
분산 비율	.387	.080	.062	.059	.046	.041	.036	.031
누적분산 비율	.387	.467	.529	.588	.634	.676	.712	.743

교육 여건 영역 각 문항들의 요인 부하량(factor loading) 측정 결과, 요인1에 해당되는 문항 수는 8개, 요인2와 요인3 그리고, 요인4는 각 5개, 요인 5는 3개, 요인 6은 2개, 요인7은 4개, 요인8은 2개의 문항이 포함되어 있다. 요인 부하량은 각 문항들과 요인 사이의 상관관계 정도를 나타내므로 각 문항들의 요인 부하량이 가장 높은 요인에 속하게 된다. 요인 부하량의 제곱값은 결정 계수를 의미하므로 요인 부하량은 요인이 해당 변수를 설명해 주는 정도를 의미하고 있다. 요인 부하량이 .4 이상인 것들을 선택하고자 하였으며, 교육 여건 영역에 있어서의 요인 부하량은 .4 미만인 항목은 없었다. 따라서 교육 여건 영역에서의 평가 지표들은 기독교대안학교 교육 성과 분석에 대한 높은 설명력을 갖는 것으로 해석할 수 있다.

2) 교육 프로그램 영역의 탐색적 요인분석

교육 프로그램 영역의 KMO 측도는 .834로 비교적 높게 나타났으며, Bartlett의 구형성 검정에서는 값이 794.24(p ⟨ .001)로 요인분석이 가능한 것으로 나타났다. Default 인 고유치 1이상인 값을 요인으로 하였을 경우, 4개의 요인이 생성되었으며, 이 4개의 요인의 수가 설명하는 값인 누적 분산 비율이 68.4%로 나타났다. 5번째 요인의 고유치 값은 .893으로 네 번째 요인의 고유치 값인 1.097로부터 scree plot을

확인하여서도 많이 꺾이고 있는 것을 확인할 수 있었다. 따라서 요인의 수를 4개로 확정하였다.

〈표 2-5〉 교육 프로그램 영역의 단일 주축 분해 분석표

요인 번호	1	2	3	4
고유값	8.070	1.730	1.414	1.097
분산 비율	.448	.096	.079	.061
누적 분산 비율	.448	.544	.623	.684

교육 프로그램 영역의 요인 부하량은 요인1에 해당되는 지표수는 9개, 요인2와 요인3 그리고, 요인4는 각 3개의 지표가 포함되어 있다.

3) 교육 성과 영역의 탐색적 요인분석

교육 성과 영역의 KMO 측도는 .764로 비교적 높게 나타났으며, Bartlett의 구형성 검정에서는 값이 554.74(p<.001)로 요인 분석이 가능한 것으로 나타났다. 고유치 1이상인 값을 요인으로 하였을 경우, 4개의 요인이 생성되었으며, 이 4개의 요인의 수가 설명하는 값인 누적 분산 비율이 70.0%로 나타났으며, 이 4개의 요인을 최종 요인 수로 확정하였다.

〈표 2-6〉 교육 성과 영역의 단일 주축 분해 분석표

요인번호	1	2	3	3
고유값	6.971	1.969	1.591	1.376
분산 비율	.410	.116	.094	.081
누적 분산 비율	.410	.526	.619	.700

교육 성과 영역의 요인 부하량은 요인1에 해당되는 지표수는 5개, 요인2는 6개, 요인3과 요인4는 각 3개의 문항이 포함되어 있다.

3. 도구의 신뢰도 분석

신뢰도의 추정은 해당 문항들이 각 요인들을 얼마나 오차 없이 정확하게 측정할 수 있는지에 해당하는 것으로 추정의 값이 보수적일수록 보다 신뢰할 수 있을 것이다. 따라서 본 연구에서는 가장 과학적이면서 객관적인 값을 제공하는 Cronbach's α 계수를 통하여 문항의 내적 일치도(internal consistency)를 추정하고자 하였다. 〈표 2-7〉은 각 평가 영역별, 그리고 각 요인별 신뢰도를 나타낸 것이다. 각 평가 영역별로 교육 여건 영역은 .955, 교육 프로그램 영역은 .924, 교육 성과 영역은 .910으로 각 영역별 신뢰도 계수는 신뢰할 수 있다고 할 수 있다.

각 평가 영역에 따른 요인별로 신뢰도 계수를 확인해 보면, 먼저 교육 여건 영역에 있어서 요인1의 신뢰도 계수는 .926이었으며, 각 문항들을 제거할 경우, 신뢰도 계수가 낮아지는 것을 확인할 수 있다. 즉, 모든 문항이 교육 여건 영역의 내적 일치도에 합치한다고 볼 수 있다. 그러나 요인2의 A31 문항의 경우에는 삭제할 경우, 오히려 요인의 신뢰도가 높아지고 있는 것을 확인할 수 있다. A31 문항을 다른 요인에 포함시킬 경우, 모든 경우에 요인의 신뢰도를 낮아지게 만들었다. 따라서 A31 문항은 삭제하고자 한다. A16 문항의 경우에도 요인7의 내적 일치도를 저해하고 있으나, 요인 적재치가 높고 저해하는 정도가 낮아 일단 확인적 요인분석에서 확인하기 전까지 삭제를 보류하기로 한다.

교육 프로그램 영역의 경우를 살펴보면, B6은 요인2의 신뢰도를 저해하고 있으며, 다른 요인에 포함될 경우에도 동일하게 기존 신뢰도 계수값보다 낮은 값을 형성한다. 따라서 B6 문항도 제거하고자 한다.

B11 문항의 경우에는 요인1의 신뢰도를 낮게 하고 있으나 요인4로 이동할 경우, 신뢰도를 기존의 .698에서 .704로 높여 주고 있다. 따라서 B11 문항은 요인4로 이동하기로 한다. 마찬가지로 B15 문항의 경우, 요인3의 신뢰도를 낮게 하고 있으나 요인1로 이동할 경우, 신뢰도 계수를 .919로 높게 만든다. B15 문항 또한 요인1로 이동하도록 한다.

교육 성과 영역의 요인별 신뢰도 계수를 확인해 보면, C6 문항과 C10 문항은 삭제하기로 하고 C2 문항의 경우에는 요인4에서 요인2로 이동하기로 한다.

〈표 2–7〉 각 요인별 신뢰도 계수와 개별 문항 제거에 따른 신뢰도 계수 추정

교육 여건 (.955)			교육 프로그램(.924)			교육 성과 (.910)		
문 항	Alpha if item Deleted	Cronbach'α	문항	Alpha if item Deleted	Cronbach'α	문 항	Alpha if item Deleted	Cronbach'α
A4	.923		B1	.898		C13	.877	
A7	.911		B2	.899		C14	.844	
A8	.918		B3	.895		C15	.838	.875
A25	.911	.926	B4	.901		C16	.826	
A26	.921		B5	.896	.911	C17	.856	
A27	.923		B10	.901		C1	.795	
A28	.909		B11	.913		C3	.811	
A29	.913		B16	.902		C4	.775	.836
A2	.876		B17	.899		C5	.800	
A3	.876		B6	.803		C9	.815	
A12	.865	.892	B7	.577	.768	C10	.855	
A13	.863		B8	.695		C6	.966	
A14	.862		B9	.542		C7	.621	.831
A30	.771		B15	.776	.713	C8	.643	
A31	.824		B18	.559		C2	.803	
A32	.772	.806	B12	.669		C11	.580	.759
A33	.729		B13	.474	.698	C12	.615	
A34	.739		B14	.665				

A15	.868						
A19	.857						
A20	.813	.870					
A21	.817						
A22	.847						
A9	.862						
A10	.801	.868					
A11	.766						
A5	–	.857					
A6	–						
A1	.759						
A16	.804	.803					
A23	.742						
A24	.694						
A17	–	.661					
A18	–						

(4) 도구의 적합도 평가

본 연구에서는 각 평가 영역별로 요인 분석을 실시하였고, 교육 여건 영역의 경우 8개의 요인을 도출하였으며, 교육 프로그램 영역과 교육 성과 영역은 각 4개의 요인을 도출하였다. 탐색적 요인 분석을 통하여 도출한 각 평가 영역별 요인들이 적합한지를 확인하기 위하여 확인요인 분석을 실시하였다. 도구의 전반적인 적합도는 검증, 기초 적합 지수(GFI), 조정 적합 지수(AGFI), 비표준 적합 지수(NNFI), 근사 오차 자승 평균의 이중근(RMSEA), 비교 적합 지수(CFI) 등이 고려된다. 그러나 표본 자료의 도구 적합도를 나타내는 값은 0에 가까운 값이어야 하지만, 대부분 큰 값을 나타내어 도구를 기각하는 것이 대부분이다. 따라서 값은 참고만 하고, 대안적인 통계 기법인 /df(Q값)를 확인하고 있다.

일반적으로 적합도 평가에 대해서는 연구자에 따라 다른 의견을 보이고
는 있지만 일반적으로 CFI, GFI, NFI는 .90 이상, AGFI는 .85 이상,
RMSEA는 .05 이하, Q값은 5이하일 때 적정 도구로 판단한다.

1) 교육 여건 영역의 확인요인분석

교육 여건 영역의 확인 요인 분석을 실시한 결과, 모델의 적합도를
높이기 위해 다중 상관 자승(SMC : Squared Multiple Correlation) 값이 낮
은 문항을 제거하였다. 일반적으로 SMC 값을 기준으로 설명력이 낮은
문항을 제거하면서 적합도 향상을 시도할 경우, 적합도 향상이 이루어
지는 경우가 있다. 이것은 절대적인 기준이 아니나 많은 경우 효과를 볼
수 있다. 교육 여건 영역의 확인 요인 분석에 있어서도 해당 값이 낮은
A16과 A30 문항을 삭제하였으며, 그 결과 적합도 향상을 가져왔다. 교
육 여건 영역의 확인 요인 분석 결과가 〈표 2-8〉에 나타나 있다.

〈표 2-8〉 교육 여건 영역 확인 요인 분석의 적합도 평가

요인	지표	요인 적재치	표준화된 요인 적재치	표준 오차	C.R.	SMC	신뢰도
교육 여건1	A4	.871	.656	.159	5.473	.430	.926
	A7	1.152	.873	.160	7.204	.762	
	A8	1.165	.796	.176	6.615	.634	
	A25	1.007	.748	.162	6.223	.560	
	A26	1.005	.707	.170	5.894	.501	
	A27	1.043	.692	.197	5.293	.478	
	A28	1.126	.745	.183	6.143	.555	
	A29	1.000	.705	-	-	.497	

	A2	.989	.785	.124	7.945	.617	
	A3	.891	.696	.132	6.756	.484	
교육 여건2	A12	1.063	.811	.127	8.356	.658	.892
	A13	1.036	.782	.131	7.922	.611	
	A14	1.000	.833	–	–	.694	
	A32	.615	.645	.095	6.498	.416	
교육 여건3	A33	.883	.882	.084	10.503	.778	.850
	A34	1.000	.930	–	–	.865	
	A15	1.000	.645	–	–	.416	
	A19	1.306	.691	.244	5.349	.477	
교육 여건4	A20	2.111	.933	.317	6.665	.870	.870
	A21	1.666	.817	.272	6.117	.668	
	A22	1.332	.667	.256	5.193	.445	
	A9	1.000	.770	–	–	.594	
교육 여건5	A10	1.210	.842	.159	7.604	.709	.868
	A11	1.388	.892	.176	7.900	.796	
교육 여건6	A5	1.000	.813	–	–	.661	.857
	A6	1.283	.929	.243	5.271	.862	
	A1	1.000	.740	–	–	.547	
교육 여건7	A23	1.067	.743	.169	6.325	.553	.804
	A24	1.323	.803	.194	6.819	.645	
교육 여건8	A17	1.000	.846	–	–	.716	.701
	A18	.664	.583	.193	3.439	.340	
적합도 지수 (Goodness of fit index)	χ^2 = 332.482, df = 188.32, CMIN/DF = 1.766, GFI(.90 이상) = .902 AGFI(.90 이상) = .898, CFI(.90이상) = .910, RMR(.05 이하) = .046 RMSEA(.05 이하) = .048, NFI(.90 이상) = .916, IFI(.90 이상) = .916						

2) 교육 프로그램 영역의 확인 요인 분석

교육 프로그램 영역의 확인 요인 분석 결과가 〈표 2-9〉에 나타나 있다. 교육 프로그램 영역의 경우에도 설명력이 낮은 문항인 B13, B14, B15 문항을 제거하였으며, 그 결과 적합도 향상을 볼 수 있었다.

〈표 2-9〉 교육 프로그램 영역 확인 요인 분석의 적합도 평가

요인	지표	요인 적재치	표준화된 요인 적재치	표준 오차	C.R.	SMC	신뢰도
교육 프로그램1	B1	.979	.767	.146	6.685	.588	.916
	B2	1.052	.761	.158	6.678	.580	
	B3	1.001	.819	.139	7.221	.671	
	B4	1.006	.750	.153	6.569	.562	
	B5	1.192	.805	.168	7.091	.648	
	B10	.883	.754	.133	6.612	.569	
	B16	1.027	.690	.171	5.991	.476	
	B17	1.000	.736	–	–	.541	
교육 프로그램2	B7	1.064	.877	.154	6.917	.769	.810
	B8	1.000	.777	–	–	.604	
교육 프로그램3	B9	1.126	.881	.199	5.645	.777	.777
	B18	1.000	.723	–	–	.522	
교육 프로그램4	B11	1.000	.748	–	–	.560	.704
	B12	1.047	.691	.233	4.499	.478	
적합도 지수 (Goodness of fit index)	χ^2 = 151.293, df = 102, CMIN/DF = 1.483, GFI(.90 이상) = .912 AGFI(.90 이상) = .928, CFI(.90이상) = .932, RMR(.05 이하) = .045 RMSEA(.05 이하) = .050, NFI(.90 이상) = .912, IFI(.90 이상) = .922						

3) 교육 성과 영역의 확인 요인 분석

교육 성과 영역의 경우, 설명력이 낮은 C9을 제거하였고 적합도 향상을 확인할 수 있었다. 교육 성과 영역의 확인요인분석 결과가 〈표 2-10〉에 나타나 있다.

〈표 2-10〉 교육 성과 영역 확인 요인 분석의 적합도 평가

요인	지표	요인 적재치	표준화된 요인 적재치	표준 오차	C.R.	SMC	신뢰도
교육 성과 1	C13	.827	.627	.149	5.566	.393	.875
	C14	.935	.760	.134	6.975	.578	
	C15	.944	.795	.128	7.357	.632	
	C16	1.066	.897	.126	8.466	.805	
	C17	1.000	.784	–	–	.615	
교육 성과 2	C1	1.175	.801	.162	7.274	.642	.872
	C2	1.084	.679	.180	6.016	.460	
	C3	.864	.679	.143	6.023	.461	
	C4	1.011	.846	.131	7.715	.715	
	C5	1.000	.779	–	–	.607	
교육 성과 3	C7	1.000	1.007	–	–	1.014	.966
	C8	.878	.933	.101	8.661	.870	
교육 성과 4	C11	1.478	1.014	.415	3.563	1.028	.803
	C12	1.000	.668	–	–	.446	
적합도 지수 (Goodness of fit index)	χ^2 = 123.942, df = 87, CMIN/DF = 1.425, GFI(.90 이상) = .904 AGFI(.90 이상) = .920, CFI(.90이상) = .937, RMR(.05 이하) = .048 RMSEA(.05 이하) = .046, NFI(.90 이상) = .906, IFI(.90 이상) = .939						

V. 나가는 말

본 장의 목적은 일반 학교와는 차별화된 기독교대안학교의 교육적 성과를 분석하기 위한 평가 지표를 개발하려는 것이다. 먼저 기독교대안학교의 교육 성과에 대한 구성 요인을 규명하기 위하여 문헌 연구, 포커스 그룹 전문가 회의, 델파이 조사, 예비 조사의 절차로 진행하여 평가

항목, 평가 준거, 평가 지표를 세분화하여 개발하였다. 기독교대안학교 교육 성과를 구성하는 영역들로는 교육 여건, 교육 프로그램, 교육 성과 등으로 확정하여 각 영역에서 필요로 하는 평가 항목과 평가 준거, 평가 지표들을 구성하였다. 기독교대안학교의 교육 성과를 객관적이고 체계적으로 측정할 수 있는 평가 지표를 개발하기 위해 타당도와 신뢰도를 검증하였다. 평가 지표의 검증을 위하여 우리나라 전국에 위치한 정규 전일제 기독교대안학교 중 8개의 유형별로 다양한 초 · 중등학교에 재직 중인 기독교대안학교 교육 행정가와 교사들을 대상으로 설문 조사를 실시하고 결과를 분석하였다. 분석 결과는 다음과 같다.

　　본 연구에서 기독교대안학교 교육 성과 분석을 위한 평가 지표의 난이도를 분석해 본 결과, '기독교교육에 기초한 학교 비전, 목표의 명료성' 문항이 4.42로 가장 높은 난이도를 나타내었으며, 가장 낮은 난이도를 나타낸 문항은 '학생 1인당 기숙사 면적'으로 2.62를 나타내었다. 따라서 기독교대안학교 교육 행정가와 교사들은 '기독교교육에 기초한 학교 비전, 목표의 명료성' 평가 지표에 대해 가장 긍정적으로 반응하였다고 볼 수 있다.

　　평가 지표의 타당도 분석에서 탐색적 요인분석 결과, 교육 여건 영역은 KMO 측도가 .797이고, Default인 고유치 1이상인 값을 요인으로 하였을 경우, 8개 요인이 생성되었다. 요인 부하량 측정 결과, 요인 1에 해당되는 문항 수는 8개, 요인2, 요인3, 요인4는 각 5개, 요인5는 3개, 요인6은 2개, 요인7은 4개, 요인8은 2개의 문항이 포함되었다. 교육 프로그램 영역은 KMO 측도가 .834이고, 4개의 요인이 생성되었다. 요인 부하량 측정 결과, 요인1에 해당되는 문항 수는 9개, 요인2, 요인3, 요인4는 각 3개의 문항이 포함되어 있다. 교육 성과 영역은 KMO 측도가 .764이고, 4개의 요인이 생성되었다. 교육 성과 영역의 요인 부하량 측정 결과, 요인1에 해당되는 문항 수는 5개, 요인2는

6개, 요인3과 요인4는 각 3개의 문항이 포함되었다.

본 연구에서는 Cronbach's α 계수를 통하여 문항의 내적 일치도 (internal consistency)를 추정한 결과, 각 평가 영역별로 교육 여건 영역은 .955, 교육 프로그램 영역은 .924, 교육 성과 영역은 .910으로 각 영역별 신뢰도 계수는 신뢰할 수 있다고 할 수 있다.

탐색적 요인분석을 통하여 도출한 각 평가 영역별 요인들이 적합한 지를 확인하기 위하여 확인적 요인 분석(CFA)을 실시하고 적합도를 높이기 위해 다중 상관 자승(SMC : Squared Multiple Correlation) 값이 낮은 문항을 제거하였다. 확인적 요인분석 결과 구조 모델을 제시하였다. 이러한 결과를 토대로 기독교대안학교의 교육적 성과를 분석하기 위한 평가 지표를 수정하여 제시하였다.

본 연구는 기독교대안학교 전체를 대상으로 실시한 것이 아니라 표집 학교를 대상으로 도구 개발을 위한 연구를 진행하였다는 점에서 일부 제한점을 지니고 있다. 이러한 제한점 때문에 연구 초반의 포커스그룹 전문가 회의 결과를 참고로 하여 구성된 평가 지표들 중 일부는 수정되기도 하였다. 이러한 통계적 타당도 결과는 내용 타당도의 측면에서 다시 검토되어야 할 필요가 있다. 이러한 부분은 기독교대안학교 전체에 대한 성과 분석을 실시할 후속 연구에서 다루어질 것이다.

본 기독교대안학교 교육 성과 분석을 위한 평가 지표 연구의 결과는 다음과 같은 기대 효과와 활용 방안을 제시할 수 있을 것이다.

첫째, 학문적 측면에서는 본 연구가 기독교대안학교에 대한 논의와 연구를 다양화하려고 시도하였다는 점에서 그 의미를 찾을 수 있다. 지금까지 기독교대안학교에 대한 연구가 주로 이념적 연구이거나 기독교대안학교를 소개하는 사례 연구에 국한되었다면, 본 연구는 기독교대안학교에 대해 총체적이고도 분석적인 접근을 시도하여 기독교대안학교를 다면적으로 이해하는데 도움이 될 것이라 기대된다. 본 연구에서 시도한 기독교대안학교 교육 성과 분석을 위한 평가 지표는 앞으로 더 다양한 기독교학교 평가 연구에 하나의 모형이 될 수 있을 것이다. 기독교대안학교가 점차 다양화되고 있는 시점에서 본 연구에서 시도한 기독교대안학교 교육 성과 분석의 방법은 다양한 기독교대안학교들을 평가하는데 예시가 될 수 있을 것이다.

둘째, 정책적 측면에서는 대안학교 인·허가를 결정하는 시·도 교육청의 정책 결정자들에게 본 연구는 중요한 자료가 될 수 있다. 초·중등교육법 시행령인 '대안학교의 설립·운영에 관한 규정'에 따르면 각 시·도 교육감 산하 '대안학교설립운영위원회'에서 해당 지역 대안학교들의 설립, 운영, 인가, 학력 인정과 관련된 중요 결정들을 하도록 되어 있다. 그러나 대안학교의 교육 성과 분석이 정확하지 못한 상황에서 몇 장의 문서에 의존하여 정책 결정을 내리는 것은 매우 위험한 일이라 할 수 있다. 기독교대안학교 인가나 지원에 대한 의사결정을 위해 필요한 준거들을 본 '기독교대안학교 교육 성과 분석을 위한 평가 지표 개발 연구'의 결과가 제공할 수 있을 것으로 기대된다. 또한 본 연구는 공교육의 정상화를 도모하고 있는 정부 당국에 교육 개혁을 위한 중요한 시사점을 제공할 수 있을 것이다. 많은 기독교대안학교들이 우리나라 공교육의 문제점에 대한 대응으로 생겨났다. 일반 학교들이 감당하지 못하고 있는 부분들을 기독교대안학교들이 대신하고 있다는 점을 감안할 때, 기독교대안학교 성과 분석에 대한 본 연구로부터 일반 학교에도 적용할 수 있는 지표들을 추출할 수 있을 것으로 기대된다.

셋째, 실제적인 측면에서는 기독교대안학교에 관심을 가지고 있는 교육 수요자들인 학생과 학부모들에게 기독교대안학교에 대한 보다 정확한 정보를 줄 수 있을 것이다. 지금까지 기독교대안학교에 대한 연구나 보도 자료들이 일부 유명한 기독교대안학교에 집중되거나, 기독교대안학교의 일부 특성들을 소개하는 차원이었기 때문에 기독교대안학교의 정확한 성과를 파악하는 데는 어려움이 있었다. 그러므로 우리나라 기독교대안학교들의 교육 성과를 분석하기 위한 평가 지표의 개발은 기독교대안학교 선택 여부를 결정하는데 유용한 기준을 제공할 수 있을 것으로 보인다. 그리고 기독교대안학교의 운영자와 교직원들에게 학교의 비전과 목표 설정, 학교 운영과 교육 활동에 대한 반성과 성찰의 기회를 제공하여 기독교대안학교 교육의 전문성과 책무성을 강화할 수 있는 방안을 모색하게 할 것이다.

본 장에서 제시한 기독교대안학교의 교육 성과 분석을 위한 평가 지표는 각 평가 지표들의 정의와 지표 산출 방식, 평가를 위한 학교장, 학부모, 교사, 교직원, 학생용 설문 도구 등을 개발하기 위한 연구가 후속 연구로 남겨져 있다.

3장 기독교대안학교 유형화와 교육 성과 [13]

I. 들어가는 말

오늘날 한국에는 기독교대안학교라는 이름으로 설립된 많은 학교들이 존재한다. 그러나 '기독교대안학교'라는 용어가 너무나 포괄적이고, 이를 하나의 범주로 이해하고 평가하는 것이 모호함이 있다. 그래서 1장에 이를 지적하며, 이를 명확히 하고자 일반대안학교의 유형 분류와 기독교대안학교의 유형 분류 요인을 고려하여 유형화 작업을 시도하였다. 2장에서는 기독교대안학교의 높은 관심과 10년을 넘어선 이 시점에서 기독교대안학교 교육 성과 분석의 필요성을 밝히며 이를 위한 평가 지표를 개발하였다.

본 장에서는 실질적으로 한국에 있는 기독교대안학교를 분류하고 교육 성과를 평가하고자 한다. 우선 1장에서의 기독교대안학교 유형화 모델을 적용해 그 타당성을 확인하고, 유형별 특징과 지향성 밝힌다. 다음으로 기독교대안학교들이 본래의 비전과 목표에 적합하게 운영되었는

13) 이 글은 『장신논단』 제41집(2011)과 『신앙과 학문』 16권 제3호(2011)에 실린 논문을 일부 수정 · 보완한 것임.

지, 그에 따른 교육적인 성과는 어떠한 지에 대해 성찰하는 기회를 갖고
자 한다. 그 세부 영역은 2장 평가 지표와 선행 연구들을 참고하여 학교
경영, 교육 과정, 교육 결과로 나눈다. 마지막으로 기독교대안학교 유형
별 교육 성과를 분석한다. 이러한 기회는 기독교대안학교들의 정체성을
더욱 분명하게 할 뿐 아니라 학교로서의 전문성을 신장시킬 수 있는 계
기가 될 수 있으리라 생각한다.

이를 위해 본 장에서는 다음과 같은 네 가지 연구 질문을 설정하였다.

첫째, 기독교대안학교 유형 분류가 적합한가?

둘째, 기독교대안학교 유형에 따른 특징은 무엇인가?

셋째, 기독교대안학교의 교육 성과 (학교 경영, 교육 과정, 교육
결과)는 어떠한가?

넷째, 기독교대안학교의 유형별 교육 성과는 어떠한가?

II. 유형화와 교육 성과 분석 방법

1. 연구 대상

본 연구의 대상은 전국에 위치한 다양한 기독교대안학교 중 개교한
지 3년 이상 된 정규 전일제 비(미)인가 기독교대안학교 52개를 모집단
으로 하였다. 연구 수행을 위하여 전국의 52개의 기독교대안학교에 연
구의 목적과 필요성을 설명하고 협조를 부탁하여 52개교 중 32개의 기
독교대안학교가 연구에 참여하기로 하였다. 연구 참여 의사를 밝힌 32
개 학교의 학교장, 교사, 학부모, 학생에게 설문지가 배부되었으며, 그
중 26개 학교에서 설문지가 회수되었다(회수율 81.25%). 연구에 참여
한 26개의 학교의 자세한 배경 변인을 살펴보면 다음과 같다.

〈표 3-1〉 연구 참여 학교의 배경 변인

		연구 참여학교 수(개)	백분율(%)
학교	초등학교	4	15.4
	중학교	2	7.7
	고등학교	1	3.8
	초·중 통합	1	3.8
	중·고 통합	10	38.5
	초·중·고 통합	8	30.8
	합계	26	100
학교 규모	50명 미만	13	50.0
	50명 이상~100명 미만	3	11.5
	100명 이상~200명 미만	5	19.2
	200명 이상	5	19.2
	합계	26	100
학교 소재지	서울특별시	3	11.5
	수도권 신도시	6	23.1
	광역시 및 대도시	1	3.8
	중소도시	8	30.8
	읍·면·리	8	30.8
	합계	26	100.0

　　연구에 참여한 26개 학교 중 초등학교는 4개교, 중학교 2개교, 고등학교와 초·중 통합이 각각 1개교, 중·고 통합이 10개교, 초·중·고 통합이 8개교로 중·고 통합 학교가 38.5%로 가장 높은 비율을 차지하였다. 학교 규모에서는 학생이 50명 미만인 학교가 13개교로 전체 비율의 50.0%로 가장 많은 비율을 차지하였다. 학교 소재지는 중소도시와

읍·면·리가 각각 8개교로 높았으며, 그 다음이 수도권 신도시였다. 회수된 설문지는 학교장 19명, 교사 221명, 학부모 526명, 학생 1279명(총 2045명)이다. 이 중 교사 2명, 학부모 10명, 학생 31명 등 총 43명의 설문지는 완성되지 않은 응답지여서 분석에서 제외되었다. 따라서 연구 대상자는 학교장 19명, 교사 219명, 학부모 516명, 학생 1,248명으로 총 2,002명의 응답이 분석에 사용되었다. 연구 대상자의 배경 변인별 분포는 〈표 3-2〉에 제시하였다.

〈표 3-2〉 연구 대상자의 배경 변인

단위: 명(%)

분류	구분	학교장		교사		학부모		학생		합계
성별	남	17	(89.5)	87	(39.9)	125	(24.2)	673	(54.1)	902
	여	2	(10.5)	131	(60.1)	391	(75.8)	572	(45.9)	1096
	합계	19	(100.0)	218	(100.0)	516	(100.0)	1245	(100.0)	1998
연령	20대	–	–	61	(27.9)	–	–	–	–	61
	30대	–	–	118	(53.9)	102	(19.8)	–	–	220
	40대	5	(26.3)	26	(11.9)	354	(68.6)	–	–	385
	50대 이상	14	(73.7)	14	(6.4)	60	(11.6)	–	–	88
	합계	19	(100.0)	219	(100.0)	516	(100.0)	–	–	754
학년	초등학생	–	–	–	–	–	–	251	(20.1)	251
	중학생	–	–	–	–	–	–	528	(42.3)	528
	고등학생	–	–	–	–	–	–	468	(37.5)	468
	합계	–	–	–	–	–	–	1247	(100.0)	1247
학교 유형	초등학교	2	(10.5)	11	(5.0)	137	(26.6)	82	(6.6)	232
	중학교	2	(10.5)	8	(3.7)	19	(3.7)	38	(3.0)	67
	고등학교	1	(5.3)	5	(2.3)	5	(1.0)	5	(.4)	16
	초·중 통합	1	(5.3)	16	(7.3)	50	(9.7)	38	(3.0)	105
	중·고 통합	8	(42.1)	83	(37.9)	202	(39.1)	403	(32.3)	696
	초·중·고통합	5	(26.3)	96	(43.8)	103	(20.0)	682	(54.6)	886
	합계	19	(100.0)	219	(100.0)	516	(100.0)	1248	(100.0)	2002

구분	항목									합계
학교규모	50명 미만	12	(63.2)	63	(28.8)	128	(24.8)	195	(15.6)	398
	50명이상~100명 미만	3	(15.8)	24	(11.0)	38	(7.4)	92	(7.4)	157
	100명이상~200명 미만	1	(5.3)	57	(26.0)	253	(49.0)	339	(27.2)	650
	200명 이상	3	(15.8)	75	(34.2)	97	(18.8)	622	(49.8)	797
	합계	19	(100.0)	219	(100.0)	516	(100.0)	1248	(100.0)	2002
생활권	서울특별시	3	(16.7)	63	(30.0)	37	(7.2)	238	(19.2)	341
	수도권 신도시	4	(22.2)	24	(11.4)	284	(55.4)	480	(38.7)	792
	광역시 및 대도시	1	(5.6)	57	(27.1)	54	(10.5)	206	(16.6)	318
	중소도시	3	(16.7)	40	(19.0)	81	(15.8)	210	(16.9)	334
	읍·면·리	7	(38.9)	26	(12.4)	57	(11.1)	106	(8.5)	196
	합계	18	(100.0)	210	(100.0)	513	(100.0)	1240	(100.0)	1981
대안학교	경력 또는 재학 연수 1년 미만	2	(11.1)	46	(22.0)	118	(22.9)	297	(24.0)	463
	1년 이상~3년 미만	3	(16.7)	67	(32.1)	178	(34.6)	498	(40.3)	746
	3년 이상~5년 미만	4	(22.2)	53	(25.4)	120	(23.3)	286	(23.1)	463
	5년 이상~9년 미만	7	(38.9)	41	(19.6)	63	(12.2)	111	(9.0)	222
	10년 이상	2	(11.1)	2	(1.0)	36	(7.0)	45	(3.6)	85
	합계	18	(100.0)	209	(100.0)	515	(100.0)	1237	(100.0)	1979

본 연구 대상자 2002명의 배경 변인을 살펴보면, 성별로는 남성 902명, 여성 1,096명(무응답 4명)으로 전체 응답자 중 남성이 45.15%, 여성이 54.85%를 차지했다. 연령별로는 학생을 제외하고는 40대가 51.06%로 가장 많은 비중을 차지하였다. 연구 대상자의 소속 기독교대안학교 학교급별로는 초·중·고 통합 학교가 전체 응답자의 44.26%로 가장 많았고, 중·고 통합 34.77%, 초등학교 11.59%, 초·중 통합 5.24%, 중학교 3.35%, 고등학교 .80%를 차지하였다. 학교 규모별로는 200명 이상의 학교에서 가장 많은 797명(39.81%)이었고, 그 다음으로 100명 이상~200명 미만 학교에서는 650명

32.47%이고, 50명 미만 학교에서는 398명으로 19.88%, 50명 이상~100명 미만 학교에서는 157명으로 7.84%를 차지하였다. 연구 대상자의 생활권으로는 수도권 신도시가 가장 많아서 792명으로 40%에 이르렀다. 대안학교 근무 경력이나 재학 연수 등 대안학교 경험에 있어서는 연구 대상자 중 1년 이상 3년 미만이 응답자 중 가장 많은 746명 37.69%였다.

2. 연구 절차

본 연구는 다음과 같은 절차로 진행되었다.

첫째, 기독교대안학교 유형을 분류하기 위하여 '1장 기독교대안학교 유형'를 토대로 기독교대안학교 각 유형의 특징을 각 영역마다 5개씩 진술하였다. '2장 기독교대안학교 평가 지표'를 참고하여 기독교대안학교의 교육 성과 분석을 위해 '교육 경영', '교육 과정', '교육 결과' 영역을 나누고 대상 평가자 그룹을 구분하였다.

둘째, 한국 기독교대안학교의 교육 성과를 분석하기 위한 평가 대상자별(학교장, 교사, 학부모, 학생) 설문 문항 시안을 개발하였다. 문항 개발 과정에서 기독교대안학교 교사들 및 행정가(교장, 교감), 기독교대안학교 연구자(교수, 연구원)들을 대상으로 전문가 집단을 구성하여 focus 그룹 전문가 협의회를 실시하였다. 기독교대안학교의 교육 성과 분석을 위한 설문지 문항들이 어떻게 구성되어야 하는지 전문가들의 의견을 수렴하였다.

셋째, 델파이 조사로 focus 그룹과는 다른 전문가들인 기독교대안학교 현장의 교사와 행정가(교장, 교감)들을 대상으로 설문을 실시하였다. 델파이 조사 도구는 1차 전문가 협의회를 토대로 작성된 설문지 시안을 수정·보완하여 구성하였다. 설문 조사에서는 각 문항들이 연구의 의도에 적합한지에 대해 검토하였다. 각 문항들에 대하여 5단계 평정척도(5: 매우 그렇다, 4: 그렇다, 3: 보통이다, 2: 그렇지 않다, 1: 전혀 그렇지 않다)를 사용하고, 또한 각 평가 영역에서 교육 성과 분석이 필요한 상황임에도 제시되지 못한 부분에 대한 의견을 진술할 수 있도록 공간을 마련하였다. 연구자가 직접 배포하고 수거하는 형태를 통하여 성실하게 답변해 줄 것을 부탁하였다. 델파이 조사를 통하여 기독교대안학교 교육 성과 분석을 위한 설문 문항을 수정하였다. 즉, 문항의 뜻이 모호하거나, 영역이나 항목의 변경이 필요한 것, 의미가 정확히 전달되지 않는다고 판단되는 문항들을 수정하였다.

넷째, 구성된 기독교대안학교 교육 성과 분석을 위한 설문 문항의 최종 수정과 검토를 위하여 pilot 조사를 실시하여 평가 도구의 양호도를 분석하였다. pilot 설문 조사는 연구에 협조를 요청하여 섭외된 3개 기독교대안학교의 학교장, 교사, 학부모, 학생들에게 2010년 9월 첫째 주부터 1주간에 걸쳐서 진행되었다. pilot 대상 학교에서 실시한 설문 조사 결과를 가지고 측정도구의 타당도와 신뢰도를 추정하였다. 각 설문지의 Cronbach' α 신뢰도 계수는 교사용 .877, 학부모용 .942, 학생용 .887로 나타나 양호한 것으로 판단되었다. 타당도는 내용 타당도를 살펴보았는데, 각 문항들이 5점 척도에서 3점 이상으로 양호한 것으로 판단되었다.

다섯째, 설문 문항들을 검토한 후 수정 · 보완하여, 최종 한국 기독교대안학교 교육 성과 분석을 위한 조사대상자별 설문지 4종을 개발하였다.

여섯째, 개발된 설문지를 32개 연구에 협력하기로 한 기독교대안학교에 배포하여 자료를 수집하였다.

3. 분석 내용

기독교대안학교 유형 분류를 위해서 각 5개 유형별(기독교성, 대안성, 수월성, 국제성, 긍휼성)로 5개씩 25개의 문항을 학교장과 교사의 설문지에 구성하였다.

기독교대안학교의 교육 성과 분석을 위해서는 학교장, 교사, 학부모, 학생 등 4개 집단에게 교육 경영, 교육 과정, 교육 결과 등 3개 영역으로 나누어 설문을 구성하였다. 설문지는 기초 질문을 포함하여 크게 다섯 부분으로 구성되어 있다. 그러나 대상별로 문항 구성은 달리 구성되었으며, 설문지 문항 구성 내용에 대한 자세한 사항은 〈표 3-3〉과 같다.

〈표 3-3〉 설문지 문항 구성

	문항 내용	학교장	교사	학부모	학생
교육경영	기독교학교 비전과 목표의 명료성	2-1	2-1	2-1	
	학교 목표의 공유	2-2	2-2	2-2	
	학교 목표 인식	2-5	2-3	2-4	2-1
	기독교학교의 비전과 목표 실현	2-9	2-10	2-8	
	학교장의 대안 교육에 대한 확신과 실행 의지	2-4, 6	2-5	2-5	
	교사의 대안 교육에 대한 확신과 실행 의지	2-3	2-4, 7		
	학부모와 학생의 대안 교육에 대한 확신과 실행 의지			2-3	2-2
	학교장의 경영 능력(리더십)		2-6	2-6	
	교직원 신앙 헌신도		2-8		
	학부모의 학교 운영 참여			2-7	
	학생 선발의 다양성	2-7			
	학습자 구성의 다양성	2-8			
	대안적 학교 규모(교사 대 학생 비율)		2-9		

교육과정 / 교육결과	항목				
교육과정	학교의 목표와 비전에 따른 교육 과정 구성	3-1	3-1	3-1	
	은사/진로 지도 프로그램	3-2	3-2	3-2	3-3
	기독교적 교육 과정 개발	3-3	3-3, 7	3-3	
	영성 교육 프로그램 운영	3-4	3-4	3-4	
	수업 내 다양한 의사 소통 활용	3-5	3-5	3-5	3-1
	공동체적 교육 과정 운영	3-6	3-6	3-6	3-2
	학생 참여 수업		3-8		
	학생 지도 활동(상담 등)		3-9, 10		
	부모 교육 프로그램 참석			3-7	
교육결과—만족도	학교의 비전과 교육 목표		4-1	4-6	
	학교의 리더십		4-2	4-7	
	행정 지원		4-3	4-8	
	업무 분담		4-4		
	교사-학생 관계		4-5	4-5	4-3
	교사의 전문성		4-6		4-13
	부모-자녀 관계			4-1	4-4
	학생(자녀)의 영성			4-2	4-6
	학생(자녀)의 인성			4-3	4-2
	기독교적 비교과 활동			4-9	4-9
	기독교적 수업 방법			4-10	4-10
	교사의 생활 지도			4-11	4-12
	교사 헌신도			4-12	4-11
	기독교적 교육 내용				4-1
	기독교적 교육평가				4-7
	은사 및 진로 지도				4-8
	자녀의 학업 만족도			4-4	
	학생의 학교 만족도				4-5

4. 자료 수집 및 분석 방법

본 연구의 수행을 위하여 전국 기독교대안학교 중 개교 후 3년 이상의 정규 전일제 52개 기독교대안학교를 선정하였다. 연구진이 전화로 연구의 목적과 필요성을 설명하고 연구 협조를 부탁하여 32개의 기독교대안학교가 연구에 참여하였다. 연구 참여 학교에 학교장, 교사, 학부모, 학생용 설문지를 배부하였으며, 그중 9월 중순부터 10월 초에 걸쳐 2주간 동안 26개 학교에서 설문지가 회수되었다(회수율 81.25%). 설문 조사를 통해 수집된 자료는 SPSS 17.0을 사용하여 분석 절차를 거쳤다.

첫째, 연구 대상자별 응답 분포를 알기 위해 기술 통계를 사용하여 빈도 분석을 하였다. 둘째, 연구 대상자별, 학교 유형별 평가의 차이가 있는지 알아보기 위해 일원 분산 분석을 실시하여 F값을 구하여 유의확률과 유의수준에서 유의미한 차이가 있는지를 살펴보았다. 셋째, 연구 대상 학교들을 유형화하기 위하여 반복 주축 해법과 직각 회전에 의한 요인 분석을 실시하여 유형별 요인을 추출하였다. 넷째, 배경 변인별 차이 검정은 배경 변인별로 사례수의 차이가 심하여 통계적인 의미가 없어서 실시하지 않았고 연구 대상자에 대한 참고자료로만 활용하였다. 다섯째, 설문지의 신뢰도 검증은 과학적이면서 객관적인 값을 제공하는 Cronbach's α 계수를 통하여 문항의 내적 일치도(internal consistency)를 추정하였다.

III. 기독교대안학교의 유형 분류와 특징

1. 기독교대안학교 유형 분류

"1장 기독교대안학교 유형"에서는 한국 기독교대안학교를 '기독교적 대안성'의 다양한 성격에 따라 기독교미인가학교, 기독교수월성학교, 기독교국제학교, 기독교긍휼학교, 대안기독교학교, 그리고 참대안학교 등으로 분류하였고, 3장에서는 이러한 기독교대안학교의 유형 분류에 따라 한국의 기독교대안학교들이 실제로 어떤 유형에 속하는지를 파악하고, 각 유형에 따른 특성을 분석하였다. 선행 연구에서 분류한 기독교대안학교의 여섯 유형 중, 대안기독교학교와 참대안학교는 그 특성이 중첩되는 측면이 많아서 '대안기독교학교'로 통합하여 다섯 가지의 유형, 즉, 기독교미인가학교, 기독교수월성학교, 기독교국제학교, 기독교긍휼학교, 대안기독교학교로 분류하여 연구를 시행하였다. 유형화 분류를 위한 연구는 학교장과 교사를 대상으로 설문을 실시하였는데, 학교장과 교사가 설문에 참여하지 않은 한 학교를 제외한 25개의 학교를 그 유형별로 분류하였다. 국제성, 수월성, 긍휼성, 대안성, 기독교성 중 어떤 정체성을 더 강조하느냐에 따라 기독교국제학교, 기독교수월성학교, 기독교긍휼학교, 대안기독교학교, 기독교미인가학교 등으로 분류하고, 마지막 기독교미인가학교는 기독교성과 함께 대안성을 강조하는 학교와 기독교성과 함께 수월성을 강조하는 학교는 성격이 상이하기 때문에 이 두 가지 유형을 구분하였다.

기독교대안학교의 유형을 분류하기 위해서 기독교성, 수월성, 국제성, 긍휼성, 대안성의 다섯 가지 기준에 대해 각각 다섯 개씩 25개의 문항을 작성하였다. 그러나 설문 결과를 분석하는데 있어서 유형화 설문 결과에 대한 신뢰도 분석을 통해 문항 4개(1-4, 1-6, 1-13, 1-15, 1-25)를 제거하였고, 요인 분석을 거쳐 불분명하게 분류되는 문항 4개(1-10, 1014, 1-18, 1-24)를 삭제하였다. 문항을 삭제한 후 요인 분석을 한 결과 〈표 3-4〉과 같이 다섯 가지의 요인으로 추출되었다. 그 결과, 전체 분산의 63.2%가 설명되고 있으며 .3이상의 요인 부하량을 나타내는 문항을 해당 요인에 포함되는 것으로 판단할 때 첫 번째 요인은 국제성, 두 번째 요인은 기독교 수월성, 세 번째 요인은 긍휼성, 네 번째 요인은 대안성, 다섯 번째 요인은 기독교성으로 분류될 수 있다. 두 번째 요인의 경우 수월성 문항과 기독교 문항이 한 요인으로 분류되어 기독교 수월성으로 보았고, 네 번째 요인은 대안성에 긍휼성의 성격이 포함된다고 판단되어 대안성으로 보았다. 이들의 신뢰도(Cronbach'α)는 국제성 .768, 기독교 수월성 .763, 긍휼성 .546, 대안성 .621, 기독교성 .497로 나타났다.

〈표 3-4〉 기독교학교 유형화 설문 결과 요인분석

	요인1 국제성	요인2 기독교수월성	요인3 긍휼성	요인4 대안성	요인5 기독교
문항16(국제)	.882	.014	-.068	.114	.004
문항12(국제)	.844	.033	-.014	-.043	.059
문항7(국제)	.749	.246	.164	.148	-.193
문항17(국제)	.548	.026	-.128	-.120	.239
문항5(수월)	.071	.783	.207	.020	-.072
문항21(수월)	.077	.768	-.187	-.282	.007
문항20(기독교)	.032	.728	-.397	.099	-.006
문항11(기독교)	.128	.637	-.301	-.188	.219
문항8(긍휼)	.155	-.121	.745	.094	.236
문항22(긍휼)	-.169	-.211	.744	.061	-.076
문항23(대안)	.119	-.278	-.187	.727	-.121
문항3(대안)	.051	-.029	.229	.702	.212
문항2(긍휼)	-.119	.035	.532	.586	-.004
문항8(긍휼)	-.050	-.021	.117	.510	.497
문항9(기독교)	.081	.033	.001	-.098	.773

문항2(기독교)	.023	.025	.062	.191	.674
고유치	2.473	2.342	1.870	1.859	1.571
설명분산	15.456	14.636	11.684	11.621	9.816
누적분산	15.456	30.092	41.776	53.398	63.214
Cronbach'α	.768	.763,	.546	.621	.497
문항수	4	4	2	4	4

**반복주축해법과 직각회전에 의한 분석결과

기독교대안학교의 유형 분류에 대한 전체 결과는 한국의 기독교대안학교들의 성격을 나타내고 있다고 볼 수 있다. 연구에 참여한 25개 학교들이 자기 학교의 특성을 드러낸 것이기에 전체 기독교대안학교들이 지니는 정체성의 경향을 어느 정도 알 수 있다. 기독교대안학교의 유형 분류 결과는 〈표 3-2〉와 같다.

〈표 3-5〉 기독교학교 유형 분류 결과

(N=237)

	문 항		평균(표준편차)
국 제 성	국제성① 14	우리 학교 졸업생의 상당수는 외국의 대학교(학교) 진학을 목표로 한다.	2.32 (1.127)	2.62 (.935)
	국제성②	우리 학교 교육 과정은 외국 교육 과정을 참고하거나 외국 교과서를 그대로 사용한다.	2.46 (1.296)	
	국제성④	우리 학교는 대부분의 수업을 영어(외국어)로 진행한다.	2.24 (1.163)	
	국제성⑤	우리 학교가 영어 이외의 외국어 교육을 하는 것은 국제화 시대에 부응하기 위해서이다.	3.47 (1.135)	

---

14) 이 문항 표기는 설문지 문항으로 작성된 유형별 문항을 의미한다.

기 독 교 수 월 성	수월성①	우리 학교는 기독교 엘리트 인재 양성을 중요한 교육 목표로 삼는다.	3.35 (1.254)	
	수월성⑤	우리 학교는 학생선발 시 성적을 중요한 기준으로 고려한다.	2.43 (1.116)	3.32 (.903)
	기독교성④	우리 학교는 부모를 대상으로 한 신앙 교육 프로그램(기도회 등)을 월 1회 이상 실행하고 있다.	3.77 (1.221)	
	기독교성⑤	우리 학교는 학생 선발 시 부모와 자녀의 신앙을 매우 중요한 기준으로 고려한다.	3.72 (1.123)	
긍휼성	긍휼성②	우리 학교는 학생들의 사회 적응 훈련을 중요하게 여긴다.	3.49 (0.964)	2.80 (.847)
	긍휼성④	우리 학교 학생 선발의 주요대상은 다른 학교에 적응할 수 없는 학생들이다.	2.11 (1.086)	
대 안 성	대안성①	우리 학교는 정의와 평화를 기독교교육의 중요한 가치로 인식한다.	3.99 (0.906)	3.56 (.664)
	대안성④	우리 학교는 학교의 의사 결정에 있어 학생자치회가 중요한 역할을 하고 있는 편이다.	2.9 (0.965)	
	긍휼성①	우리 학교에서 추구하는 기독교교육은 소외된 자를 돌보는 것이다.	3.23 (1.097)	
	긍휼성③	우리 학교 교사들은 학생들의 전인적 치유에 초점을 맞춰 교육하는 편이다.	4.11 (0.808)	
기 독 교 성	기독교성①	우리 학교는 현 학교 교육의 진정한 대안은 기독교교육이라고 생각한다	4.4 (0.747)	4.00 (.672)
	기독교성③	우리 학교는 교사들이 기독교적으로 재구성 된 교과를 가르치려고 한다.	3.59 (0.905)	

유형화 분류에 대한 연구 결과, '우리 학교는 현 학교 교육의 진정한 대안은 기독교교육이라고 생각한다'는 문항의 평균이 4.40으로 가장 높았다. 이는 대부분의 기독교대안학교들이 기존의 학교 교육에 대한 대안으로서 기독교교육을 실천하고 있다고 인식하는 경향이 있음을 보여 준다. 그 외에 높은 평균을 나타내 보인 문항은 '우리 학교 교사들은 학생들의 전인적 치유에 초점을 맞춰 교육하는 편이다'가 평균 4.11, '우리학교는 정의와 평화를 기독교교육의 중요한 가치로 인식한다'가 평균 3.99로 나타났다. 상대적으로 낮은 평균 점수를 보이고 있는 문항으로서는 '우리 학교 학생 선발의 주요 대상은 다른 학교에 적응할 수 없는 학생들이다'가 평균 2.11로서 가장 낮게 나타나고 있고, '우리 학교

는 대부분의 수업을 영어(외국어)로 진행한다'가 평균 2.24로서 상대적으로 낮게 나타나는데, 각각 특정 유형의 학교만이 응답할 수 있는 문항이기 때문에 전체 기독교대안학교의 정체성과는 거리가 있는 문항들이라고 할 수 있을 것이다. 유형화 분류 문항 분석 결과를 국제성, 기독교수월성, 긍휼성, 대안성, 기독교성의 다섯 가지 특성으로 묶어서 살펴보면, 한국 기독교대안학교의 전체적인 성격을 어느 정도 파악할 수 있는데, 기독교성의 평균이 4.0으로 가장 높았고, 대안성의 평균이 3.56으로 그 다음으로 높았으며, 기독교수월성의 평균이 3.32, 긍휼성의 평균이 2.80, 그리고 국제성의 평균이 2.62로 나타나고 있다. 즉, 기독교대안학교는 기독교적인 교육을 추구하는 학교라고 하는 것이 가장 중요한 특징이며, 또한 기존의 교육에 대한 대안을 강조하는 학교라고 할 수 있다. 그러면서도 기독교대안학교에는 수월성을 강조하거나, 긍휼의 교육, 국제화 교육을 강조하는 다양한 학교들이 공존하고 있음을 알 수 있다. 기독교대안학교의 유형 분류를 위해 최종적으로 확정된 문항에 따라 유형을 설명하면 다음과 같다.

기독교국제학교는 졸업생의 상당수가 외국의 대학교 진학을 목표로 하는 학교로서, 교육 과정은 외국 교육 과정을 사용하거나 참고하며, 대부분의 수업을 외국어로 진행하고, 국제화 시대에 부응하기 위한 외국어 교육을 강조하는 학교이다.

기독교수월성학교는 기독교 엘리트 인재 양성을 중요한 교육 목표로 삼는 학교로서 학생 선발 시 성적을 중요하게 고려하며, 학생 선발 시 부모와 자녀의 신앙을 중요한 기준으로 고려할 뿐 아니라 부모 신앙 교육 프로그램을 강조하는 학교이다.

기독교긍휼학교는 인재 양성보다는 기독교적 긍휼에 입각하여 사회에 적응하지 못한 학생들에 대한 사회 적응 훈련을 중요하게 여기며, 학생 선발 시에 다른 학교에 적응할 수 없는 학생들을 주 대상으로 하는 학교이다.

대안기독교학교는 정의와 평화를 기독교교육의 중요한 가치로 인식하는 학교로서 학교의 의사결정에 있어서 학생자치회가 중요한 역할을 담당하며, 소외된 학생들을 돌보며, 학생들의 전인적 치유에 관심을 갖는 학교이다.

기독교미인가학교는 현 학교 교육의 진정한 대안은 기독교교육이라고 확신하고 기독교적 교육을 추구하는 학교로서, 기독교적으로 재구성된 교과를 가르치는 것을 중요시하는 학교이다. 그런데 이들 기독교미인가학교 중 기독교미인가학교(대안)는 이러한 정체성과 함께 대안성을 보다 강조하는 학교이고, 기독교미인가학교(수월성)는 수월성을 보다 강조하는 학교라고 할 수 있다.

본 연구에서 연구 대상 학교 중 이들 각 유형에 해당하는 학교는 기독교국제학교 2개교, 기독교수월성학교 3개교, 기독교긍휼학교 4개교, 대안기독교학교 4개교, 기독교미인가학교(대안) 7개교, 기독교미인가학교(수월성) 5개교로 분류되었다.

2. 기독교대안학교의 유형별 성격

본 연구에서는 기독교대안학교를 기독교국제학교, 기독교수월성학교, 기독교긍휼학교, 대안기독교학교, 기독교미인가학교로 유형화하여 유형별로 국제성, 기독교 수월성, 긍휼성, 대안성, 기독교성의 다섯 가지 성격에 대하여 나타난 결과를 〈표 3-6〉에서 제시하였다. 이를 방사형 그림으로 나타내면 [그림 3-1]과 같다.

〈표 3-6〉 기독교대안학교의 유형에 따른 성격

평균(표준편차), (N=237)

	국제성	기독교수월성	긍휼성	대안성	기독교성
기독교 국제학교	4.42 [1위]	3.74 [3위]	3.00	3.42	4.06 [2위]
	(.470)	(.473)	(.519)	(.747)	(.712)
기독교 수월성학교	2.30	4.22 [1위]	2.25	3.73 [3위]	3.75 [2위]
	(.532)	(.342)	(.549)	(.603)	(.772)
기독교 긍휼학교	1.71	2.44	4.22 [1위]	3.96 [2위]	3.87 [3위]
	(.458)	(.779)	(.712)	(.448)	(.702)
대안기독교 학교	2.11	2.52	2.62 [3위]	4.13 [1위]	3.69 [2위]
	(.516)	(9.649)	(.661)	(.422)	(.591)
기독교 미인가학교(대안)	2.61	2.85 [3위]	2.76	3.51 [2위]	3.97 [1위]
	(.740)	(.822)	(.756)	(.673)	(.723)
기독교 미인가학교(수월성)	2.58	3.95 [2위]	2.43	3.24 [3위]	4.23 [1위]
	(.635)	(.447)	(.581)	(.556)	(.527)
전체 평균	2.62	3.32 [3위]	2.80	3.56 [2위]	4.00 [1위]
(표준편차)	(.935)	(.902)	(.847)	(.663)	(.672)

1) 기독교국제학교

기독교국제학교의 경우, 국제성이 평균 4.42(표준편차 .470), 기독교성이 평균 4.06(표준편차 .712), 기독교 수월성이 평균 3.74(표준편차 .473)로 나타났다. 〈표 3-6〉과 [그림 3-1]에서 알 수 있듯이 기독교국제학교는 국제성을 가장 강조하고, 그 다음으로 기독교성을 강조하고 있다.

또한 기독교국제학교는 기독교 수월성도 함께 강조하는 경향을 지니고 있는데, 이는 기독교국제학교가 기독교학교이면서 국제성을 추구하는 분명한 정체성을 지니고 이는 '인재 양성'이라는 수월성 교육의 가치를 공유하고 있음을 드러내 준다고 볼 수 있다. 이에 비해 상대적으로 대안성과 긍휼성은 낮게 나타나고 있는데, 이는 기독교국제학교가 기독교수월성학교나 기독교미인가학교와는 유사한 성격을 지니는 반면, 대안기독교학교나 기독교긍휼학교와는 다른 정체성을 지니고 있음을 보여 주고 있다.

2) 기독교수월성학교

기독교수월성학교는 기독교 수월성이 평균 4.22(표준편차 .342), 기독교성이 평균 3.75(표준편차 .772), 대안성이 평균 3.73(표준편차 .603) 순으로 나타났다. 〈표3-6〉과 [그림3-1]에서 알 수 있듯이 기독교수월성학교는 기독교 수월성, 기독교성, 대안성이 높게 나온 것에 비해 국제성과 긍휼성은 상대적으로 낮은 수치를 가지고 있다. 이는 기독교수월성학교는 기독교국제학교의 특성을 공유하고 있지는 않으며, 소외된 학생에 대한 긍휼의 교육을 강조하는 학교와는 거리가 있음을 보여 주고 있다.

3) 기독교긍휼학교

기독교긍휼학교는 긍휼성이 평균 4.22(표준편차 .712)로 가장 높게 나타났고, 대안성이 평균 3.96(표준편차 .448), 기독교성이 3.87(표준편차 .702)로 나타났다. 〈표 3-6〉에서 볼 수 있듯이, 기독교긍휼학교의 경우는 긍휼성, 대안성, 기독교성이 높은 수치를 나타내고 있다. 즉, 기독교긍휼학교는 대안기독교학교, 그리고 기독교미인가학교의 정체성과는 공유하는 부분이 많음을 알 수 있다. 반면에 국제성과 기독교 수월성은 상대적으로 낮은 수치를 나타내 보이고 있는데, 이는 기독교긍휼학교가 추구하는 가치가 기독교국제학교나 기독교수월성학교가 추구하는 그것과 차이가 있음을 보여 준다.

4) 대안기독교학교

대안기독교학교는 대안성이 평균 4.13(표준편차 .422), 기독교성이 평균 3.69(표준편차 .591), 긍휼성이 2.63(표준편차 .661)로 나타났다. [그림 3-1]에서 볼 수 있듯이, 대안기독교학교는 대안성, 기독교성, 긍휼성은 높게 나타났지만 그에 비해 국제성과 기독교 수월성은 상대적으로 낮게 나타났다. 이는 대안기독교학교의 정체성과 그 특성을 잘 보여 주는데 대안성이 높을 뿐 아니라 기독교성과 긍휼성이 강하며, 기독교미인가학교와 기독교긍휼학교와 많은 유사성을 지니고 있음을 나타낸다. 그러나 기독교국제학교나 기독교수월성학교와는 오히려 상이성이 많은 특징을 지니고 있다고 할 수 있다.

5) 기독교미인가학교(대안)

앞에서 논의한 대로 기독교미인가학교를 대안성을 강조하는 기독교미인가학교와 수월성을 강조하는 기독교미인가학교로 나누어 볼 때, 대안성을 강조하는 기독교미인가학교는 기독교성이 평균 3.97(표준편차 .723)으로 가장 높게 나타났고, 대안성이 평균 3.51(표준편차 .673), 기독교 수월성이 평균 2.85(표준편차 2.85)로 나타났다. 이런 학교들은 기독교성을 강조하면서 동시에 대안성을 강조하는 학교임을 알 수 있는데, 이 유형의 성격을 방사형 표로 나타내면 [그림 3-1]과 같다. 이 유형의 학교들은 기독교성을 강조하면서 동시에 대안성을 강조하는 학교라고 볼 수 있는데, 기독교 수월성과 긍휼성, 그리고 국제성은 상대적으로 낮게 나타나고 있음을 알 수 있다. 이는 대안성을 강조하는 기독교미인가학교는 대안기독교학교만큼 대안성을 강조하는 것은 아니지만 기독교성 다음으로 대안성을 강조하고 있고, 대안기독교학교가 그러하였듯이 기독교 수월성이나 국제성을 덜 강조하는 경향이 있다.

6) 기독교미인가학교(수월성)

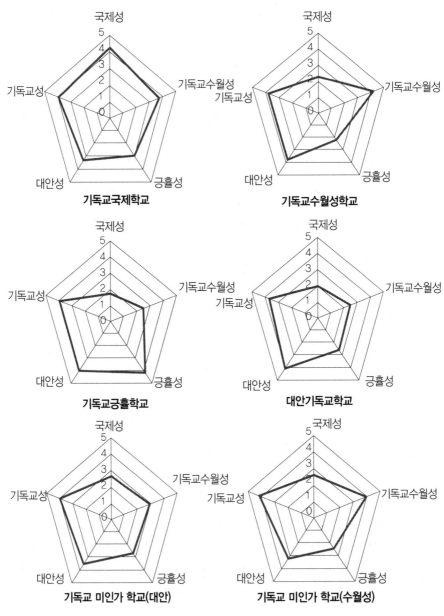

[그림 3-1] 기독교대안학교의 유형에 따른 성격

기독교미인가학교 중 기독교 수월성을 강조하는 학교들은 기독교성이 평균 4.23(표준편차 .527), 기독교 수월성이 평균 3.95(표준편차 .447)로 나타났고, 그 뒤를 대안성이 평균 3.24(표준편차 .556)로 이었다. 〈표 3-6〉과 [그림 3-1]에서 볼 수 있듯이, 기독교미인가학교(수월성)는 기독교미인가학교(대안)와 같이 기독교성을 가장 많이 강조하고 있지만, 대안성보다는 기독교 수월성을 보다 더 강조한다는 점에서 차이가 있다. 또한 긍휼성이 가장 낮게 나타나는 것은 수월성을 강조하는 기독교미인가학교가 기독교수월성학교와 공통적으로 지니는 특성이라고 할 수 있다.

3. 학교 유형에 따른 성격 차이

기독교대안학교의 학교 유형에 따라 유형화 성격이 어떻게 다른지를 파악하는 일은 의미 있는 일이다. 국제성, 수월성, 긍휼성, 대안성, 그리고 기독교성이 각 유형별로 어떤 차이를 나타내는지를 살펴보기 위해 일원분산분석을 한 결과 국제성, 긍휼성, 기독교성에서 유의수준 .05에서 유의한 차이가 있는 것으로 나타났다(〈표 3-7〉 참조). 이를 사후분석한 결과 국제성은 기독교국제학교, 기독교미인가학교(대안), 기독교미인가학교(수월성), 기독교수월성학교, 대안기독교학교, 기독교긍휼학교 순으로 나타났다. 또한 긍휼성은 기독교긍휼학교, 기독교국제학교, 기독교미인가학교(대안), 대안기독교학교, 기독교미인가학교(수월성), 기독교수월성학교 순으로 높게 나타났다. 그리고 기독교성의 평균은 기독교미인가학교(수월성)가 대안기독교학교보다 높은 것이 유의미하게 나타났다.

〈표 3-7〉 학교 유형에 따른 유형화 성격

국제성	기독교국제학교 〉기독교미인가학교(대안) 〉기독교미인가학교(수월성) 〉기독교수월성학교 〉대안기독교학교 〉기독교긍휼학교	F=63.346 p=.000
긍휼성	기독교긍휼학교 〉기독교국제학교 〉기독교미인가학교(대안) 〉대안기독교학교 〉기독교미인가학교(수월성) 〉기독교수월성학교	F=34.264 p=.000
기독교성	기독교미인가학교(수월성) 〉대안기독교학교	F=3.814 p=.002

국제성은 앞의 〈표 3-3〉의 설문 문항에서 볼 수 있듯이 국제화 시대에 걸맞은 인재를 양성하려는 목적으로 외국어 교육을 강조하는 특징을 지니는데, 이러한 성격이 가장 강조되는 학교는 물론 기독교국제학교이다. 그러나 많은 기독교대안학교들이 영어, 중국어 등의 외국어 교육을 강조하고 있고 일정 기간 외국에 연수를 보내는 경향이 있다. 즉, 정도의 차이는 있지만 모든 기독교대안학교들은 국제성을 지니고 있다고 볼 수 있는데, 대안성을 강조하는 기독교미인가학교가 기독교국제학교 다음으로 국제성을 강조하는 학교인 것으로 나타나고 있다. 대안성을 강조하는 기독교미인가학교가 수월성을 강조하는 기독교미인가학교보다 더 국제성을 강조하는 경향이 있는 것은 흥미로운 결과이다. 기독교미인가학교(대안)가 외국의 대안학교와의 교류나 국내에서의 공부보다 해외 체험이나 연수를 강조하는 경향이 이러한 결과에 영향을 주었을 가능성이 있다. 국제성이 가장 낮은 학교는 기독교긍휼학교로서 학생들의 사회 적응에 우선적인 목적이 있고 외국 유학이나 해외 연수를 부담할 수 있는 경제적인 조건이 되지 못하는 점 등이 작용했을 것이다.

긍휼성은 앞의 〈표 3-3〉의 설문 문항에서 볼 수 있듯이 사회에 적응하기 어려운 학생들에게 긍휼을 실천하는 성격을 지니고 있는데, 이러한 성격이 가장 강조되는 학교는 기독교긍휼학교이다. 이러한 긍휼성

110 기독교대안학교의 교육 성과를 말하다

이 가장 낮은 학교는 기독교수월성학교로서 기독교인재 양성을 추구하는 것과 상치되는 면이 있다고 볼 수 있다. 수월성과 긍휼성 모두 기독교적 가치를 지닌다고 볼 수 있는데 어떤 가치를 우선적인 교육 가치로 여기느냐에 따라 전혀 다른 유형의 기독교대안학교의 모습으로 나타날 수 있음을 보여 준다. 기독교긍휼학교 다음으로 긍휼성이 높은 유형의 학교로 드러난 학교가 기독교국제학교이다. 이는 기독교국제학교 역시 긍휼성이 가장 약함에도 불구하고 다른 유형의 학교들의 긍휼성에 대한 관심이 낮기 때문에 나온 결과이다.

기독교성은 앞의 〈표 3-3〉의 설문 문항에서 볼 수 있듯이 기독교교육이 기존의 교육에 대한 진정한 대안임을 확신하고 기독교적인 교과와 가르침을 강조하는 성격을 의미하는데, 유의미한 차이가 있는 것으로 드러난 경우는 기독교미인가학교(수월성)와 대안기독교학교의 차이이다. 기독교성이 가장 높은 학교 유형이 수월성을 강조하는 기독교미인가학교인데, 교과에 대한 기독교적 재구성을 중요시하고 모든 교육에서 기독교적 가르침을 실천하려는 경향이 강함을 알 수 있다. 이에 비해 대안기독교학교는 기독교성보다 대안성을 강조하는 특성을 지니기 때문에 오히려 일반대안학교의 성격을 강하게 지니는 학교인 셈이다. 이러한 대조는 기독교성과 대안성의 차이, 그리고 기독교학교와 대안학교의 차이를 보여 준다고 할 수 있다.

4. 기독교대안학교의 자기 유형 인식

기독교대안학교의 구성원들이 자신의 학교를 어떤 유형으로 인식하고 있는가? 기독교대안학교의 학교장과 교사가 자신이 속해 있는 학교에 대해 각자 인식하는 기독교학교 유형을 묻는 질문에 대한 응답 분포는 〈표 3-8〉와 같다.

<表 3-8> 기독교대안학교의 유형 인식

응답자수(백분율)

응답 응답자유형	기독교 국제학교	기독교 수월성학교	기독교 긍휼학교	대안 기독교학교	기독교 미인가학교	전체
기독교국제학교	23 [1위]	1	0	0	2	26
	(88.5)	(3.8)	(0)	(0)	(7.7)	(100.0)
기독교수월성학교	1	0	0	11	14 [1위]	26
	(3.8)	(0)	(0)	(42.3)	(53.8)	(100.0)
기독교긍휼학교	0	1	2	17 [1위]	7	27
	(0)	(3.7)	(7.4)	(63.0)	(25.9)	(100.0)
대안기독교학교	0	0	0	9	10 [1위]	19
	(0)	(0)	(0)	(47.4)	(52.6)	(100.0)
기독교미인가학교 (대안)	10	1	0	21 [1위]	15	47
	(21.3)	(2.1)	(0)	(44.7)	(31.9)	(100.0)
기독교미인가학교 (수월성)	10	6	0	39 [1위]	32	87
	(11.5)	(6.9)	(0)	(44.8)	(36.8)	(100.0)
총합	44	9	2	97 [1위]	80	232
	(19.0)	(3.9)	(.9)	(41.8)	(34.5)	(100.0)

χ^2=125.142a(df=20, p=.000)

　　자신이 속한 학교를 기독교국제학교라고 응답한 경우를 살펴보면 기독교국제학교가 가장 높았는데 88.5%였으며, 기독교미인가학교(대안)가 자신의 학교 유형을 기독교국제학교라고 응답한 경우가 21.3%, 기독교미인가학교(수월성)가 11.5%의 순으로 나타났다. 자신이 속한 학교를 기독교수월성학교라고 응답한 경우를 살펴보면 기독교미인가학

교(수월성)에서 6.9%가 응답했으며, 기독교국제학교(3.8%), 기독교
긍휼학교(3.7%), 기독교미인가학교(대안)(2.1%)의 순으로 뒤를 이었
다. 자신이 속한 학교를 기독교긍휼학교라고 응답한 경우는 기독교긍휼
학교에서 7.4%의 비율로 응답했으며, 자신이 속한 학교를 대안기독교
학교라고 응답한 경우는 기독교긍휼학교에서 63.0%로 가장 높게 응답
하였고, 대안기독교학교(47.4%), 그리고 기독교미인가학교(수월성)
와 기독교미인가학교(대안)이 각각 44.8%, 44.7%의 비율로 응답하였
다. 또한, 자신이 속한 학교를 기독교미인가학교로 응답한 경우를 살펴
보면 기독교수월성학교에서 53.8% 응답했으며, 대안기독교학교에서
52.6%가 응답하였고, 기독교미인가학교(수월성)와 기독교미인가학교
(대안)가 각각 36.8%, 31.9%의 비율로 응답하였다.

　전체적으로 기독교대안학교들의 자기 인식은 기독교미인가학교 또
는 대안기독교학교였으며, 기독교국제학교의 경우는 선명하게 기독교국
제학교로 자신을 인식하는 경향이 있다. 이러한 경향은 이상과 같은 유
형화가 아직 일반적으로 사용되지 않는 방식이며, 유형 명칭에 대한 설
명 없이 설문을 제시하였기 때문에 '기독교대안학교'와 '대안기독교학교'
를 구분하지 않았을 가능성이 있다. 또한 기독교수월성학교 또는 기독교
긍휼학교로 자신을 인식하는 것을 부담스러워하는 경향도 이런 자기 인
식의 분포를 야기했을 가능성도 있을 것이다. 이에 비해 기독교국제학교
는 그 특성이 상대적으로 분명하고 학교의 명칭도 이 성격을 명백히 드러
내고 있기 때문에 보다 선명한 자기 인식을 갖고 있는 것으로 사료된다.

5. 논의

　기독교대안학교를 기독교국제학교, 기독교수월성학교, 기독교긍휼
학교, 대안기독교학교, 기독교미인가학교 등으로 유형화하고, 각 유형

의 성격을 분석한 연구 결과에 대해서 다음과 같이 논의할 수 있다.

첫째, 기독교대안학교는 다양한 정체성을 포함하는 학교 군을 의미하기 때문에 각 학교의 성격을 드러낼 수 있는 유형 분류가 필요한데 국제성, 수월성, 긍휼성, 대안성, 기독교성을 기준으로 유형화하는 것은 의미가 있다. 실제적으로 설립된 지 3년 이상이 된 한국의 기독교대안학교 25개 학교를 이 분류에 의해 유형화한 결과 그 성격이 상당 부분 잘 드러나는 방식으로 분류가 되었으며, 각 기독교대안학교의 정체성의 특성을 선명하게 나타내 보이는 유형 분류 방식으로 보여진다.

둘째, 기독교대안학교를 기독교국제학교, 기독교수월성학교, 기독교긍휼학교, 대안기독교학교, 기독교미인가학교로 유형화할 때, 각각은 국제성, 수월성, 긍휼성, 대안성, 기독교성을 가장 강조하는 유형임과 동시에 다른 정체성을 어느 정도 공유하고 있음을 알 수 있다. 기독교국제학교의 경우는 국제성 외에 기독교성과 수월성을 공유하는 경향이 있으며, 기독교수월성학교는 수월성 외에 기독교성을, 기독교긍휼학교의 경우는 긍휼성 외에 대안성을, 대안기독교학교는 대안성 외에 기독교성을, 기독교미인가학교는 대안성 또는 수월성을 각각 공유하는 경향이 있다.

셋째, 기독교대안학교를 기독교국제학교, 기독교수월성학교, 기독교긍휼학교, 대안기독교학교, 기독교미인가학교로 유형화할 때, 각 유형 안에는 그 정체성과 대치적 성격을 지니는 특성이 약하게 나타남으로써 그 유형의 성격을 분명히 하고 있음을 알 수 있다. 기독교국제학교의 경우는 국제성이 강한 반면 긍휼성이 가장 약하고, 기독교수월성학교도 수월성이 강한 반면 긍휼성이 약하다. 반대로 기독교긍휼학교는 긍휼성이 강한 반면 국제성이 약하고, 대안기독교학교도 대안성이 강한 반면 국제성이 약하다. 기독교미인가학교(대안)는 기독교성과 대안성이 강한 반면 국제성이 약하며, 기독교미인가학교(수월성)는 기독교성과 수월성이 강한 반면 긍휼성이 약하다.

넷째, 기독교대안학교들의 자기 인식에 있어서는 전체적으로 자신의 학교를 기독교미인가학교 또는 대안기독교학교로 인식하는 경향이 있다. 그러나 기독교국제학교의 경우는 상대적으로 분명하게 자신을 기독교국제학교로 인식하는 경향이 있음을 알 수 있다. 그리고 자기 인식에 있어서 '수월성'이나 '긍휼'과 같은 가치가 분명히 드러난 용어에 대해서는 이를 회피하는 경향이 있는 것으로 보여진다.

다섯째, 기독교대안학교의 유형화는 그 학교가 지니는 정체성과 특성을 드러내 주는 것이기 때문에 때로는 명칭과 일치하지 않는 경우가 있을 수 있다. 예컨대 몇몇 국제학교라는 명칭을 지니고 있는 학교들이 기독교국제학교로 유형화되지 않고 기독교수월성학교, 대안기독교학교, 또는 기독교미인가학교로 분류된 경우도 있는데, 이는 국제학교라는 이름을 갖고 있지만 그 학교의 실제적인 정체성과 특성이 국제성보다는 다른 성격을 강조하고 있기 때문이다. 이 점에서 이러한 유형화는 그 학교의 실제적인 정체성을 드러내 준다는 점에서 의미 있는 작업이라고 할 수 있다.

여섯째, 기독교대안학교들에 대한 이러한 유형화는 동일 유형 간에 보다 밀접한 교류가 필요함을 보여 준다. 동일한 정체성을 추구하고 유사한 성격을 지니기 때문에 교육 과정과 교육 활동에 있어서 이들 학교간의 상호 교류가 서로에게 도움을 줄 수 있다. 동시에 상이한 성격을 지니는 학교 간에도 서로에 대한 관심을 갖고 상이점을 배우고 서로에게 영향을 줄 수 있다면 보다 균형 있고 통합적인 기독교대안 교육을 추구할 수 있는 가능성이 있다. 이 점에서 유형 분류는 기독교대안학교들이 지니는 공통점과 상이점이 무엇인지를 보여 주고, 원활한 교류를 촉진하는 지도의 역할을 할 수 있다.

일곱째, 기독교대안학교의 유형 분류는 유사 성격에 대한 보다 분명한 구분을 위한 연구를 요청한다. 기독교국제학교와 기독교수월성학교는 둘 다 '국제성'을 추구하는 것은 아니지만 '수월성'을 추구하는 경향이 있다. 대안기독교학교와 기독교긍휼학교는 그 경계가 명확하지 않은데 이는 '대안성'과 '긍휼성'이 중복될 수 있는 경향이 있기 때문이다. 이러한 유형 간의 차이를 보다 선명하게 구분할 수 있는 기준과 경계를 명확히 할 수 있는 요소가 무엇인지를 규명하고 이를 반영하는 추후 연구가 필요하다.

Ⅳ. 기독교대안학교 영역별 성과 분석

한국 기독교대안학교의 교육 성과를 유형별로 분석하기 전에 먼저 연구 대상 기독교대안학교들의 교육 성과를 교육 경영, 교육 과정, 교육 결과(만족도) 영역별로 구분하여 정리하였다.

1. 교육 경영

기독교대안학교의 교육 경영에 대하여 학교장, 교사, 학부모, 학생들은 다음의 〈표3-9〉와 같이 평가하였다.

〈표 3-9〉 교육 경영에 대한 평가

평균(표준편차)

문항	학교장 (N=19)	교사 (N=219)	학부모 (N=516)	학생 (N=1244)	총합 (N=2002)
기독교학교 비전과 목표의 명료성	4.95 [1위]	4.25	4.46 [1위]	–	4.55
	(.229)	(.815)	(.710)	(–)	
학교 목표의 공유	4.47	4.00	4.26	–	4.24
	(.612)	(.888)	(.779)	(–)	

학교 목표 인식	4.84	4.20	4.16	3.63 [1위]	4.20
	(.375)	(.758)	(.732)	(.968)	
학교장의 대안 교육에 대한 확신과 실행 의지	4.13	4.42 [1위]	4.42	–	4.32
	(.574)	(.746)	(.717)	(–)	
교사의 대안 교육에 대한 확신과 실행 의지	4.53	3.91	–	–	4.22
	(.513)	(.691)	(–)	(–)	
학부모의 대안 교육에 대한 확신과 실행의지 (학부모 학교 목표 동의)	–	–	4.43	–	4.43
	(–)	(–)	(.030)	(–)	
학생의 대안 교육에 대한 확신과 실행 의지	–	–	–	3.52	3.52
	(–)	(–)	(–)	(.024)	
학교장의 학교 경영 능력(리더십)	–	4.10	4.05	–	4.07
	(–)	(.893)	(.893)	(–)	
교직원 신앙 헌신도	–	4.32	–	–	4.32
	(–)	(.046)	(–)	(–)	
학부모의 학교 운영 참여	–	–	3.18	–	3.18
	(–)	(–)	(.047)	(–)	
학생 선발의 다양성	3.42	–	–	–	3.42
	(.961)	(–)	(–)	(–)	
학습자 구성의 다양	3.74	–	–	–	3.74
	(1.147)	(–)	(–)	(–)	
대안적 학교 규모 (교사 대 학생 비율)	–	4.32	–	–	4.32
	(–)	(.048)	(–)	(–)	
전체	4.29	4.19	4.13	3.57	
	(.360)	(.560)	(.591)	(.775)	

　　교육 경영에 대한 평가에서 학교 구성원별로 학교장은 4.29, 교사는 4.19, 학부모는 4.13으로 매우 높았다. 학생은 평가 능력을 감안하

여 교육 경영에 대한 설문 문항은 최소화하여 '기독교대안학교로서의 학교 목표 인식' 여부와 '대안 교육에 대한 확신과 실행 의지'에 대한 평가에서 학생은 3.57로 중간이상이다. 학교장의 경우 교육 경영 평가에 있어 '우리학교는 기독교대안학교로서의 비전과 목표를 명료하게 제시하고 있다.'라는 기독교학교 비전과 목표의 명료성 문항이 평균 4.95로 가장 높았고, 그 다음은 '나는 학교가 가지는 비전과 목표를 다른 사람에게 설명해 줄 수 있다.'라는 학교 목표 인식 문항은 4.84이었다. 교사의 경우 '우리 학교장은 학교가 추구하는 비전과 목표에 대한 확신을 가지고 실행하고 있다.'라는 학교장의 대안 교육에 대한 확신과 실행의지 문항이 평균 4.42로 가장 높았고, '나는 기독교대안학교 교사로서의 소명의식을 가지고 헌신하고 있다.'의 교직원 신앙 헌신도와 '우리 학교의 학급당 학생 수는 학생들과 원활히 소통하기 적합하다.'의 대안적 학교 규모에 대한 평가가 평균 4.32로 높게 평가 되었다. 학부모는 '자녀의 학교는 기독교대안학교로서의 비전과 목표를 명료하게 제시하고 있다.'의 기독교 학교 비전의 명료성에 대한 평가가 평균 4.46으로 가장 높았고, '자녀의 학교장은 학교가 추구하는 비전과 목표에 대한 확신을 가지고 실행하고 있다.'라는 학교장의 대안 교육에 대한 확신과 실행의지도 평균 4.42로 높게 평가되었다.

교육 경영에서 학교 구성원들 사이에 가장 높게 평가된 문항은 '학교장의 대안 교육에 대한 확신과 실행의지'였고, 그다음으로 '기독교학교 비전과 목표의 명료성'이다. 이러한 결과로 볼 때, 기독교대안학교들이 구성원들에게 학교 목표를 명료하게 제시하고, 학교장은 대안 교육에 대한 확신과 실행 의지를 보여 주고 있다고 평가되었다는 점에서 매우 긍정적인 결과이다. 반면에 학부모 설문 문항 중 '나는 학교 발전을 위한 운영 모임에 참여하고 있다.'라는 학부모의 학교 운영 참여와 학교장의 설문 문항 중 '우리 학교는 학생 선발 시 학생들의 다양한 측면(영성, 인성, 체력, 감성, 지성)을 평가하는 기준을 가지고 있다.'라는 학생 선발에 있어서 다양성 문항 등은 낮게 나타났다. 이는 기독교대안학교들이 학부모들에게 학교 교육에 대한 참여를 독려하고 또한 기독교대안학교의 학부모들도 학교 교육에 대해 참여 의식을 높여 함께 만들어 가는 학교로 발전되어야 할 것이다. 또한 기독교대안학교들이 대안학교로서 학습자의 다양성을 지향해 나가는데 있어서 더욱 대안을 모색해 보아야 할 것도 시사하고 있다.

　　교육 경영에서 학교장, 교사, 학부모에게 네 가지의 공통 질문을 하였다. 즉, 학교 목표의 명료성, 학교 목표 공유, 학교 목표 인식, 학교장의 대안 교육에 대한 확신과 실행의지 등이다. 그 중 학교 목표의 명료성에 대한 질문에 학교장은 4.95, 교사는 4.25, 학부모는 4.46로 학부모가 교사보다 학교가 교육 목표를 더 명료하게 제시하고 있다고 평가하고 있는 것으로 나타났다. 학교 목표 공유에 대한 문항에는 학교장 4.47, 교사 4.00, 학부모 4.26로 역시 학부모가 교사보다 학교의 교육 목표를 더 잘 공유하는 것으로 나타났다. 학교 목표 인식에서는 학교장 4.84, 교사 4.20, 학부모 4.16로 학교장은 매우 높게 인식하고 교사와 학부모도 높게 나타났다. 학교장의 대안 교육에 대한 확신과 실행 의지에 대해서는 학교장은 4.13인 반면, 교사는 4.42, 학부모는 4.42로 교사와 학부모가 학교장 본인보다 더 높게 평가하였다. 흥미로운 것은 학교장은 교사들의 대안 교육에 대한 확신과 실행 의지가 높다고 평가하였고, 교사는 학교장의 대안 교육에 대한 확신과 실행 의지가 높다고 평가하였다.

〈표 3-10〉 학교 구성원들 간의 교육 경영 평가

학교 목표 공유	학교장 〉 학부모 〉 교사	F=9.350, p=.000

학교 구성원에 따라 교육 경영에 대한 평가의 차이가 있는지 알아보기 위해 일원 분산 분석을 실시한 결과, '학교 목표 공유'에 대한 문항에서 세 집단의 평균 차이에 대한 F값이 9.350, 유의확률 .000로서 유의수준 .05에서 유의미한 차이가 있다. '학교 목표 공유'에 따른 교육 경영 평가의 사후 분석 비교 분석을 실시한 결과, 교사와 학부모인 경우 교육 경영 평가의 평균차는 .264이고 유의 확률은 .000로서 영가설을 기각하므로 유의 수준 .05에서 유의미한 차이가 있다. 이상과 같이 교육 경영 영역에 대한 평가는 전체적으로 매우 높았다. 특히 학교 목표에 대한 명료성이나 공유, 인식 등에 대한 학교 구성원들의 평가가 높았다. 또한 대안 교육에 대한 확신과 실행 의지 또한 높은 것으로 나타났다.

2. 교육 과정

기독교대안학교의 교육 과정에 대하여 학교장, 교사, 학부모, 학생들은 다음의 〈표 3-11〉과 같이 평가하였다.

〈표 3-11〉 교육 과정에 대한 평가

평균(표준편차)

	학교장 (N=19)	교사 (N=219)	학부모 (N=516)	학생 (N=1244)	종합 (N=2002)
학교의 목표와 비전에 따른 교육 과정 구성	4.63 [1위] (.496)	4.00 (.760)	4.10 (.743)	– (–)	4.24
은사/진로지도 프로그램	4.11 (.658)	3.76 (.796)	3.42 (.986)	3.31 (1.162)	3.65
기독교적 교육 과정 개발	4.42 (.607)	3.95 (.662)	4.33 [1위] (.728)	– (–)	4.23

영성 교육 프로그램 운영	4.32	3.92	3.92	-	4.05
	(.749)	(.817)	(.892)	(-)	
수업 내 다양한 의사 소통 활용	4.21	4.11	4.12	3.88[1위]	4.08
	(.631)	(.668)	(.735)	(.942)	
공동체적 교육 과정 운영	3.95	3.62	3.68	3.79	3.76
	(.848)	(.828)	(.894)	(1.060)	
학습자 참여수업	-	3.99	-	-	3.99
	(-)	(.697)	(-)	(-)	
학생지도활동	-	3.78	-	-	3.78
	(-)	(.707)	(-)	(-)	
부모교육 프로그램 참석	-	-	3.62	-	3.62
	(-)	(-)	(.902)	(-)	
전체	4.27	3.89	3.88	3.66	
	(.382)	(.495)	(.609)	(.828)	

교육 과정에 대한 평가에서 학교장은 4.27, 교사는 3.89, 학부모는 3.88, 학생은 3.66이다. 교육 과정에 대한 평가의 경우, 학교장은 '우리 학교의 교육 과정은 학교의 비전과 목표를 분명히 반영하고 있다.'라는 학교의 목표와 비전에 따른 교육 과정 구성 문항이 평균 4.63로 가장 높게 평가하였고, '우리 학교 교육 과정 운영은 구성원들(교장, 교사, 학생, 학부모) 간의 원활한 의사 소통에 의해 이루어지고 있다.'가 가장 낮은 3.95였다.

교사와 학생은 '우리 학교 수업에서는 교사와 학생 간, 학생들 간에 다양한 의사 소통 방법이 활용된다.'라는 수업 내 다양한 의사 소통 활용 문항이 교사 평균 4.11, 학생 3.88로 가장 높게 평가되었다.

학부모는 '자녀 학교는 기독교 세계관에 입각해서 교육 과정을 운영하고 있다.'의 기독교적 교육 과정 개발이 평균 4.33로 가장 높았고,

'나는 학교의 부모 교육 프로그램에 적극적으로 참여하는 편이다.'라는 부모교육 프로그램 참여가 3.62로 가장 낮았다.

모든 구성원들이 대체로 낮게 평가한 문항은 '우리 학교는 학생의 다양한 능력 계발을 위한 은사 교육/진로 지도 프로그램을 실행하고 있다.'였다.

기독교대안학교의 교육 과정 영역에서 모든 구성원들이 '학교의 교육 과정은 학교의 비전과 목표를 분명히 반영하고 있고', '기독교세계관에 입각해서 교육 과정을 운영하고 있으며', '영성교육 프로그램이 활성화되어 있다.'고 평가하여 기독교학교로서의 목표 실현에 대해 상당히 높게 평가하고 있다. 또한 교사들은 '기독교세계관에 입각해서 수업을 계획하여 실행하고 있다.'고 스스로를 평가하였고, '수업에서는 교사와 학생 간, 학생들 간에 다양한 의사 소통 방법이 활용되고 있다.'고 평가하였다. 그러나 은사/진로 지도 프로그램은 잘 운영되고 있지 않은 것으로 평가되었고, '교육 과정 운영은 구성원들(교장, 교사, 학생, 학부모) 간의 원활한 의사 소통에 의해 이루어지고 있다.'에도 비교적 낮게 평가되었다.

이러한 평가 결과로 볼 때, 기독교대안학교는 교육 과정에 학교의 목표를 잘 반영하여 운영하고 있지만 그중에서 학생들의 다양한 적성과 재능을 탐색하고 계발하기 위한 은사 교육, 진로 교육은 소홀히 하고 있지 않은지 반성해 보아야 할 것이다. 또한 교육 과정 운영에서도 구성원들의 의사 소통이 원활하지 않은 것도 대안학교로서 지양해 나가야 할 것이다. 대신 수업 내에서 교사와 학생들은 다양한 방법으로 의사 소통을 하고 있는 것으로 평가되어 긍정적이다.

교육 과정 영역에서 학교장, 교사, 학부모에게 6가지의 공통 질문을 하였다. 공통 질문은 '학교의 목표에 따른 교육 과정 구성', '은사 진로지도 프로그램 운영', '기독교적 교육 과정 개발', '영성교육 프로그램 운영', '수업 내 다양한 의사 소통 활용', '공동체적 교육 과정 운영' 등이다. 학교 구성원에 따라 교육 과정에 대한 평가의 차이가 있는지 알아보기 위해 일원 분산 분석을 실시한 결과, '학교 목표에 따른 교육 과정 구성'에서 세 집단의 평균 차이에 대한 F값이 6.724, 유의확률 .001로서 유의수준 .05에서 유의미한 차이가 있다. '은사/진로 지도 프로그램 운영', '기독교적 교육 과정 개발', '수업 내 다양한 의사 소통 활용', '공동체적 교육 과정 운영'은 Levene의 등분산 가정 검정 결과, 유의 확률이 영가설을 기각하지 못해 세 집단은 같다고 볼 수 없다. '학교의 목표에 따른 교육 과정 구성'의 사후 분석 비교 분석을 실시한 결과는 아래와 같다.

학교장과 교사인 경우 평균차는 .632이고 유의 확률은 .002로서 영가설을 기각하므로 유의수준 .05에서 유의미한 차이가 있다. 또한 학교장과 학부모인 경우도 평균차는 .529, 유의확률 .010으로 영가설을 기각하므로 유의 수준 .05에서 유의미한 차이가 있다. 나머지 평균차는 영가설을 기각하지 못하므로 유의한 차이가 없다.

〈표 3-12〉 학교 구성원들 간의 교육 과정 평가

학교 목표에 따른교육 과정 구성	학교장 〉 학부모 〉 교사	F=6.724 p=.001

3. 교육 결과(만족도)

기독교대안학교의 교육 결과(만족도)에 대하여 학교장, 교사, 학부모, 학생들은 다음의 〈표 3-13〉과 같이 평가하였다.

〈표3-13〉 교육 결과 영역에 대한 평가(만족도)

평균(표준편차)

문항	학교장 (N=19)	교사 (N=219)	학부모 (N=516)	학생 (N=1244)	종합 (N=2002)
학교의 비전과 교육 목표	–	4.13	4.18	–	4.16
	(–)	(.757)	(.728)	(–)	
학교의 리더십	–	3.80	3.81	–	3.81
	(–)	(.932)	(.858)	(–)	
행정 지원	–	3.32	3.47	–	3.43
	(–)	(.944)	(.836)	(–)	
업무 분담	–	3.30	–	–	3.30
	(–)	(.961)	(–)	(–)	
교사와 학생 관계	–	4.28 [1위]	4.32	3.57	4.05
	(–)	(.598)	(.668)	(1.158)	
교사의 전문성	–	3.50	–	3.77	3.73
	(–)	(.966)	(–)	(1.000)	
부모와 자녀 관계	–	–	3.94	3.58	3.76
	(–)	(–)	(.667)	(1.098)	
학생(자녀)의 영성	–	–	4.04	3.99 [1위]	4.01
	(–)	(–)	(.700)	(.980)	
학생(자녀)의 인성	–	–	3.84	3.68	3.76
	(–)	(–)	(.689)	(.963)	
기독교적 비교과 활동	–	–	3.61	3.65	3.64
	(–)	(–)	(.898)	(1.047)	
기독교적 수업 방법	–	–	3.81	3.48	3.64
	(–)	(–)	(.716)	(1.003)	
생활지도	–	–	4.19	3.85	4.02
	(–)	(–)	(.684)	(.940)	

교사 헌신도	–	–	4.47 [1위]	3.91	4.19
	(–)	(–)	(.643)	(.944)	
기독교적 교과 내용	–	–	–	3.97	3.97
	(–)	(–)	(–)	(.028)	
기독교적 교육 평가	–	–	–	3.46	3.46
	(–)	(–)	(–)	(.029)	
은사 및 진로 지도	–	–	–	3.43	3.43
	(–)	(–)	(–)	(.032)	
자녀의 학업 만족도	–	–	3.62	–	3.62
	(–)	(–)	(.813)	(–)	
학생의 학교 만족도	–	–	–	3.71	3.71
	(–)	(–)	(–)	(1.183)	
전체	–	3.72	3.94	3.69	
	(–)	(.655)	(.503)	(.673)	

교육 결과에 대한 평가(만족도)에서 교사는 평균 3.72, 학부모는 3.94, 학생은 3.69이다. 교육 결과 영역에 대한 평가에 있어 교사의 경우 '교사와 학생 간의 관계가 원만하다.'의 교사와 학생 관계가 평균 4.28, 학부모는 '교사들은 소명 의식을 가지고 헌신하고 있다.'의 교사 헌신도가 평균 4.47, 학생은 '나는 학교를 다니면서 하나님과 더 친밀하게 교제하게 되었다.'라는 학생의 영성에 대한 문항이 평균 3.99로 가장 높게 나타났다.

교육 결과(만족도) 평가에서 학교 구성원들은 학교의 비전과 목표, 교사와 학생 관계, 학생(자녀)의 영성, 교사의 생활 지도와 헌신도, 기독교적 교육 내용 등에는 만족도가 높았다. 흥미로운 결과는 관계성에서 교사와 학부모는 학생, 자녀와의 관계에 대해 만족도가 높은 반면 학생, 자녀의 만족도는 상대적으로 낮았다. 그러나 교사의 전문성에 대한 만족도에서는 교사들 자신보다 학생들이 교사의 전문성에 대한 만족도가 더 높았다. 반면에 교사들은 '우리 학교는 행정지원이 잘 이루어지고 있다.'와 '우리 학교의 업무분담 정도는 적절하다.'에서 만족도가 낮았으며, 학부모도 '행정 지원'에 대한 평가가 낮았다. 학생은 '은사 및 진로 지도'에 대한 만족도가 가장 낮았다. 이러한 결과는 기독교대안학교들이 학교의 행정능력 보강에 좀 더 관심을 가져야 한다는 것을 시사하고 있다. 기독교 대안학교들이 애써 쌓은 긍정적인 교육적 성과를 행정능력 미비로 인해 교사와 학부모들에게 상처를 주는 일이 없어야 할 것이다. 또한 앞서 교육 과정 영역에서 지적된 은사교육, 진로지도 프로그램의 문제는 이에 대한 만족도가 낮은 것으로도 나타났다.

학교 구성원에 따라 교육 결과에 대한 평가의 차이가 있는지 알아보기 위해 일원 분산 분석을 실시한 결과, 세 집단 간의 유의미한 차이가 발견되지 못하였다. 단, 학교의 비전과 목표, 학교의 리더십 같은 경우 Levene의 등분산 가정 검정 결과, 유의 확률이 영가설을 기각하지 못해 세 집단은 같다고 볼 수 없다.

4. 각 영역에 대한 학교 구성원별 평가

학교 구성원별로 기독교대안학교의 교육 성과에 대하여 학교장은 평균 4.28, 교사는 3.92, 학부모는 3.98, 학생은 3.64로 학교장이 가장 높게 평가했으며, 학부모, 교사, 학생 순으로 학생이 가장 낮았다. 평가 결과를 영역별로 보았을 때, 학교장, 교사, 학부모는 교육 경영 영역을 가장 높게 평가했고, 학생은 교육 결과에 대하여 비교적 높게 평가하였다. 전체적으로 한국 기독교대안학교의 교육 성과에 대해 영역별로는 교육 경영 4.05, 교육 과정 3.93, 교육 결과 3.78 순으로 높게 평가되었다.

〈표 3-14〉 학교 구성원별 영역별 평가

영역		학교장 (N=19)	교사 (N=219)	학부모 (N=516)	학생 (N=1244)	총합 (N=2002)
교육 경영	평균	4.29	4.19	4.13	3.57	4.05
	(표준편차)	(.360)	(.560)	(.591)	(.775)	
교육 과정	평균	4.27	3.89	3.88	3.66	3.93
	(표준편차)	(.382)	(.495)	(.609)	(.828)	
교육 결과	평균		3.72	3.94	3.69	3.78
	(표준편차)		(.360)	(.360)	(.360)	
전체	평균	4.28	3.92	3.98	3.64	
	(표준편차)	(.371)	(.472)	(.520)	(.654)	

5. 교육 목표 실현에 대한 평가

기독교대안학교 구성원들은 학교의 교육 목표가 가장 잘 실현되고 있다고 생각하는 교육의 영역을 3가지 골라 우선순위로 나열하게 하였다. 그 가운데 1순위, 다시 말해 가장 잘 구현되고 있다고 평가하는 항목을 응답자별로 교차 분석하였다. 그 결과 약간의 차이는 있었으나 같은 경향의 선택을 하였다. 8가지 항목 중에 교육 과정을 선택한 학교장이 19명 중 15명, 교사가 214명 중 95명, 학부모는 502명 중 49.6% 249명으로 가장 많았다. 그 다음으로 생활 지도, 학생 선발, 수업 방법 순으로 학교의 목표가 잘 나타나 있다고 응답하였다. 학교장, 교사, 학부모 모두 기독교대안학교의 교육 목표를 가장 잘 반영하고 있는 것으로 교육 과정, 생활지도, 수업방법 순이라고 응답하였다. 학교 구성원에 따라 '학교의 교육 목표 실현' 문항 평가에 유의미한 차이가 있는지 알아보기 위해 χ^2검정을 실시한 결과, χ^2통계값은 29.591로서 유의 수준 .009에서 응답자에 따라 학교의 교육 목표 실현에 대해 유의미한 차이가 있다고 할 수 있다.

<표 3-15> 교육 목표 실현에 대한 평가

	1순위 응답자수(백분율)				1, 2, 3순위 종합 가중치		
	학교장	교사	학부모	전체	학교장	교사	학부모
교육 과정	15	95	249	359	52 [1위]	403 [1위]	1059 [1위]
	(46.0)	(44.4)	(49.6)	(48.8)			
평가	0	6	10	16	7	67	193
	(0.0)	(2.8)	(2.0)	(2.2)			
수업 방법	1	18	57	76	12 [3위]	218 [3위]	587 [3위]
	5.3	(8.4)	(11.4)	(10.3)			
진로 지도	0	5	3	8	5	60	82
	(0.0)	(2.3)	(0.6)	(1.1)			
행정 서비스	0	1	0	1	2	4	3
	(0.0)	(0.5)	(0.0)	(0.1)			
학생 선발	0	27	79	106	9	159	396
	(0.0)	(12.6)	(15.7)	(14.4)			
생활 지도	2	60	102	164	21 [2위]	317 [2위]	639 [2위]
	(10.5)	28.0	(20.3)	(22.3)			
방과 후 활동	1	2	2	5	3	46	39
	(5.3)	(0.9)	(0.4)	(0.7)			
합계	19	214	502	735			

χ^2=29.591 (df=14, p=.009)

6. 논의

기독교대안학교의 교육 성과에 대하여 학교 구성원별로 학교장은 평균 4.28, 교사는 3.92, 학부모는 3.98, 학생은 3.64로 학교장이 가장 높게 평가했으며, 학부모, 교사, 학생 순으로 학생이 가장 낮았다. 평가 결과를 영역별로 보았을 때, 학교장, 교사, 학부모는 교육 경영 영역을 가장 높게 평가했고, 학생은 교육 결과에 대하여 비교적 높게 평가하였다. 전체적으로 한국 기독교대안학교의 교육 성과에 대해 영역별로는 교육 경영 4.05, 교육 과정 3.93, 교육 결과 3.78 순으로 높게 평가되었다. 기독교대안학교 구성원들은 학교의 교육 목표가 가장 잘 실현되고 있다고 생각하는 교육의 영역을 학교장, 교사, 학부모 모두 교육 과정, 생활지도, 수업방법 순 이라고 응답하였다.

    교육 경영 영역에 대한 평가는 전체적으로 매우 높았다. 교육 경영 영역에서 학교 구성원들은 기독교대안학교가 구성원들에게 학교 목표를 명료하게 제시하고, 학교장은 대안 교육에 대한 확신과 실행 의지를 보여 주고 있다고 평가하였다는 점에서 매우 긍정적인 결과이다. 반면에 '학부모의 학교 운영 참여'와 '학생 선발에 있어서 다양성' 문항 등은 낮게 나타났다. 이는 향후 기독교대안학교들이 학부모들에게 학교 교육에 대한 참여를 독려하고 또한 기독교대안학교의 학부모들도 학교 교육에 대해 참여 의식을 높여 나갈 때 함께 만들어가는 대안학교로 발전할 수 있을 것이다. 또한 학습자의 다양성을 존중한다는 대안적 교육 이념을 지향해 나가기 위해서는 학생 선발에 있어서 학생들의 다양성을 고려하는 대안들을 적극적으로 모색해 보아야 할 것이다.

    교육 과정 영역에서 모든 구성원들이 학교의 교육 과정은 학교의 비전과 목표를 분명히 반영하고 있고, 기독교세계관에 입각해서 교육 과정을 운영하고 있으며, 영성 교육 프로그램이 활성화되어 있는 것으로 평가하여 기독교학교로서의 목표 실현에 대해 상당히 높게 평가하고 있다. 또한 교사들은 기독교 세계관에 입각해서 수업을 계획하여 실행하고 있다고 스스로를 평가하였다. 교사와 학생은 수업에서 교사와 학생 간, 학생들 간에 다양한 의사 소통 방법이 활용되고 있다고 평가하였다. 그러나 은사 교육/진로 지도 프로그램 운영과 교육 과정 운영시 구성원들(교장, 교사, 학생, 학부모) 간의 원활한 의사 소통에는 비교적 낮게 평가되었다. 이러한 평가 결과로 볼 때, 기독교대안학교는 교육 과정에 학교의 목표를 잘 반영하여 운영하고 있지만 그중에서 학생들의 다양한 적성과 재능을 탐색하고 계발하기 위한 은사 교육, 진로 교육은 소홀히 하고 있지 않은지 반성해 보아야 할 것이다. 또한 교육 과정 운영에서도 구성원들의 의사 소통이 원활하지 않은 것도 대안학교로서 지양해 나가야 할 점이다. 대신 수업 내에서 교사와 학생들은 다양한 방법으로 의사 소통을 하고 있는 것으로 평가되어 상당히 긍정적인 결과이다.

이상의 기독교대안학교 교육 성과에 대한 분석 결과 다음과 같은 시사점이 제시되었다.

첫째, 학교 경영에서 학부모들의 대안 교육에 대한 확신과 실행 의지는 높은 반면 학교에 참여적인 태도는 부족한 것으로 나타났다. 학부모의 학교 교육에 대한 참여적인 태도 진작과 학생 선발에 있어서 학생의 다양성을 존중하기 위한 대책을 적극적으로 모색해 보아야 한다.

둘째, 교육 과정에서 학생들의 다양한 적성과 재능을 탐색하고 계발하기 위한 은사 교육, 진로 교육에 관심을 가져야 한다. 또한 교육 과정 운영에서 구성원들 간의 원활한 의사 소통이 필요하다.

셋째, 기독교대안학교들이 학교의 행정능력을 보강하여야 한다.

넷째, 기독교대안학교 학교장과 학부모들이 교육 현장에서 교사와 학생들에게 일어나는 경험에 더욱 관심을 가지고 그들의 학교에 대한 요구가 무엇인지를 세심하게 경청할 필요가 있다.

V. 기독교대안학교 유형별 성과 분석

기독교대안학교의 유형에 따라서는 교육 성과에 어떤 차이가 있는가? 기독교국제학교, 기독교수월성학교, 기독교긍휼학교, 대안기독교학교, 기독교미인가학교(대안, 수월성)가 어떤 교육 성과를 나타내고 있는지 분석하였다. 유형에 따른 교육 성과의 차이를 보다 선명하게 드러내기 위해 앞에서 여섯 가지 유형으로 분류한 기독교대안학교를 4가지, 즉, 국제성, 수월성, 긍휼성, 대안성으로 재분류 하였다. 기독교대안학교가 전체적으로 기독교적 성격을 강조하기 때문에 모든 유형에 기독교성이 스며든다고 보아 기독교성을 별도로 구분하여 설정하지 않았고, 기독교미인가학교도 대안성을 강조하는 학교와 수월성을 강조하는 학교로 분류되기 때문에 이들 특성이 각각 대안성과 수월성 영역에 포함될 수 있기 때문이다.

유형화 연구 대상학교 총 25개를 기독교국제학교 2개교, 기독교수월성학교 8개교, 기독교긍휼학교 4개교, 대안기독교학교 11개교로 재분류하여, 이들 학교 구성원들이 교육 성과에 대한 평가를 분석하였다. 이러한 분류에 따라 기독교대안학교의 특징을 간단히 살펴보면, 학생 수를 통해 학교 규모를 예상해 볼 때 기독교국제학교는 두 학교 모두 학생 수 200명 이상의 초·중·고 통합학교이고, 중소도시 이하에 위치하고 있다. 기독교수월성학교는 8개 중 6개가 통합학교로 운영되고, 중학교와 고등학교가 각각 1개교씩이다. 4개교는 50명 미만의 중소도시 이하에 있는 작은 학교이고 4개교는 100명~200명 또는 그 이상인 대도시 또는 신도시에 위치한 학교이다. 긍휼학교는 모두 통합학교로 운영되고 있으며 규모는 200명 이하이고, 위치는 대도시 또는 신도시 2개교, 중소도시 이하에 2개교가 위치해 있다. 대안기독교학교는 11개 중 5개 학교가 중·고 통합학교로 운영되었다. 6개교가 50명 미만의 작은 학교로 운영되고 있고, 3개 학교는 200명 이상의 학교이다. 7개 학교가 중소도시 이하에 위치해 있다. 유형별로 응답자수는 기독교국제학교는 학교장 1명, 교사 26명, 학부모 4명, 학생 360명이다. 기독교수월성학교는 8개 학교에서 교장 5명, 교사 86명, 학부모 151명, 학생 373명이 응답하였다. 기독교긍휼학교의 경우는 4개 학교 중 3명의 학교장, 24명의 교사, 34명의 학부모, 41명의 학생이 응답하였다. 기독교긍휼학교의 경우 학생의 특수성 때문에 모든 학교의 학부모와 학생의 응답을 받지 못했음을 미리 밝혀 둔다. 대안기독교학교는 11개 학교에서 학교장 8명, 교사 83명, 학부모 230명, 학생 418명이 응답하였다. 따라서 유형화에 따른 교육 성과 분석에서 기독교국제학교의 학교장과 학부모는 응답자수가 각각 1명, 4명인 관계로 분석 정리에서 제외되었다.

기독교대안학교의 유형에 따라 교육 경영, 교육 과정, 교육 결과의 세 영역에서 학교 구성원인 교장, 교사, 학부모, 학생이 교육 성과를 어떻게 평가하고 있는지를 분석하였다.

1. 교육 경영

〈표 3-16〉 학교 유형에 따른 교육 경영 성과 분석

평균(표준편차)

| 문항 | 대상자 | 기독교학교 유형 | | | | 총합 (N=1842) |
		국제 (N=386)	수월 (N=615)	긍휼 (N=102)	대안 (N=739)	
기독교학교 비전과 목표의 명료성	학교장	– (–)	4.86 (.378)	5.00 (.000)	5.00 (.000)	4.95 (.229)
	교사	4.27 (.827)	4.34 (.729)	4.21 (.833)	4.16 (.890)	4.25 (.815)
	학부모	– (–)	4.60 (.645)	4.82 (.387)	4.28 (.788)	4.43 (.743)
	학생	–	–	–	–	–
학교 목표의 공유	학교장	– (–)	4.57 (.787)	5.00 (.000)	4.13 (.354)	4.47 (.612)
	교사	4.08 (.935)	4.08 (.871)	4.04 (.955)	3.88 (.875)	4.00 (.888)
	학부모	– (–)	4.47 (.681)	4.79 (.410)	3.99 (.820)	4.22 (.810)
	학생	–	–	–	–	–

학교 목표 인식	학교장	– (–)	4.71 (.488)	5.00 (.000)	4.88 (.354)	4.84 (.375)
	교사	4.31 (.679)	4.15 (.805)	4.25 (.676)	4.2 (.761)	4.2 (.758)
	학부모	– (–)	4.30 (.681)	4.53 (.507)	4.00 (.785)	4.15 (.751)
	학생	3.64 (.998)	3.85 (.909)	3.39 (1.046)	3.50 (.957)	3.65 (.969)
학교장의 대안 교육에 대한 확신과 실행 의지	학교장	– (–)	4.21 (.488)	4.17 (.289)	3.94 (.678)	4.13 (.573)
	교사	4.62 (.496)	4.37 (.704)	4.54 (.588)	4.37 (.580)	4.42 (.746)
	학부모	4.25 (.957)	4.59 (.615)	4.97 (.172)	4.28 (.806)	4.45 (.739)
	학생	–	–	–	–	–
교사의 대안 교육에 대한 확신과 실행 의지	학교장	– (–)	4.57 (.535)	5.00 (.000)	4.25 (.462)	4.53 (.513)
	교사	4.08 (659)	3.87 (.669)	3.81 (.763)	3.92 (.705)	3.90 (.691)
	학부모	–	–	–	–	–
	학생	–	–	–	–	–
학부모의 대안 교육에 대한 확신과 실행 의지	학교장	–	–	–	–	–
	교사	–	–	–	–	–
	학부모	4.00 (.816)	4.58 (.604)	4.88 (.327)	4.27 (.769)	4.43 (.713)
	학생	–	–	–	–	–
학생의 대안 교육에 대한 확신과 실행 의지	학교장	–	–	–	–	–
	교사	–	–	–	–	–
	학부모	–	–	–	–	–
	학생	3.52 (.896)	3.55 (.845)	3.29 (.981)	3.50 (.840)	3.51 (.864)
학교장의 학교 경영 능력	학교장	–	–	–	–	–
	교사	3.81 (1.132)	4.08 (.800)	4.08 (1.018)	4.22 (.856)	4.1 (.893)
	학부모	– (–)	4.28 (.812)	4.85 (.359)	4.00 (.863)	4.16 (.855)
	학생	–	–	–	–	–
교직원 신앙 헌신도	학교장	–	–	–	–	–
	교사	4.46 (.706)	4.22 (.621)	4.46 (.658)	4.33 (.718)	4.32 (.675)
	학부모	–	–	–	–	–
	학생	–	–	–	–	–

학부모의 학교 운영 참여	학교장	–	–	–	–	–
	교사	–	–	–	–	–
	학부모	– (–)	3.12 (1.150)	3.71 (1.001)	3.27 (.944)	3.25 (1.037)
	학생	–				
학생 선발의 다양성	학교장	– (–)	3.86 (.690)	2.67 (1.155)	3.13 (.835)	3.42 (.961)
	교사	–				
	학부모	–				
	학생	–				
학습자 구성의 다양성	학교장	– (–)	3.71 (.951)	3.00 (2.000)	3.88 (.991)	3.74 (1.147)
	교사	–				
	학부모	–				
	학생	–				
대안적 학교 규모 (교사 대 학생 비율)	학교장	–	–	–	–	–
	교사	3.85 (.881)	4.37 (.652)	4.58 (.584)	4.35 (.671)	4.32 (.704)
	학부모	–	–	–	–	–
	학생	–	–	–	–	–
교육 경영	학교장	– (–)	4.34 (.350)	4.25 (.329)	4.14 (.315)	4.28 (.360)
	교사	4.17 (.578)	4.15 (.536)	4.20 (.562)	4.15 (.587)	4.16 (.560)
	학부모	– (–)	4.27 (.517)	4.65 (.268)	4.02 (.648)	4.15 (.616)
	학생	3.58 (.802)	3.70 (.769)	3.34 (.840)	3.50 (.753)	3.50 (.781)

기독교대안학교의 유형에 따른 교육 경영 성과 분석은 〈표3-16〉과 같다. 기독교학교 비전과 목표의 명료성에 대해서는 학교장의 경우, 기독교긍휼학교와 대안기독교학교가 평균 5.00으로 가장 높게 나왔고, 교사는 기독교수월성학교에서 평균 4.34, 학부모는 기독교긍휼학교에서 평균 4.82로 가장 높게 응답하였다. 학교 목표 공유에 대해서는 학교장의 경우 기독교긍휼학교가 5.00으로 가장 높은 평균을 보였고, 교사는 기독교국제학교, 기독교수월성학교에서 평균 4.08, 학부모는 역시 기독교긍휼학교에서 평균 4.79로 높게 나타났다. 학교 목표 인식에

는 학교장은 기독교긍휼학교가 평균 5.00, 기독교국제학교 교사가 평균 4.31, 기독교긍휼학교 학부모가 평균 4.53, 기독교수월성학교 학생이 평균 3.85으로 가장 높았다.

학교장의 대안 교육에 대한 확신과 실행 의지에 대한 평가는, 학교장의 경우에는 기독교수월성학교 학교장이 평균 4.21로 가장 높았고, 교사의 경우에는 기독교국제학교가 평균 4.62, 학부모의 경우에는 기독교긍휼학교가 평균 4.97로 매우 높게 평가하였다. 교사의 대안 교육에 대한 확신과 실행 의지에 대한 평가에서는 학교장의 경우에는 기독교 긍휼학교가 평균 5.00으로 가장 높게 평가했고, 교사의 경우에는 기독교 국제학교가 가장 높은 4.08의 평균값을 보였다. 학부모의 대안 교육에 대한 확신과 실행 의지에 대해서 학부모 자신의 평가는 기독교긍휼학교 학부모가 4.88로 가장 높았다. 학생의 대안 교육에 대한 확신과 실행의지에 대해서는 기독교수월성학교 학생이 3.55로 적은 차로 기독교국제학교보다 높은 값을 보였다.

학교장의 학교 경영 능력에 대한 평가는 학부모의 경우 위의 경향과 동일하게 기독교긍휼학교가 4.85로 높게 나타났지만, 교사의 경우는 대안기독교 학교가 평균 4.22로 가장 높게 나타났다. 교사의 신앙 헌신도인 소명에 대한 자기 질문에는 기독교긍휼학교와 기독교국제학교 교사가 각각 4.46으로 높게 답하였다. 학부모에게 학교 운영에 참여하느냐는 질문에는 역시 기독교긍휼학교가 3.71로 높은 평균을 보였다. 학생 선발을 다양한 방법으로 하는가에 대한 질문에는 기독교수월성학교가 3.86으로 가장 높게 나왔고, 기독교대안학교의 학습자가 다양한 배경을 가진 학생들인가에 대한 질문에는 대안기독교학교가 3.88로 가장 높게 나타났다. 학교의 규모가 적합한가의 질문에도 기독교긍휼학교가 4.58로 가장 높게 나타났다. 마지막으로 교육 경영 영역 전체 평가에서는 그 평균이 학교장의 경우 기독교수월성학교 학교장이 4.34, 교사의 경우

기독교긍휼학교 교사가 4.20, 학부모의 경우 기독교긍휼학교 학부모가 4.65, 학생의 경우 기독교수월성학교의 학생이 3.70으로 각각 가장 높게 응답하였다. 교육 경영을 응답자별로 학교 유형에 따른 일원 분산 분석을 한 결과는, 교사는 대안적 학교 규모에 대해(〈표 3-17〉참조), 학부모는 학교 목표 인식에 대해(〈표 3-18〉 참조), 학생은 교육 경영 전체 결과(〈표3-19〉 참조)에서 유의수준 .05에서 유의한 차이를 보였다. 학교장은 응답자수가 적은 관계로 일원 분산 분석을 실시하지 못했다.

교사의 대안적 학교 규모에 대한 평가는 학교 유형별로 기독교긍휼학교, 기독교수월성학교, 대안기독교학교, 기독교국제학교 순으로 높은 것이 사후분석 결과 유의하게 나타났다. 즉, 기독교대안학교의 유형별로 대안적 학급 규모로서 학급당 학생 수 비율의 적합성을 살펴볼 때 기독교긍휼학교의 교사들이 4.58로서 가장 높게 평가하였는데, 이는 기독교긍휼학교가 학급 규모가 상대적으로 작고 교사 대 학생 비율이 높지 않음을 보여 준다. 대안적 학급 규모에 대해 가장 낮은 평균을 나타내고 있는 유형의 학교는 기독교국제학교로서 3.85인데, 이는 기독교국제학교가 학급당 학생수가 상대적으로 많은 편이어서 학생들과 원활히 소통하기에는 어려움이 있을 가능성이 있음을 보여 준다.

〈표 3-17〉 학교 유형에 따른 교사의 대안적 학교 규모에 대한 평가 결과

대안적 학교 규모	기독교 긍휼학교 〉기독교 수월성학교 〉대안기독교학교 〉기독교국제학교	F=5.582 p=.001

학부모의 응답 가운데는 학교 목표 인식에서 유의한 차이가 나타났는데, 이를 사후분석한 결과 기독교긍휼학교의 학부모가 가장 높은 인식을 보였고, 기독교수월성학교, 대안기독교학교 순으로 나타났다. 이는 기독교긍휼학교에 자녀를 보내는 학부모가 그 학교가 무엇을 추구하는

지를 상대적으로 명확히 알고 있음을 의미하는데, 기독교긍휼학교가 분명한 정체성을 지니는 것과도 연관이 있을 것이다. 이에 비해서 대안기독교학교는 다양한 대안성이 추구될 수 있기 때문에 목표 인식에 있어서 보다 모호할 가능성이 있을 것이다.

〈표 3-18〉 학교 유형에 따른 학부모의 학교 목표 인식에 대한 평가

학교 목표 인식	기독교긍휼학교 〉기독교수월성학교 〉대안기독교학교	F=3.805p=.011

학생의 학교 교육 경영에 대한 평가는 기독교 수월성학교가 가장 높고, 대안기독교학교, 기독교국제학교 순이고, 기독교긍휼학교가 가장 낮다. 즉, 기독교수월성학교는 평균 3.71, 대안기독교학교는 평균 3.51로 기독교수월성학교의 학생들이 대안기독교학교의 학생에 비해 학교의 교육 경영에 대해 높게 평가하고 있다. 기독교수월성학교는 학업의 수월성을 보다 더 추구하기 때문에 대안기독교학교나 기독교긍휼학교보다 전반적으로 교육 경영에 더 큰 관심을 갖는 것으로 보여진다.

〈표 3-19〉 학교 유형에 따른 학생의 교육 경영 전체 평가

교육 경영	기독교수월성학교 〉대안기독교학교 〉기독교국제학교 〉 기독교긍휼학교	F=5.782 p=.001

학교장, 교사, 학부모에게 학교의 목표가 가장 실현되고 있다고 생각하는 분야를 1, 2, 3순위로 선택하도록 한 설문에 대해서는, 〈표3-20〉에서 볼 수 있듯이 모든 학교에서 1순위로 가장 많이 꼽은 것은 '교육 과정'이다. 기독교국제학교는 58.1%인 18명, 기독교수월성학교 43.5%인 104명, 기독교긍휼학교 55%인 33명, 대안기독교학교 49.7%인 155명이 교육 과정이

라고 응답하였다. 이 중에서도 기독교국제학교가 교육 과정을 통해 교육 목표가 가장 잘 실현된다고 보았는데, 교육 과정을 기독교 국제화교육에 걸맞도록 특성화하는 노력을 기울인 것으로 볼 수 있다. 교육 목표 실현 분야 중 2순위로 꼽은 영역은 모두 '수업방법'이었다. 그러나 기독교국제학교의 경우 1순위에서 두 번째로 많은 경우가 수업방법인데, 다른 유형의 학교들이 생활지도가 두 번째로 교육 목표 실현 영역이라고 응답한 것과는 차이가 있다. 즉, 기독교국제학교는 학생들의 생활지도 면보다 수업 방법을 통해서 교육 목표가 실현되고 있다고 보는 경향이 있음을 알 수 있다. 반면에 기독교수월성학교, 대안기독교학교는 상대적으로 수업 방법보다는 생활지도에서 교육 목표가 실현되었다고 보는 경향이 있는데, 이는 가중치 분포에서도 드러나고 있다.

〈표 3-20〉 학교 유형별로 교육 목표실현 분야

(국제N=386, 수월N=615, 긍휼N=102, 대안N=739)

	1순위 응답자수(백분율)				1, 2, 3순위 종합 가중치			
	국제	수월	긍휼	대안	국제	수월	긍휼	대안
교육 과정	18	104	33	155	62 [1위]	447 [1위]	133 [1위]	666 [1위]
	(58.1)	(43.5)	(55.0)	(49.7)				
평가	0	4	0	11	14	68	3	140
	(.0)	(1.7)	(.0)	(3.5)				
수업 방법	5	21	8	39	37 [2위]	236 [3위]	75 [2위]	378 [3위]
	(16.1)	(8.8)	(13.3)	(12.5)				
진로 지도	0	6	0	2	13	75	17	42
	(.0)	(2.5)	(.0)	(.6)				
행정 서비스	1	0	0	0	3	3	0	2
	(3.2)	(.0)	(.0)	(.0)				
학생 선발	3	44	8	32	16	227	46	183
	(9.7)	(18.4)	(13.3)	(10.3)				

생활 지도	3	60	9	71	29 [3위]	347 [2위]	69 [3위]	410 [2위]
	(9.7)	(25.1)	(15.0)	22.8)				
방과 후 활동	1	0	2	2	8	24	17	37
	(3.2)	(0)	(3.3)	(.6)				
합계	31	239	60	312				
	(100.0)	(100.0)	(100.0)	100.0)				

χ^2=55.173a (df=21 p=.000)

2. 교육 과정

학교 유형별로 교육 과정에 대한 평가 결과는 〈표3-21〉과 같다. 학교의 목표와 비전에 따라 교육 과정이 구성되었냐는 물음에 학교장, 교사와 학부모 모두 기독교긍휼학교가 평균 4.67, 4.21, 4.85로 가장 높게 나타났다. 은사/진로 프로그램의 운영 여부에는 기독교긍휼학교 학교장, 교사와 학부모, 학생이 가장 높은 4.67, 4.00, 4.71, 3.51의 평균을 보였다. 기독교적 교육 과정 개발에 대한 질문에는 기독교긍휼학교 학교장이 평균 4.67, 학부모가 4.76으로 가장 높게 나왔고, 교사는 대안기독교학교가 4.06으로 가장 높다. 영성 교육 프로그램 운영은 학교장, 교사는 기독교수월성학교가 각각 평균 4.57, 3.99로, 학부모는 기독교긍휼학교가 4.62로 긍정적인 평가를 내렸다. 교사와 학생 간의 상호작용에 대한 질문은 학교장의 경우 기독교수월성학교가 4.29, 교사와 학부모 경우는 기독교긍휼학교가 4.17, 4.82, 학생의 경우는 기독교수월성학교가 4.18로 높은 평균을 나타냈다. 공동체적인 교육 과정 운영을 하느냐는 질문에 학교장은 기독교수월성학교가 4.29, 교사는 대안기독교학교가 3.80, 학부모는 기독교긍휼학교가 4.12, 학생은 기독교수월성학교가 4.09로 높게 평가했다. 교사에게 학습자 참여가 가능한 수업 활동을 하느냐는 물음에 기독교국제학교 교사가 4.08로 가장 높은 수치로 응답했다. 학생 지도에 대해서 교사에게 적극적인 상담활동 여부와 학생 이해 정도를 물은 결과 기독교긍휼학교가 평균 3.96으로 가장 높은 응답을 보였고, 학부모에게 부모교육 프로그램에 참석하느냐는 질문에는 평균 3.83으로 기독교수월성학교 학부모가 그렇다고 응답하였다. 마지막으로 교육 과정 전체 영역의 평가는 기독교수월성학교 학교장이 4.36, 대안기독교학교 교사가 평균 4.00, 기독교긍휼학교 학부모가 평균 4.53, 기독교수월성학교 학생 3.88로 가장 높게 나타났다.

〈표 3-21〉 학교 유형에 따른 교육 과정 성과 분석

평균(표준편차)

문항	대상자	기독교학교 유형				총합 (N=1842)
		국제 (N=386)	수월 (N=615)	긍휼 (N=102)	대안 (N=739)	
학교의 목표와 비전에 따른 교육 과정 구성	학교장	– (–)	4.57 (.535)	4.67 (.577)	4.63 (.518)	4.63 (.496)
	교사	3.88 (.909)	3.91 (.697)	4.21 (.833)	4.07 (.745)	4.00 (.760)
	학부모	– (–)	4.22 (.682)	4.85 (.359)	3.94 (.787)	4.11 (.768)
	학생	–	–	–	–	–
은사/진로 지도 프로그램 운영	학교장	– (–)	4.00 (.816)	4.67 (.577)	4.00 (.535)	4.11 (.658)
	교사	3.46 (.948)	3.66 (.729)	4.00 (.834)	3.88 (.771)	3.76 (.796)
	학부모	– (–)	3.66 (.912)	4.71 (.462)	3.34 (.885)	3.56 (.954)
	학생	3.05 (1.240)	3.37 (1.128)	3.51 (1.052)	3.46 (1.073)	3.31 (1.154)
기독교적 교육 과정 개발	학교장	– (–)	4.43 (.535)	4.67 (.577)	4.25 (.707)	4.42 (.607)
	교사	3.92 (.758)	3.87 (.590)	3.89 (.797)	4.06 (.659)	3.95 (.662)
	학부모	– (–)	4.38 (.730)	4.76 (.431)	4.23 (.786)	4.33 (.756)
	학생	–	–	–	–	–

구분	응답자					
영성 교육 프로그램 운영	학교장	– (–)	4.57 (.535)	4.00 (1.000)	4.13 (.835)	4.32 (.749)
	교사	3.77 (.908)	3.99 (.744)	3.67 (1.007)	3.98 (.796)	3.92 (.817)
	학부모	– (–)	4.12 (.799)	4.62 (.493)	3.87 (.884)	4.02 (.855)
	학생	–	–	–	–	–
수업 내 다양한 의사 소통 활용	학교장	– (–)	4.29 (.756)	4.00 (.000)	4.13 (.641)	4.21 (.631)
	교사	3.81 (.749)	4.09 (.662)	4.17 (.637)	4.20 (.639)	4.11 (.668)
	학부모	– (–)	4.19 (.734)	4.82 (.387)	4.04 (.714)	4.14 (.741)
	학생	3.56 (.909)	4.18 (.866)	3.63 (1.113)	3.93 (.881)	3.89 (.926)
공동체적 교육 과정 운영	학교장	– (–)	4.29 (.756)	3.00 (1.000)	3.88 (.641)	3.95 (.848)
	교사	3.31 (1.050)	3.67 (.694)	3.17 (.917)	3.80 (.793)	3.62 (.828)
	학부모	– (–)	3.85 (.922)	4.12 (.591)	3.63 (.824)	3.73 (.888)
	학생	3.41 (1.058)	4.09 (.933)	4.05 (.805)	3.85 (1.047)	3.80 (1.043)
학습자 참여 수업	학교장	–	–	–	–	–
	교사	4.08 (.688)	3.95 (.684)	3.83 (.816)	4.05 (.679)	3.99 (.697)
	학부모	–	–	–	–	–
	학생	–	–	–	–	–
학생 지도 활동	학교장	–	–	–	–	–
	교사	3.54 (.894)	3.62 (.658)	3.96 (.690)	3.98 (.639)	3.78 (.707)
	학부모	–	–	–	–	–
	학생	–	–	–	–	–
부모 교육 프로그램 참석	학교장	–	–	–	–	–
	교사	–	–	–	–	–
	학부모	– (–)	3.83 (.862)	3.79 (.808)	3.46 (.925)	3.62 (.907)
	학생	–	–	–	–	–

교육 과정	학교장	– (–)	4.36 (.494)	4.16 (.289)	4.16 (.269)	4.27 (.382)
	교사	3.72 (.613)	3.83 (.449)	3.85 (.565)	4.00 (.462)	3.88 (.495)
	학부모	– (–)	4.03 (.578)	4.53 (.300)	3.79 (.599)	3.93 (.616)
	학생	3.34 (.833)	3.88 (.782)	3.73 (.634)	3.72 (.801)	3.67 (.828)

학교 유형에 따라 교육 과정에 대한 인식에 차이가 있는지 알아보기 위하여 일원 분 산분석을 실시한 결과, 교사 응답 중에는 은사/진로 프로그램, 학생 생활 지도가, 학부모 응답 중에는 영성 프로그램 운영, 학부모 프로그램 참여 여부, 교육 과정 전체 평가가, 학생 응답 중에는 은사/진로 프로그램, 교육 과정 전체 평가에서 유의수준 .05에서 유의한 차이가 있다. 학교장은 응답자수가 적은 관계로 일원 분산 분석을 실시하지 못했다.

교사의 응답 가운데 학생 지도 활동에 대해서 사후 분석 결과, 대안기독교학교가 기독교수월성학교와 기독교국제학교보다 높게 나타난 것이 유의하다. 앞의 교육 목표 실현 영역에 대한 분석에서도 드러났듯이 기독교국제학교가 수업 방법 영역을 교육 목표 실현 영역으로 보는 경향이 있는 반면 대안기독교학교는 학생 생활 지도 영역을 중시하는 경향이 있는데, 학생 지도 활동에 대해서 대안기독교학교 교사가 기독교국제학교 교사보다 더 긍정적으로 평가하고 있다.

〈표 3-22〉 학교 유형에 따른 교사의 교육 과정 평가

은사/진로 지도 프로그램	–	F=3.081 p=.028
학생 지도 활동	대안기독교학교 〉기독교수월성학교 〉 기독교국제학교	F=5.502 p=.001

학교의 영성 프로그램 운영에 대해 기독교긍휼학교 학부모가 기독교수월성학교와 대안기독교학교의 학부모에 비해 잘 운영되고 있다고 보고 있다. 이것은 대안기독교학교가 기독교성보다는 대안성을 강조하는 학교이기 때문에 상대적으로 영성 프로그램이 약할 수 있는 가능성이 있기 때문일 것이다. 부모교육 프로그램 참석 여부를 묻는 문항에는 기독교수월성학교 학부모가 대안기독교학교 학부모보다 높게 나타났다. 이는 기독교수월성학교 학부모가 보다 자녀의 학업에 대한 관심이 강하고 적극적인 경향이 있음을 보여 준다.

〈표 3-23〉 학교 유형에 따른 학부모의 교육 과정 평가

학생 지도 활동	기독교긍휼학교 〉 대안기독교학교 〉기독교수월성학교	F=5.502 p=.001
부모교육 프로그램 참석	기독교수월성학교 〉 대안기독교학교	F=8.456 p=.000

학생은 은사/진로 지도 프로그램에 대해 대안기독교학교, 기독교수월성학교에서 기독교국제학교에 비해 높게 평가 되었다. 이는 대안기독교학교가 기존의 획일주의적인 교육에 대한 대안을 추구하고 학생의 자율성을 존중하려는 학교인 만큼 학생의 다양한 은사와 진로에 대한 교육 프로그램을 운영하고 있음을 보여 준다. 교육 과정 전반에 대한 평가는 기독교수월성학교 학생이 기독교국제학교, 대안기독교학교에 비해 높고, 대안기독교학교가 기독교국제학교보다 높게 나타났다. 이는 기독교수월성학교의 학생들이 다른 유형의 기독교대안학교의 학생들보다 교육 과정이 충실하게 운영되는 것으로 인식하는 경향이 있음을 보여 준다.

<표 3-24> 학교 유형에 따른 학생의 교육 과정 평가

은사/진로 지도 프로그램	대안기독교학교 〉기독교수월성학교 〉 기독교국제학교	F=9.331 p=.000
교육 과정	기독교수월성학교 〉 기독교긍휼학교 〉 대안기독교학교 〉 기독교국제학교	F=31.969 p=.000

3. 교육 결과(만족도)

학교 유형에 따른 교육 결과(만족도)에 대한 평가 결과는 〈표 3-25〉와 같다. 학교의 비전과 교육 목표에 대한 평가는 교사와 학부모 모두 기독교긍휼학교가 평균 4.25, 4.79로 높게 나타났다. 학교의 리더십에 대해서 교사는 기독교수월성학교가 평균 3.98, 학부모는 기독교긍휼학교가 평균 4.65로 평가했다. 행정 지원에 대한 만족도 평균은 기독교긍휼학교 교사는 3.63, 학부모는 4.24 였다. 교사의 업무 분담에 대한 만족도는 대체로 낮았는데, 그 중 기독교긍휼학교는 평균 3.71로 가장 높게 나왔다.

교사-학생(자녀) 관계에 대해서는 교사, 학부모, 학생 모두 기독교긍휼학교의 만족도가 평균 4.46, 4.82, 3.78로 가장 높게 나타났다. 교사의 전문성 향상을 위한 지원 여부에 기독교수월성학교의 교사가 평균 3.67로 가장 높게 평가하였다. 학생들의 교사 전문성에 대한 평가는 기독교수월성학교가 평균 4.18로 가장 높게 나타났다. 부모-자녀 관계에 대해 학부모와 학생 모두 기독교긍휼학교가 각각 4.38, 3.68의 평균을 보여 가장 높은 만족도를 보였다. 학생(자녀)의 영성에 대해서는 학부모, 학생 모두 기독교수월성학교에서 평균 4.13, 4.24로 긍정적인 답변을 하였다. 학생의 인성에 대한 질문에는 학부모의 경우에 기독교긍휼학교가 평균 4.18, 기독교수월성학교 학생의 경우에 평균 3.96으로 평가하였다.

기독교적 비교과활동에 대한 질문은 기독교긍휼학교에서 학부모 4.53, 학생은 기독교수월성학교가 3.73으로 높은 만족도를 보였다. 기독교적 수업방법에 대한 질문은 기독교긍휼학교의 학부모가 4.53, 기독교수월성학교의 학생이 3.76으로 가장 높게 나타났다. 생활지도에 대한 만족도는 학부모는 기독교긍휼학교가 평균 4.85, 학생은 기독교수월학교가 평균 4.16으로 높았다. 교사 헌신도에 대한 질문에서는 기독교긍휼학교가 학부모 4.91로 매우 높은 응답을 보였고, 기독교 수월성학교는 학생이 4.23으로 높은 인식하고 있는 것으로 나타났다. 교과를 통해 하나님을 더 알게 되었다는 질문에는 기독교수월성학교 학생들이 가장 높게 평균 4.22로 응답하였다. 기독교적 교육평가 질문에는 기독교긍휼학교 학생이 평균 3.73으로 가장 학생 개인의 재능을 발견할 수 있는 평가로 인식하는 것으로 나타났다. 이와 관련해 꿈을 찾았느냐는 은사 및 진로지도 질문에는 기독교긍휼학교의 학생들이 평균 3.66으로 가장 높게 응답했다. 학부모에게 자녀의 학업 성취에 대해 질문하자 기독교수월성학교가 가장 높은 평균인 3.70을 나타냈다. 학생에게 다른 친구에게 학교를 추천하겠냐는 질문에는 기독교수월성학교가 평균 4.10으로 가장 만족도가 높은 것으로 드러났다. 교육 결과에 대한 전체 평가는 교사와 학부모는 기독교긍휼학교에서 각각 평균 3.90, 평균 4.45로, 학생은 기독교수월성학교가 3.91로 가장 높게 나타났다.

〈표 3-25〉학교 유형에 따른 교육 결과 성과 분석

평균(표준편차)

문항	대상자	기독교학교 유형				총합 (N=1842)
		국제 (N=386)	수월 (N=615)	긍휼 (N=102)	대안 (N=739)	
학교의 비전과 교육 목표	교사	4.15 (.732)	4.16 (.780)	4.25 (.847)	4.05 (.718)	4.13 (.757)
	학부모	– (.–)	4.30 (.671)	4.79 (.410)	4.05 (.757)	4.20 (.733)
	학생	–	–	–	–	–
학교의 리더십	교사	3.50 (1.068)	3.98 (.782)	3.88 (.992)	3.70 (.990)	3.80 (.932)
	학부모	– (.–)	3.99 (.770)	4.65 (.544)	3.74 (.804)	3.89 (.820)
	학생	–	–	–	–	–
행정 지원	교사	2.88 (1.071)	3.47 (.793)	3.63 (1.013)	3.22 (.982)	3.32 (.944)
	학부모	– (.–)	3.64 (.777)	4.24 (.496)	3.34 (.811)	3.51 (.827)
	학생	–	–	–	–	–
업무 분담	교사	2.65 (.797)	3.31 (.845)	3.71 (1.042)	3.38 (1.014)	3.30 (.961)
	학부모	–	–	–	–	–
	학생	–	–	–	–	–
교사-학생(자녀) 관계	교사	3.96 (.662)	4.23 (.546)	4.46 (.509)	4.37 (.619)	4.28 (.598)
	학부모	– (.–)	4.33 (.661)	4.82 (.387)	4.25 (.697)	4.32 (.683)
	학생	3.37 (1.166)	3.77 (1.081)	3.78 (.988)	3.60 (1.166)	3.59 (1.145)
교사의 전문성	교사	3.38 (.852)	3.67 (.874)	3.50 (.978)	3.35 (1.070)	3.50 (.966)
	학부모	–	–	–	–	–
	학생	3.22 (.993)	4.18 (.830)	3.95 (.999)	3.84 (.951)	3.76 (1.005)
부모-자녀 관계	교사	–	–	–	–	–
	학부모	– (.–)	3.93 (.654)	4.38 (.652)	3.92 (.668)	3.96 (.671)
	학생	3.42 (1.180)	3.60 (1.091)	3.68 (1.083)	3.63 (1.041)	3.56 (1.104)

학생(자녀)의 영성	교사	–	–	–	–	–
	학부모	– (.–)	4.13 (.650)	4.06 (.776)	4.06 (.711)	4.09 (.691)
	학생	3.77 (1.062)	4.24 (.844)	3.46 (1.142)	3.96 (.950)	3.97 (.983)
학생(자녀)의 인성	교사	–	–	–	–	–
	학부모	– (.–)	3.87 (.682)	4.18 (.673)	3.82 (.700)	3.87 (.694)
	학생	3.38 (1.050)	3.96 (.845)	3.71 (.844)	3.70 (.913)	3.69 (.961)
기독교적 비교과 활동	교사	–	–	–	–	–
	학부모	– (.–)	3.64 (.819)	4.53 (.563)	3.66 (.878)	3.71 (.885)
	학생	3.36 (1.061)	3.73 (1.062)	3.49 (.810)	3.67 (1.014)	3.65 (1.039)
기독교적 수업 방법	교사	–	–	–	–	–
	학부모	– (.–)	3.96 (.701)	4.53 (.507)	3.68 (.681)	3.84 (.735)
	학생	3.19 (0.989)	3.76 (0.938)	3.07 (0.877)	3.50 (1.023)	3.47 (1.009)
생활 지도	교사	–	–	–	–	–
	학부모	– (.–)	4.26 (.605)	4.85 (.359)	4.12 (.729)	4.22 (.692)
	학생	3.49 (0.968)	4.16 (0.868)	3.76 (1.090)	3.89 (0.847)	3.85 (0.938)
교사 헌신도	교사	–	–	–	–	–
	학부모	– (.–)	4.56 (.629)	4.91 (.288)	4.45 (.657)	4.52 (.639)
	학생	3.53 (.968)	4.23 (.868)	3.90 (.944)	3.95 (.877)	3.91 (.946)
기독교적 교과 내용	교사	–	–	–	–	–
	학부모	–	–	–	–	–
	학생	3.61 (1.069)	4.22 (.857)	3.90 (.831)	4.04 (.987)	3.96 (.999)
기독교적 교육평가	교사	–	–	–	–	–
	학부모	–	–	–	–	–
	학생	3.32 (1.154)	3.57 (1.011)	3.73 (.837)	3.45 (.974)	3.46 (1.043)
은사 및 진로 지도	교사	–	–	–	–	–
	학부모	–	–	–	–	–
	학생	3.35 (1.218)	3.46 (1.092)	3.66 (1.039)	3.39 (1.108)	3.41 (1.135)

자녀의 학업 만족도	교사	–	–	–	–	–
	학부모	– (.–)	3.70 (.790)	3.47 (.961)	3.66 (.781)	3.66 (.798)
	학생	–	–	–	–	–
학생의 학교 만족도	교사	–	–	–	–	–
	학부모	–	–	–	–	–
	학생	3.20 (1.249)	4.10 (1.000)	3.88 (1.100)	3.80 (1.161)	3.72 (1.193)
교육 결과	교사	3.42 (.661)	3.80 (.541)	3.90 (.717)	3.68 (.714)	3.72 (.655)
	학부모	– (.–)	4.03 (.456)	4.45 (.354)	3.89 (.497)	3.98 (.501)
	학생	3.42 (.706)	3.91 (.619)	3.69 (.590)	3.72 (.616)	3.70 (.673)

학교 유형별로 교육 결과를 일원 분산 분석을 한 결과, 아래의 〈표 3-26〉, 〈표 3-27〉, 〈표 3-28〉에서 보듯이, 교사 응답에서 행정 지원, 업무 분담, 교사-학생 관계, 교육 결과 전반이, 학부모 응답에서는 부모-자녀 관계, 자녀의 인성, 기독교적 수업 방법과 교육 결과 전반이, 학생 응답은 교사의 전문성, 부모-자녀 관계, 교육 결과 전반이 유의 수준 .05에서 유의한 차이가 있다. 학교장은 응답자 수가 적은 관계로 일원 분산 분석을 실시하지 못했다. 이를 사후 분석한 결과, 교사는 학교의 행정 지원에 대해 기독교긍휼학교가 기독교국제학교에 비해 높게 나타난 것이 유의하다. 또한 업무 분담에 대한 만족도는 기독교긍휼학교, 대안기독교학교, 기독교수월성학교, 기독교국제학교의 순으로 나타났다. 그리고 교사-학생 관계에 대한 자기 평가에서는 기독교긍휼학교와 대안기독교학교가 기독교국제학교와 비교해 높게 나타났다.

<표 3-26> 학교 유형에 따른 교사의 교육 결과 평가

행정 지원	기독교긍휼학교 〉 기독교국제학교	F=3.805 p=.011
업무 분담	기독교긍휼학교 〉 대안기독교학교 〉 기독교수월성학교 〉기독교국제학교	F=5.921 p=.001
교사–학생 관계	기독교긍휼학교 〉 대안기독교학교 〉 기독교국제학교	F=4.081 p=.008
교육 결과	–	F=3.075 p=.029

　　학부모 응답의 사후분석 결과, 부모−자녀 관계 개선에 대해 기독교긍휼학교가 기독교수월성학교와 대안기독교학교에 비해 높게 나타났다. 또한 기독교적 수업 방법의 만족도와 교육 결과 전반에 대한 평가의 학부모의 응답은 평균값은 기독교긍휼학교, 기독교수월성학교, 대안기독교학교, 국제기독교학교 순이다.

<표 3-27> 학교 유형에 따른 학부모의 교육 결과 평가

부모−자녀 관계	기독교긍휼학교 〉 기독교수월성학교 〉 대안기독교학교	F=7.595 p=.001
자녀의 인성	–	F=3.915 p=.021
기독교적 수업방법	기독교긍휼학교 〉 기독교수월성학교 〉 대안기독교학교	F=26.582 p=.000
교육 결과	기독교긍휼학교 〉 기독교수월성학교 〉 대안기독교학교 〉 국제기독교학교	F=21.271 p=.000

　　학생의 교사 전문성에 대한 평가는 기독교수월성학교, 기독교긍휼학교, 대안기독교학교, 기독교국제학교 순으로 높다. 그리고 학생의 학교 교육 결과의 평가는 기독교수월성학교가 대안기독교학교, 기독교국제학교에 비해 높은 평균을 보인다.

〈표 3-28〉 학교 유형에 따른 학생의 교육 결과 평가

교사의 전문성	기독교수월성학교 〉 기독교긍휼학교 〉 대안기독교학교 〉 기독교 국제학교	F=69.287 p=.000
부모-자녀관계	-	F=3.915 p=.021
기독교적 수업 방법	기독교긍휼학교 〉 기독교수월성학교 〉 대안기독교학교	F=26.582 p=.000
교육 결과	기독교긍휼학교 〉 기독교수월성학교 〉 대안기독교학교 〉 국제기 독교학교	F=21.271 p=.000

4. 논의

기독교대안학교의 유형에 따른 교육 성과 분석을 이상과 같이 살펴볼 때 교육 경영, 교육 과정, 교육 결과에 대해 유형별로 의미 있는 차이를 발견할 수 있는데 이에 근거하여 다음과 같이 논의하고자 한다.

(1) 교육 경영

기독교대안학교들 중에서 학급 규모가 가장 대안 교육에 적절할 정도로 소규모인 유형은 기독교긍휼학교인 것으로 보인다. 기독교긍휼학교의 교사들이 대안적 학급규모에 가장 높은 응답을 보였으며, 기독교국제학교가 상대적으로 낮은 평균을 보이고 있다. 이는 전체 학교 규모와도 관련되는데, 기독교긍휼학교가 상대적으로 소규모 학교의 성격을 지니는 경향이 있으며, 학급당 학생 수가 적은 편인 것으로 파악되고 있다. 학교 목표 인식에 있어서는 기독교긍휼학교의 학부모들이 높은 평균을 보이고 있는데, 가장 많은 학부모들이 학교의 비전과 목표를 다른 사람에게 설명해 줄 수 있다고 응답하였다. 이는 기독교긍휼학교에 자녀를 보내는 학부모들이 그 학교의 정체성을 잘 인식하고 있음을 의미한다. 교육 경영에 대한 학생들의 응답에 있어서는 기독교수월성학교로 유

형화된 학교의 학생들이 가장 높은 평균을 보이고 있고, 기독교긍휼학교가 상대적으로 가장 낮은 평균을 보이고 있는데, 이는 학생들이 경험하고 인식하는 교육 경영은 교사와 학부모와 다를 수 있음을 보여 주고 있다. 전체적으로 기독교긍휼학교의 교사와 학부모들이 교육 경영에 높은 점수를 주고 있고, 기독교수월성학교의 학교장과 학생들이 교육 경영에 긍정적으로 응답하는 경향이 있음을 알 수 있다.

(2) 교육 과정

기독교대안학교의 유형별로 교육 과정 성과에 대한 반응이 다르게 나타나고 있는데, 먼저 교사들의 경우를 살펴보면, 기독교긍휼학교의 교사들이 가장 높은 비율로 다양한 은사, 진로 지도 프로그램을 실행하고 있다고 응답하고 있다. 이는 기독교긍휼학교가 '긍휼성'을 강조하기 때문에 다른 유형의 학교들보다는 상대적으로 학생들의 은사와 진로지도에 더 큰 관심을 갖고 있기 때문으로 보여진다. 또한 기독교대안학교의 교사들이 학생에 대한 상담을 충분히 갖고 있다는 응답에 높은 평균을 보이고 있는데, 이는 '대안성'을 강조하는 학교 정체성과 일맥상통하는 결과라고 할 수 있다. 이와 비교해 볼 때, 기독교국제학교와 기독교수월성학교는 상대적으로 낮은 평균을 보이는데, 이는 '수월성'을 추구하는 학교의 정체성과 무관하지 않을 것이다.

학부모의 경우에는, 기독교긍휼학교의 학부모들이 영성 교육 프로그램이 활성화되어 있는지를 묻는 설문에 대해서 높은 평균을 보이고 있는 것도 의미 있는 결과이다. 이는 '긍휼성'을 강조하는 기독교긍휼학교가 교과교육 프로그램만이 아닌 영성 교육 프로그램을 더 절실히 필요로 하고 있기 때문이라고 여겨진다. 또한 부모 교육 프로그램에 적극적으로 참석하는 면에 있어서는 기독교수월성학교의 학부모들이 가장 높은 평균을 보이고 있는데 부모들이 자녀의 학업에 대한 관심이 강하기 때문으로 보여지며, 대안기독교학교의 학부모들이 이 점에서 상대적으로 낮은 점수를 보이는 것은 자녀의 자율성을 강조하는 학교의 정체성과도 관련되는 것으로 여겨진다. 학생의 경우에는 대안기독교학교가 은사, 진로지도 프로그램에 있어서 기독교국제학교나 기독교수월성학교와 비교할 때 상대적으로 높은 평균을 보이고 있는데, '대안성'을 강조함으로 학생들의 다양성에 보다 주목하는 학교의 정체성과 관련되는 것으로 보인다. 그리고 전체적으로 교사들의 경우에는 대안기독교학교가, 학부모의 경우에는 기독교긍휼학교가, 그리고 학생들의 경우에는 기독교수월성학교의 학생들이 교육 과정 전반에 대해서 높은 평균을 보이고 있는데, 이는 학교 구성원에 따라서 학교 교육 과정에 대한 다른 인식을 하고 있음을 나타내 보이는 것이다.

(3) 교육 결과

기독교대안학교의 유형별로 학교 만족도와 교육 결과에 대한 반응이 다르게 나타나고 있다. 먼저 학교 만족도에 있어서 행정 지원에 대한 만족도는 기독교긍휼학교의 교사가 가장 높은 평균 점수를 나타내 보였고, 기독교국제학교의 교사가 가장 낮은 평균점수를 나타내 보였다. 이러한 응답은 해당 학교의 행정 지원이 실제적으로 잘 이루어지는 것을 직접적으로 보여 준다기보다는 교사들이 '우리 학교는 행정 지원이 잘 이루어지고 있다'고 응답하는 것이기 때문에 교사들의 행정 지원에 대한 만족도를 드러내 주는 것이다. 또한 업무 분담에 대해서도 기독교긍휼학교의 교사가 가장 긍정적으로 응답한 반면, 기독교국제학교의 교사가 상대적으로 부정적으로 응답하는 경향이 있다. 이는 기독교국제학교의 교사가 기독교긍휼학교의 교사보다 업무에 대한 부담감을 더 느끼는 것을 의미한다. 그리고 교사-학생 간의 관계가 원만한지를 묻는 설문에 대해서도 기독교긍휼학교가 가장 높은 만족도를 드러낸 반면, 기독교국제학교가 가장 낮은 평균값을 나타내 보이고 있다. 전체적으로 교사의 경우에는 기독교긍휼학교가 교육 결과에 대한 만족도가 높은 경향이 있고, 기독교국제학교가 상대적으로 만족도가 낮은 경향이 있다.

학부모의 경우에는 기독교긍휼학교의 학부모가 부모−자녀 관계 개선에 대해서 가장 높은 만족도를 나타내보였는데, 기독교수월성학교나 대안기독교학교보다 의미 있는 차이로 높은 평균인 것을 알 수 있다. 이는 기독교긍휼학교의 학부모들이 그들의 자녀들이 부모−자녀 관계가 악화된 상태에서 기독교적 긍휼 교육을 통해 관계 개선을 경험하고 있음을 간접적으로 보여 주는 결과라고 할 수 있다. 학생의 경우에는 기독교수월성학교의 학생들이 교사의 전문성에 대해 가장 긍정적으로 응답하는 경향이 있으며, 기독교국제학교의 학생들이 상대적으로 만족하지 못하는 경향을 나타내 보이고 있다. 또한 학생의 학교 만족도에 있어서도 기독교수월성학교의 학생들이 가장 긍정적인 반응을 보였다. 전체적인 반응을 살펴볼 때 교사와 학부모의 경우에는 기독교긍휼학교가, 학생의 경우에는 기독교수월성학교가 각각 긍정적인 반응을 보이는 경향이 있다.

VI. 나가는 말

본 장의 목적은 일반 학교와는 차별화된 한국 기독교대안학교의 유형별 교육 성과를 분석하기 위한 것이다. 먼저 기독교대안학교의 교육 성과를 분석하기 위하여 문헌 연구, 포커스그룹 전문가 회의, 델파이 조사, 예비 조사의 절차로 진행하여 조사대상자별(학교장, 교사, 학부모, 학생) 설문지를 개발하였다. 기독교대안학교 유형별 교육 성과를 분석하기 위한 평가 영역들로는 교육 경영, 교육 과정, 교육 결과 등으로 확정하여 각 영역에서 대상자별로 평가 지표들을 토대로 설문 문항을 구성하였다. 기독교대안학교의 유형별 교육 성과를 분석하기 위하여 우리나라 전국에 위치한 정규 전일제 기독교대안학교 중 32개의 유형별로 다양한 기독교대안학교들을 대상으로 설문 조사를 실시하고 결과를 분석하였다. 분석 결과는 다음과 같다.

한국 기독교대안학교를 기독교국제학교, 기독교수월성학교, 기독교긍휼학교, 대안기독교학교, 기독교미인가학교 등으로 유형화하고, 각 유형의 특성을 분석하였다. 각 기독교대안학교는 국제성, 수월성, 긍휼성, 대안성, 기독교성을 가장 강조하는 유형임과 동시에 다른 정체성을 어느 정도 공유하고 있었다. 각 유형 안에는 그 정체성과 대치적 성격을 지니는 특성이 약하게 나타남으로써 그 유형의 성격을 분명히 하고 있었다. 기독교대안학교들은 자신의 학교를 기독교미인가학교 또는 대안기독교학교로 인식하는 경향이 있다. 기독교대안학교의 유형 분류는 학교의 실제적인 정체성을 드러내 주며, 공통점과 상이점에 근거하여 원활한 교류를 촉진하는 지도의 역할을 할 수 있다.

기독교대안학교의 영역별 교육 성과에서 영역별로 교육 경영 4.05, 교육 과정 3.93, 교육 결과 3.78 순으로 높게 평가되었다. 학교 구성원별로는 학교장은 평균 4.28, 교사는 3.92, 학부모는 3.98, 학생은 3.64로 학교장이 가장 높게 평가했으며, 학부모, 교사, 학생 순으로 학생이 가장 낮았다. 기독교대안학교 구성원들은 학교의 교육 목표가 가장 잘 실현되고 있다고 생각하는 교육의 영역을 학교장, 교사, 학부모 모두 교육 과정, 생활 지도, 수업 방법 순이라고 응답하였다. 교육 경영 영역에서 학교 구성원들은 기독교대안학교가 구성원들에게 학교 목표를 명료하게 제시하고, 학교장은 대안 교육에 대한 확신과 실행 의지를 보여 주고 있다고 평가하였다는 점에서 매우 긍정적인 결과이다. 반면에 학부모의 학교 운영 참여와 학생 선발에 있어서 다양성 등은 낮게 나타났다. 이러한 점에 대한 대책을 적극적으로 모색해 보아야 할 것이다. 교육 과정 영역에서는 모든 구성원들이 학교의 교육 과정은 학교의 비전과 목표를 분명히 반영하고 있고, 기독교 세계관에 입각해서 교육 과정을 운영하고 있으며, 영성 교육 프로그램이 활성화되어 있는 것으로 평가하여 기독교학교로서의 목표실현에 대해 상당히 높게 평가하고 있었다. 또한 교사와 학생은 수업에서 교사와 학생 간, 학생들 간에 다양한 의사 소통 방법이 활용되고 있다고 평가하였다. 그러나 학생들의 다양한 적성과 재능을 탐색하고 계발하기 위한 은사 교육, 진로 교육은 소홀히 하고 있지 않은지 반성해 보아야 할 것이다. 또한 교육 과정 운영에서도 구성원들의 의사 소통이 원활하지 않은 것도 대안학교로서 지양해 나가야 할 점이다. 교육 결과(만족도) 평가에서 학교 구성원들은 학교의 비전과 목표, 교사와 학생관계, 학생(자녀)의 영성, 교사의 생활 지도와 헌신도, 기독교적 교육 내용 등에는 만족도가 높았다. 반면에 교사와 학부모의 행정 지원, 교사의 업무 분담 정도에서 만족도가 낮았으며, 학생은 '은사 및 진로 지도'에 대한 만족도가 가장 낮았다. 이러한 결과는 기독교대안학교들이 학교의 행정 능력 보강에 좀 더 관심을 가져야 한다는 것을 시사하고 있다.

기독교대안학교의 유형별 교육 성과를 교육 경영, 교육 과정, 교육 결과 영역으로 나누어 보았을 때, 학교 유형별로 다르게 나타났다. 교육 경영에서 전체적으로 기독교긍휼학교의 교사와 학부모들이 교육 경영에 대한 평가가 높았고, 기독교수월성학교의 학교장과 학생들이 교육 경영에 긍정적으로 평가하였다. 교육 과정 영역에서 전체적으로 교사들의 경우에는 대안기독교학교가, 학부모의 경우에는 기독교긍휼학교가, 그리고 학생들의 경우에는 기독교수월성학교의 학생들이 교육 과정 전반에 대해서 높은 평균을 보이고 있는데, 이는 학교 구성원에 따라서 학교 교육 과정에 대한 다른 인식을 하고 있음을 나타내 보이는 것이다. 교육 결과(만족도)에 있어서는 행정 지원과 업무 분담, 교사와 학생 관계에 대한 만족도 등에서 기독교긍휼학교의 교사가 가장 높았고, 기독교국제학교의 교사가 가장 낮았다. 부모-자녀 관계에 대한 만족도는 기독교긍휼학교의 학부모가 가장 높았다. 학생의 경우에는 기독교수월성학교의 학생들이 교사의 전문성에 대해 가장 긍정적으로 평가하였고, 기독교국제학교의 학생들이 상대적으로 만족도가 낮았다. 학생의 학교 만족도에 있어서 기독교수월성학교의 학생들이 가장 긍정적인 반응을 보였다. 전체적인 반응을 살펴볼 때 교사와 학부모의 경우에는 기독교긍휼학교가, 학생의 경우에는 기독교수월성학교가 각각 긍정적인 반응을 보이는 경향이 있다.

본 연구의 결과는 다음과 같은 기대 효과와 활용방안을 제시할 수 있을 것이다.

첫째, 학문적 측면에서 본 연구는 기독교대안학교에 대한 논의와 연구를 다양화하고, 기독교대안학교의 교육 성과에 대한 논의를 시도하였다는 점에서 그 의미를 찾을 수 있다. 지금까지 기독교대안학교에 대한 연구가 주로 이념적 연구이거나 기독교대안학교를 소개하는 사례 연구에 국한되었다면, 본 연구는 기독교대안학교의 교육 성과에 대해 총체적인 접근을 시도하여 교육 경영, 교육 과정, 교육 결과 등 기독교대안학교를 다면적으로 이해하는 데 도움이 될 것이라 기대된다. 본 연구에서 시도한 기독교대안학교에 대한 교육 성과 분석은 앞으로 더 다양한 기독교대안학교 평가 연구에 하나의 모형이 될 수 있을 것이다. 학교가 점차 다양화되고 있는 시점에서 하나의 준거 틀로 전체 학교들을 평가한다는 것은 많은 한계를 보일 수 있다. 그런 점에서 본 연구에서 시도한 교육 성과 분석의 방법은 다양한 학교들을 평가하는데 예시가 될 수 있을 것이다.

둘째, 정책적 측면에서는 대안학교 인·허가를 결정하는 시·도 교육청의 정책 결정자들에게 본 연구는 중요한 자료가 될 수 있다. 초중등 교육법 시행령인 '대안학교의 설립·운영에 관한 규정'에 따르면 각 시·도 교육감 산하 '대안학교설립운영위원회'에서 해당 지역 대안학교들의 설립, 운영, 인가, 학력 인정과 관련된 중요 결정들을 하도록 되어 있다. 그러나 대안학교의 교육 성과 분석이 정확하지 못한 상황에서 정책 결정을 내리는 것은 매우 위험한 일이라 할 수 있다. 본 연구에서 제시한 평가 지표가 기독교대안학교 인가나 지원에 대한 의사 결정을 위해 필요한 준거 자료를 제공할 수 있을 것으로 기대된다.

셋째, 실제적인 측면에서는 기독교대안학교에 관심을 가지고 앞으로 기독교대안학교 구성원이 되려고 하는 잠재적인 수요자들인 예비 교사, 학부모, 학생들에게 기독교대안학교에 대한 정보를 제공해 줄 수 있을 것이다. 지금까지 기독교대안학교에 대한 연구나 보도 자료들이 기독교대안학교의 일부 특성들을 소개하는 차원이었기 때문에 기독교대안학교의 정확한 성과를 파악하는 데는 어려움이 있었다. 그러므로 본 연구에서 제시한 우리나라 기독교대안학교들의 교육 성과 분석은 기독교대안학교 선택 여부를 결정하는데 유용한 기준을 제공할 수 있을 것으로 보인다. 그리고 학교 현장에서는 개별 기독교대안학교들이 자체 평가를 시도할 경우, 이를 위한 평가 도구로 제공될 수 있다. 이를 계기로 기독교대안학교의 운영자와 교직원들에게 학교의 비전과 목표 설정, 학교 교육 과정 운영, 교육 활동에 대한 반성과 성찰의 기회를 제공하여 기독교대안학교 교육의 전문성과 책무성을 강화할 수 있는 방안을 모색할 수 있기를 기대한다.

4장 학교 구성원을 통해 본 기독교대안학교 교육 성과[15]

I. 들어가는 말

　기독교대안학교는 공교육에 대한 대안학교로서의 성격과 기독교학
교로서의 본질을 동시에 추구하는 모습을 갖는다. 우리나라에서 공교육
의 위기와 한계가 기독교대안학교 탄생의 계기가 되었다면, 온전한 의
미에서의 기독교교육에 대한 열망이 기독교대안학교 부흥의 촉진제가
되고 있다. 이에 따라 최근 들어 급속도로 설립되고 있는 기독교대안학
교의 증가 추세도 계속될 전망이다. 기독교 세계관에 토대한 기독교학
교 교육에 대한 희망으로 시작한 기독교대안학교 운동이 10년의 세월을
지나는 동안 기대에 부응하는 결과를 일부 낳고 있는 반면에 사회로부
터 곱지 않은 시선을 받아온 것도 사실이다 (민들레편집실, 2005; 이수
광, 2005; 현병호, 2005).

　기독교대안학교에 대한 비판이 기독교와 기독교대안학교에 대한
편견과 오해에서 유래된 것일 수도 있지만, 일부는 기독교대안학교 내부
에 실제 존재하는 문제점에 근거한 것일 수도 있다. 그러므로 기독교대

---

15) 이 글은『신앙과 학문』15권 제1호 (2010)에 실린 논문을 일부 수정·보완한 것임.

안학교의 역사가 10년이 지난 현 시점에서 기독교대안학교에 대한 평가가 보다 다양하고 체계적으로 이루어질 필요가 있다.

본 글에서는 기독교대안학교에 대한 평가를 위해 학교 구성원을 통해 학교의 교육 성과를 분석하고자 한다. 이는 기독교대안학교의 교육 여건, 교육 목표, 교육 과정, 교사 교육 등과 같은 투입과 과정 요인에 대한 연구나 보고는 앞장을 포함해 어느 정도 이루어지고 있다는 점을 감안한 것이다(기독교학교교육연구소, 2007; 박상진, 2007; 정희영, 2009; Kim, 2009). 그리고 학교의 교육 성과는 학교의 존속 여부를 결정짓는 중요한 잣대가 될 수 있기 때문에 반드시 탐구해야 할 주제라 할 수 있다. 또한 기독교대안학교의 성과 분석을 통해 지금까지 운영되어 온 기독교대안학교들의 교육 활동이 그들이 목표한 바대로 수행되고 있는지를 평가해 보고자 한다. 학생들의 인지적, 정의적, 신앙적 성장이 학교가 기대하는 바대로 이루어지고 있는지, 학교의 교육 과정, 교수 방법, 교육 행정 등이 학교가 지향하는 교육 이념을 잘 내포하고 있는지, 학교 구성원들의 만족도는 어떠한지 등을 탐구하는 것은 기독교대안학교들로 하여금 그 동안의 학교 운영에 대한 반성과 성찰의 기회를 갖게 할 것이다. 이러한 성찰의 기회는 기독교대안학교들의 정체성을 더욱 분명하게 하고 학교로서의 전문성을 신장시킬 수 있는 계기가 되리라 생각한다. 이를 통해서 기독교대안학교들이 나아가야 할 방향을 모색할 뿐 아니라 일반 학교들의 개선을 위해 필요한 시사점을 얻을 수도 있을 것이다.

기독교대안학교의 성과 분석은 2장에서 언급한 것과 같이 일반 학교에 대한 성과 연구와 공통점을 갖는 동시에 차별성을 갖는다. 기독교대안학교 역시 학교라는 면에서는 일반 학교들이 추구하는 교육적 성과를 요구받는다. 그러나 대안학교, 특히 기독교대안학교의 등장이 일반 공교육의 한계를 극복하고 기독교적 교육을 실시하기 위한 점이란 사실을 감안한다면 기독교대안학교에 대한 평가는 일반 학교에 대한 평가와 달라야 할 것이다. 그리고 기독교대안학교들은 '1장 기독교대안학교 유형'에서 밝힌 것과 같이 기독교대안학교들의 성격의 범위가 너무나 다양하여 목표나 성과를 표준화하여 말하기가 어려운 측면이 있다. 그러므로 기독교대안학교의 성과를 평가하기 위해서는 일반 학교의 성과 분석에 사용되는 표준화된 준거 틀을 이용하기보다는 학교 내부의 시선으로 그 학교들이 추구하는 바가 성취되고 있는지를 살펴보아야 할 것이다. 다시 말하면, 각 기독교대안학교에서는 교육 목표를 어떻게 설정하고 있는지, 목표 달성을 위해 어떤 노력을 기울이고 있는지, 성과를 어떻게 평가하고 있는지 등과 같은 질문들을 가지고 학교의 내부로 들어가야 할 것이다. 이는 철저하게 질적 연구 방법론을 취하지 않으면 파악할 수 없는 점들이라 할 수 있다. 그러므로 본 연구에서는 우리나라 기독교대안학교들 가운데 세 학교를 선택하여 질적 사례 연구를 수행하였다.

선행 연구 중에서는 조용환(1999)의 연구가 본 연구와 마찬가지로 대안학교에 대한 질적 연구를 수행하였다. 전국에 있는 네 개의 대안학교를 선정하여 문화 기술 지적 방법으로 연구를 하여, 그들 학교에서 시도되고 있는 대안 교육의 논리와 실제가 무엇인지를 살펴보고 그 가능성과 한계를 규명하고 있다. 연구자는 그 연구를 통해 대안학교의 교육적 성공을 어느 정도 인정하고 있고, 그 성공의 원인으로 대안학교 사람들이 보여 준 교육적 실천의 의지와 용기를 들었다.

본 장은 학교 구성원을 통해 기독교대안학교의 성과 분석을 위해 다음과 같은 네 가지 연구 문제들을 갖는다.

첫째, 학교의 교육 목표는 무엇인가?

둘째, 학교에서는 교육 목표를 실현하기 위해 어떤 노력을 기울이고 있는가?

셋째, 학교의 교육 목표를 어느 정도 달성하고 있는가?

넷째, 목표달성에 대한 기여요소와 장애요소는 무엇인가?

학교의 교육 목표에 대해서는 학교가 표방하는 목표와 실제 목표의 일치 여부와 학교 구성원들의 목표 공유 정도, 학교 목표의 변천 여부 등을 알아보고자 한다. 교육 목표의 실현 방안에 대해서는 교육 과정, 교수 방법, 학교 행정, 학교 문화 등에서 학교 교육의 목표가 잘 나타나고 있는지를 살펴보려고 한다. 학교 교육 목표의 달성 정도와 달성에 대한 기여와 장애 요소를 알아보기 위해서 이에 대한 학교 구성원들의 생각과 보다 객관적인 지표가 있는지 고찰하고자 한다.

II. 학교 구성원 인식 조사 방법

1. 연구 대상 및 연구 절차

본 장에서 기독교대안학교란 학교가 공식적으로 교육 목표에 기독교적 성격을 천명하는 대안학교들을 의미한다. 우리나라의 전체 기독교대안학교들 가운데 학교인가 여부, 학교급, 학교 위치(도시형 또는 전원형), 졸업생 배출 등을 고려하여 세 개의 기독교대안학교를 연구 대상 학교로 선정하였다. 학교인가 여부는 학교 운영의 안정성과 학교의 교육 과정 편성·운영권에 영향을 주는 요소이고, 학교급은 학교의 설립 목적의 차별성을 결정한다는 면에서, 학교 위치는 기숙사 생활 여부 혹 학생들의 생활 방식에 중요한 영향을 준다는 측면에서, 졸업생 배출은 학교의 성과를 분석하기 위해서는 최소한 졸업생을 배출한 경험이 필요하다는 판단에서 대상 학교를 선정하는 중요한 기준들로 삼았다.

선정된 학교들 가운데 먼저 미래학교[16]는 2006년 설립한 유·초등

---

16) 여기에 등장하는 학교명과 인명은 모두 가명임을 밝힌다.

학교이다.[17] 아직 정부로부터 대안학교 인가를 받지 않았고, 수도권의 도심지에 위치하고 있으며 전체 11개 학급, 학생 수는 184명이다. 지역의 한 교회가 설립하여 학교를 운영하고 있으며 2009년 첫 초등학교 졸업생을 배출하여 중학교로 진학시켰다. 두 번째 대상학교인 강촌학교는 2002년에 설립된 중고등학교이다. 중학교와 고등학교의 통합학교로 역시 미인가 대안학교이다. 각 학년 한 학급씩 전부 6개 학급이고, 총 52명의 학생이 재학 중이다. 1-3기 학생이 졸업을 하였다. 시골에 위치하고 있어 전원 기숙사 생활을 하고 있다. 역시 지역 교회가 설립하여 운영하고 있고 같은 캠퍼스 내에 다른 이름을 가진 초등학교도 운영되고 있다. 세 번째 학교인 동서고등학교는 1999년 설립된 고등학교이다. 이 학교는 당시의 법률에 의하여 대안 교육을 실시하는 특성화고등학교로 인가를 받았다. 총 8학급에 159명의 학생이 재학중이며 학교가 도시의 외곽 지역에 위치하여 일부 학생은 기숙사 생활을 하고 일부는 통학을 하고 있다. 기독교대안학교로서는 비교적 오랜 역사를 가지고 있으며 이미 8회 졸업생을 배출하였다. 세 학교의 특성을 요약하면 〈표 4-1〉과 같다.

〈표 4-1〉 학교의 특성 요약

	미래학교	강촌학교	동서고등학교
설립 연도	2006	2002	1999
법적 유형	미인가 대안학교	미인가 대안학교	인문계 특성화고교
학교급	유·초등학교	중·고등학교	고등학교
학급수	11학급	6학급	8학급

---

17) 학교 설립 준비는 1999년부터 시작되었고, 유치원 프로그램의 시작은 2000년부터이나 학교의 공식 개교일을 2006년으로 삼고 있다.

학생 수	184명	52명	159명
교직원 수	전임 교직원 26명 시간 강사 7명	전임 교사 8명 시간 강사 20명	전임 교직원 29명
기숙사 유무	통학	전원 기숙사 생활	원거리 학생 기숙사 생활
학교 위치	도시형	시골 전원형	도시 외곽형

질적 연구에서는 연구자가 갖고 있는 기존의 준거 틀을 기준으로 대상 학교를 분석하기 보다는 대상 학교의 내부로 들어가서 그 구성원들이 생각하고 있는 학교의 모습을 먼저 이해하는 것이 필요하다. 그러므로 충분한 기간 동안 학교를 방문하고 학교 관계자들과 관계를 형성하여 그들의 언어와 문화에 친숙하게 되는 것이 우선 요구된다. 실제 본 연구에서는 짧은 연구 기간으로 인해 학교의 구성원들과 충분한 래포(rapport)를 형성하기에는 부족하였지만 여러 차례 학교를 방문하여 최대한 학교의 문화를 이해하기 위해 노력하였다. 그러한 과정을 거치면서 자료를 수집하고 분석하는 작업으로 들어갔다.

2009년 7월 대상 학교를 선정하여 연구의 허락을 얻었고, 8월부터 10월까지 학교들을 방문하여 교직원들과 관계를 가지며 대화를 나누었다. 그리고 8월말부터 3개월에 걸쳐 세 연구 대상 학교에서 교직원, 학부모, 학생들과 면접을 하며 수업, 학부모 교육, 교사 회의 등 학교의 활동을 참여 관찰하면서 자료를 수집하였다. 마지막 방문 시에는 그동안 면접했던 교직원들과 포커스 그룹 인터뷰를 실시하여 그동안 수집하였던 자료들의 신뢰성을 확인하였고, 자료 해석을 분명하게 할 수 있는 시간을 가졌다. 9월과 10월에는 자료를 수집하는 동시에 수집한 자료들을 분석하면서 자료에 대한 해석에 들어갔고, 2010년에 논문을 작성하였고, 2011년 글을 일부 보완하여 완성하였다.

2. 자료 수집 및 분석 방법

질적 연구 방법에서 주로 사용하듯이 본 연구에서도 자료 수집을
위해 관찰, 면담, 포커스 그룹 인터뷰, 문서와 기타 인공물(artifacts) 수
집을 수행하였다 (Yin, 2003). 먼저 관찰은 연구 개시부터 자료 분석이
끝나는 시점까지 지속되었다. 학교를 연구 기간 동안 정기적으로 방문
하여 수업, 교과외 활동, 교직원 회의, 학부모 교육, 학생 자치 활동 등
에 참여하고 관찰을 하였다. 관찰은 본 연구에서 특히 학교의 목표 실현
방식과 목표 달성 여부를 파악할 수 있는 중요한 자료 수집 방법이 되었
다. 모든 관찰은 관찰지 프로토콜(protocol)에 따라 기록되었다. 공식적
인 참여 관찰은 학교의 사정에 따라 3회에서 8회까지 이루어졌다.

두 번째 자료 수집 방식은 면담이다. 면담은 모든 연구 질문들에 대
한 자료를 얻을 수 있는 매우 중요한 연구 기법이 된다. 학교의 교장, 교
목, 교사, 행정 직원, 학부모, 학생, 졸업생들을 면담하여 그들이 가지
고 있는 학교의 교육 목표, 추구 방법, 성과에 대한 생각이 어떠한지 살
펴보았다. 면담은 반구조화된 질문지에 따라 수행하였고 모두 참여자의
동의하에 녹음하였다가 이후 전사하였다. 면담은 각 학교에서 교장을 포
함한 교직원 5~7명 내외, 학부모 2명 정도, 졸업생을 포함한 학생 3명
정도 수행하였다. 면담 대상자는 대상 학교의 교장이나 부장 교사가 선
정하여 주었다. 이는 학교에 대해 긍정적인 관점을 가진 사람들로 선발
되었을 가능성을 보여 주는 점이다. 이 점은 본 연구가 지닌 한계라 할
수 있다. 면담은 대개 40~60분 가량 소요되었고, 면담 장소는 학교의
도서관, 교실, 교정 벤치 등에서 이루어졌다. 면담에 사용한 질문지의
주요 내용은 〈표 4-2〉에 요약이 되어 있다.

<표 4-2> 면담의 주요 질문 내용

영역	주요 질문 내용
학교의 교육 목표	1. 교육 목표의 영역별 내용 2. 일반 학교와의 차별성 3. 학교 구성원들의 교육 목표 공유 정도 4. 교육 목표의 일관성 여부
목표 실현 방안	1. 교육 목표와 교육 과정 2. 교육 목표와 교수 학습 방법 3. 교육 목표와 학교 행정 4. 교육 목표와 학교 문화
목표 달성 여부	1. 교육 목표의 달성 정도 2. 교육 목표의 달성 여부에 대한 판단 근거
목표 달성의 기여, 장애 요소	1. 교육 목표 달성의 기여 요소 2. 교육 목표 달성의 장애 요소

포커스그룹 인터뷰는 개인 면담의 자료 분석에서 얻어진 내용을 더 깊이 살펴보거나 참여자들에게서 얻은 이해를 참여자들로부터 확인하기 위해 사용되기도 한다(Glesne, 2006: 155). 본 연구에서는 각 학교에서 개별 면담이 끝난 뒤 마지막 방문에서 이미 면담한 교사들을(경우에 따라서는 학부모도 포함하여) 포커스 그룹으로 삼아 면담을 실시하였다. 90분 정도의 시간 동안 연구자는 조정자가 되어 질문을 던지고 참여자들 사이에 토론이 자연스럽게 이루어지도록 조정하는 역할을 하였다.

마지막으로 문서와 기타 인공물 수집을 통해 관찰과 면담으로 얻은 자료들을 분석하고 해석하는데 도움을 얻고자 하였다. 수집한 자료들은 학교 발행 소식지, 학교 홍보 팜플렛, 학교 교육 계획서, 학생 평가표, 학교 홈페이지의 글, 학교 건물의 구조 등과 같은 상징물 등이다. 본 연구에서 수집된 자료의 양은 <표3>과 같다. 자료 수집을 중단하는 시점은 대개 이상적으로 이론적 포화(theoretical saturation)에 이른 시점이라고 한다(Glesne, 2006). 본 연구에서 자료 수집의 기간이 길지는 않았지만, 심층 면담이나 포커스 그룹 인터뷰에서 같은 내용의 말을 듣게 되는 현상을 경험한 것은 수집된 자료가 연구를 위해 어느 정도 채워졌다는 생각을 갖게 만들었다.

〈표 4-3〉 자료 수집의 방법과 양

		미래학교	강촌학교	동서고등학교
인터뷰	교장/교목	2명	1명	2명
	교사/행정직원	5명	4명	5명
	학생/졸업생	1명	3명	4명
	학부모	2명	2명	1명
	합계	10명	10명	12명
포커스그룹 인터뷰	교직원/학부모	5명	5명	4명
참관	수업	3회	4회	2회
	회의	2회	2회	0회
	그 외 활동	1회	2회	1회
	합계	6회	8회	3회

질적 연구에서의 자료 분석은 양적 연구의 그것과는 다르다. 질적 연구에서는 대개 자료 수집과 동시에 자료 분석에 들어가게 된다. 질적 연구에서의 자료 분석은 대개 초기 자료 분석과 후기 자료 분석으로 구분 된다(Glesne, 2006). 초기 자료 분석은 자료에 이름을 붙이고 카테고리를 나누면서 자료를 조직화하는 코딩의 과정이다. 후기 자료 분석에서는 "코드의 광산"으로 들어가서 코드를 분류하며 범주화하여 정의를 내리고 해석해 가는 과정이라 할 수 있다. 월코트와 조용환(1999)는 전기 자료 분석을 기술(description)과 분석의 과정으로, 후기 자료 분석을 해석의 과정으로 보았다. 기술과 분석이 자료에 충실하게 자료를 변환하

여 "현상의 구조를 파악하는 작업"이라면 해석은 자료를 토대로 하되 자료를 초월하여 "현상의 의미를 이해하는 작업"이라 할 수 있다(조용환, 1999: 57).

그러므로 본 연구에서도 자료 분석을 기술 및 분석의 과정과 해석의 과정으로 나누어 실시하였다. 먼저 수집된 자료를 토대로 각 학교들의 교육 목표와 교육 성과 들을 기술함으로 학교들의 성과의 구조와 특징을 파악하고자 하였다. 그리고 학교의 성과를 가져오는 요인이 무엇인지, 학교의 목표 달성에 장애 요소로 작용하는 요인은 무엇인지 분석하고자 하였다. 이와 같은 기술과 분석의 과정을 어느 정도 마무리한 후 이를 토대로 대안학교의 성과 분석의 의미를 해석하는 작업이 뒤따랐다. 기독교대안학교에서 교육 목표를 성취한다는 것이 우리나라 교육에서 어떤 의미가 있는 것인지, 학교의 교육 성과가 학생들의 삶에서 어떤 가치를 갖게 되는지, 기독교대안학교에서의 교육 성과가 일반 학교와 어떤 차별성을 보이며 일반 학교에 전이될 가능성이 있는지 등과 같은 논의를 시도하였다.

III. 학교 구성원을 통해 본 교육 성과

본 연구에서 얻은 자료 분석의 결과 기독교대안학교들은 일반 학교들과는 다른 교육적 성과를 얻고 있음을 알 수 있다. 그것은 기독교대안학교들이 성취하고자 한 교육 목표의 차별성 때문이기도 하고, 기독교대안학교들이 갖는 교육적 여건과 교육 활동의 차이 때문이기도 하다. 교육 성과를 살펴보면, 먼저 학생들의 성장과 관련하여 장기적이고 내면적인 교육 성과를 찾아볼 수 있고, 다음으로 교직원과 학부모의 성장과 관련하여 배움의 공동체 실현을 들 수 있다. 장기적이고 내면적인 교육 성과에는 학생들의 신앙과 인성의 성장, 삶의 목표 설정, 학업에 대한 자발성과 흥미, 학교와 교사에 대한 높은 만족도 등을 꼽을 수 있다. 또한 기독교대안학교들에서는 교육 목표를 향한 노력을 통하여 학생뿐 아니라 교직원과 학부모들이 모두 점진적인 배움과 성장을 경험하는 배움의 공동체를 형성하고 있다는 것도 중요한 성과라 할 수 있다. 이러한 교육 성과들을 하나씩 자세하게 논의하도록 하겠다.

1. 장기적, 내면적 교육 성과

일반 학교에서 교육 성과를 측정하는데 중요하게 생각하는 학업 성취도, 진학률, 학생 보유력 등과 같은 객관적 지표들은 기독교대안학교에서는 교육 성과의 핵심적인 요소로 보지 않았다.[18] 대신 기독교대안학교에서는 학생의 내면적이고 장기적인 변화와 성장을 중요한 교육 성과로 보았다. 교육의 성과가 당장에 나타나기보다는 장기적으로 학생들이 성인이 되어 살아갈 때 분명히 나타날 것이기 때문에 지금은 기초를 놓는다는 마음으로 교육을 한다는 것이 기독교대안학교 관계자들의 생각이었다.

우리가 멀리 내다보고 씨를 뿌리는 심정으로 하고 있지만, 이

---

18) 기독교대안학교들의 진학률이나 학생 보유력은 일반 학교들과 큰 차이를 보이지 않았다. 미래학교의 경우 신입생 선발시 경쟁률이 2:1 정도 유지되고 학생의 중도 탈락은 1년에 8~9명 정도 되는데 대개 외국 유학, 지방으로 이사, 경제적 어려움 등이 주된 이유라 했다. 올해의 경우는 예외적으로 중학교 진학과 관련해서 6학년 학생 가운데 6명이 일반 공립학교로 전학을 갔다고 한다. 강촌학교는 교회 자녀들을 우선 선발하고 자리가 남으면 외부 학생을 받는데 신입생 선발공고를 내지 않아도 소문에 의해 신입생 후보자가 대기하고 있다고 한다. 중도 탈락은 역시 외국 유학 관계로 가끔 발생한다고 한다. 대학 진학률은 서울 강북에 있는 인문계 고등학교 수준으로 졸업생들 가운데 재수를 해서 대부분 서울에 있는 대학에 진학을 한다. 동서고등학교는 입학 경쟁률이 2.5:1 정도 된다고 한다. 중도 탈락은 1년에 10명 가량 되고, 진학률은 졸업생의 75% 정도가 4년제 대학에 진학한다고 한다.

게 눈앞에 보이는 것이 아니기 때문에 (중략) 때로는 잘하고 있는 건가 하는 생각이 들 때도 있어요. (미래학교 40대 여교사)

그런 꿈을 꾸고 있는 아이들이 있다는 것, 그 아이들이 성인이 되었을 때 아, [강촌학교] 교육이 드디어 빛을 발하는구나……. (강촌학교 40대 여교사)

이처럼 장기적인 성격을 띠는 교육적 성과를 지금 당장 평가하기는 어렵지만 그럼에도 불구하고 다음 네 가지 정도는 현재 어느 정도 인지할 수 있는 교육 성과 라 할 수 있다.

(1) 신앙과 인성의 성장

기독교대안학교에서는 학교 교육을 통해 학생들의 신앙과 인성이 성장하고 있음을 알 수 있다. 신앙과 인성의 성장은 기독교대안학교의 가장 중요한 교육 목표이고 성과라 할 수 있다. 신앙 교육이 인성 교육의 토대가 된다고 믿는 점에서 세 학교는 동일하다. 그래서 기독교대안학교에서는 그리스도를 닮아 조화로운 인격을 형성한다는 목표를 세워서 (강촌학교), 하나님을 아는 지식을 기반으로 섬기는 제자를 양육하고자 하고 (미래학교), 기독교 정신으로 인성 교육을 실시한다 (동서고등학교).

신앙 교육을 학교 교육의 모토로 내세우기는 하지만 교육 과정, 학교 행정, 학교문화 등과 같은 교육의 실제적인 면에서 신앙적 성격을 찾아보기 어려운 우리나라의 많은 기독교 사립학교들과는 달리 기독교대안학교에서는 신앙 교육이 학교 교육의 기본적인 토대가 되고 있다. 아침 묵상, 성경 읽기 등으로 하루를 시작하고 정기적으로 학교 채플이나 성경 과목이 교육 과정 상에 편성되어 운영되고 있다. 신입생 선발, 학부모와의 관계, 재정 사용 등에서도 신앙적 가치관을 강조하고 있음을 볼 수 있다. 학생을 선발하는데 학생의 학습 능력을 우선시 하지 않고 학생과 학부모와의 면접을 통해 학교가 지향하는 신앙 교육에 동의하는지를 중요하게 점검한다.

인성 교육 역시 신앙 교육과 비슷하게 기독교대안학교에서는 교육과정, 학교 행정, 학교 문화 등에 골고루 스며들어 있음을 볼 수 있다. 미래학교는 경청, 순종, 검약, 공경 등과 같은 24가지 성품에 대해 한 달에 한 주제씩 배우고 실천하는 성품 교육을 중시한다. 그리고 배움의 실천을 강조하여 '하루에 한 가지씩 다른 사람을 섬겨요'를 줄여 '하다요' 운동을 실시하고 있다. 배운 것을 어떻게 실천할 것인지를 토의하고 실천한 것을 점검하고 발표하는 시간을 갖는다. 장애아 통합 교육을 통해 학생들이 장애아를 이해하고 그들을 배려하고 돕는 교육을 실시하기도 한다. 그러나 학부모들 가운데는 학교가 신앙 교육과 인성 교육을 지나치게 중시하고 지식 교육을 등한시 하는 것이 아닌가 하는 의구심을 품는 사람들이 있어 학교 측과 조금의 갈등을 노출시키기도 한다.

강촌학교는 오전에만 학과 수업을 하고 오후에는 전인 교육을 위한 체험 학습으로 교육 과정이 편성되어 있다. 체험 학습은 밭일 등을 하는 노작 수업, 유도, 수영 등과 같은 체육 활동, 봉사 활동, 동아리 활동, 학교 밖으로 나가는 수업인 열린 수업, 전체 가족회의 등으로 이루어져 있다. 강촌학교는 자연 속에서 다른 사람과 함께 생활하는 경험을 많이 갖게 함으로 다른 사람과의 관계를 맺는 훈련을 중시한다. 그리고 외국 생활과 해외 여행을 통해 국제적인 시야를 갖게 하고자 의도하고 있고, 해외 여행 시에는 학생들이 스스로 계획하고 앞장서서 가이드를 하게 함으로 생존력과 리더십을 길러 주고자 한다.

동서고등학교는 인성 교육을 위해 멘토링 제도를 중요하게 활용하고 있다. 학생들은 동료 멘토, 선배 멘토, 교사 멘토, 교장 멘토를 갖는다. 정기적으로 멘토링 시간을 갖고 대화를 나누거나 어려운 점에 대해 도움을 받을 수 있도록 한다. 제주도 국토 순례, 지리산 종주, 문학 기행 등도 학생들에게 중요한 인성 교육을 위한 활동들이다. 수업 가운데 '농업의 이해'와 '숲과 인간' 시간에는 자연에 대한 이해와 자연친화적 삶을 배움으로 인성 교육을 목표로 한다. 농업 시간에는 텃밭 가꾸기, 황토염색, 등산 등 다양한 활동을 한다. 한편 동서고등학교는 정부로부터 인가를 받은 학교이기 때문에 교육 과정의 편성과 운영에서 제약을 받는 부분이 있고, 이러한 점이 학교가 신앙 교육과 인성 교육을 실시하는데 장애 요소로 작용한다고 말한다.

세 학교에서는 신앙과 인성의 성장의 구체적인 모습으로 다른 사람과의 관계에서 올바른 태도를 갖는 것, 타인에 대한 배려와 섬김, 어려운 이웃을 돕는 것, 욕설을 하지 않는 것, 자신감과 자존감 형성 등을 들고 있다. 비록 인성과 신앙의 성숙이라는 것이 외적으로 분명하게 평가하기에는 어려움이 있지만 여러 가지 형태로 그 변화를 알 수 있다고 한다.

> 지금 4학년들은 1학년 때부터 [미래]학교에서 딱 4년 교육받은 애들이거든요. 개들은 너무 달라요. 말하는 것도 다르고, 행동하는 것도 다르고, 받아들이는 것도 다르고, 그 안에 여러 문제들이 있는데 그걸 해결하는 것조차 좀 다른 거죠. (미래학교 30대 여교사)

> 아이가 조금씩 성장하는 것 같아요. 자신감과 자존감이 생기는 것 같아요. 다른 아이들과 비교하면 차이점이 눈에 띄죠. 성품 훈련 받은 표시가 나요. (미래학교 5학년 학부모)

> 아이들의 삶의 태도에서 성장이 보여요. 처음에는 아이들이 이기적인 모습이 강한데 점차 남을 배려하는 모습을 보이게 되죠.

주위 교회 어른들도 아이들의 신앙과 인격의 성장을 칭찬해요. (강촌학교 30대 남교사)

느끼는 거죠. 그냥 생활하면서, 내가 뭐 달라졌구나 그런거. 아이들 모습 보면서도 느껴요. 식사할 때도 섬기고 하는 것 보면서. (강촌학교 중 2여학생)

1학년보다는 2학년, 2학년보다는 3학년이 더 인간적이고 이쁘고 성숙해 보여요. 학년이 올라갈수록 인격적으로 성숙한 모습이 보이는 거죠. 표정이 밝아지고 인사성이 좋아져요. (동서고 40대 여교사)

(2) 삶의 목표 설정

기독교대안학교들은 공통적으로 비교적 뚜렷한 교육 목표를 갖고 있다. 그 교육 목표는 내용이 분명할 뿐 아니라 학교의 많은 구성원들에 의해 공유되고 있다는 특징이 있다. 학교의 공식적인 홈페이지나 학교 홍보용 책자에서 제시하는 학교의 이념이나 학교 교육의 목표들은 단지 문서상에만 나와 있는 형식적인 표현이 아니라 여러 교직원들과 학생들과의 면담에서 나타나고, 학교의 교육 과정에서도 찾아볼 수 있는 실제적인 내용들이다. 학교가 겉으로 표방하는 교육 목표와 실제의 목표가 종종 괴리되어 있는 우리나라의 많은 일반 학교들과는 차별성을 확인할 수 있다.

미래학교는 하나님과 이웃을 사랑하는, 그리스도의 섬기는 제자 양성을 교육의 목표로 삼고 있다. 강촌학교는 조화로운 인격을 형성하여 사회를 위해 봉사할 기독교 지도자를 양성하는 것을 교육 목표로 삼고 있다. 학교의 홈페이지에는 이러한 교육 목표를 위해 지식보다는 삶, 물질보다 믿음, 경쟁보다 함께 하는 삶, 인위적인 것보다 자연적인 것을 추구하는 교육을 한다고 소개되어 있다. 동서고등학교는 기독교적 인성 교육과 자연친화적 교육으로 자아 실현을 추구하는 것을 학교의 교육 목표로 삼고 있다.

학교 교육의 목표가 분명하고 그 목표가 구성원들에 의해 공유된다는 것은 학교의 교육 활동을 일관성 있고 지속적으로 전개할 수 있는 에너지가 되고, 구성원들로 하여금 적극적으로 학교 교육에 참여하게 만드는 요인으로 작용하게 된다(김희규, 2004). 그러므로 대개 학교의 목표와 비전의 명료성과 공유성을 효과적인 학교의 특징으로 꼽고 있다.[19] 그런 면에서 기독교대안학교들에서 교육 목표가 분명하고 구성원들 다수가 목표를 공유하고 있다는 점은 이들 학교들이 교육적 성과를 얻을 수 있는 중요한 토대가 된다고 할 수 있다. 이처럼 교육 목표가 분명한 기독교대안학교에서 학교 교육을 통해 학생들이 삶의 목표와 꿈을 설정하게 된다. 이들 학교에서는 학생들에게 높은 사회적 지위나 좋은 대학을 강조하지 않는다. 대신 앞으로의 삶에서 자신이 행복한 삶, 다른 사람과 함께 하는 삶, 어려운 이웃을 돕는 삶과 같은 인생을 살아가는 자세에 대해 강조를 한다. 그래서인지 기독교대안학교 학생들은 미래에 자신이 어떤 직업을 가질 것인지보다는 어떤 삶을 살 것인지에 보다 많은 관심을 갖고 있었다. 이러한 관심은 학생들에 따라서 구체적인 형태의 꿈으로 나타나기도 했다. 봉사 활동의 경험으로 장애인들을 돕는 특수학교 교사가 되겠다는 학생, IMF 경험으로 아버지가 힘들어하는 것을 보고 경제학자가 되어 어려운 상황에 처해 있는 사람들에게 도움을 주는 연구소를 운영하겠다는 학생, 인도에 기독교 방송국을 세워 복음도 전하고 좋은 문화를 전파하겠다는 학생 등을 만날 수 있었다.

입학할 때의 모습과 졸업할 때의 모습이 달라요. [졸업할 때는]

---

19) 이해우, 2002; Bryk, Lee, & Holland, 1993; Hoy and Miskel, 1999.

자기 갈 길을 분명히 알게 되는 것, 이런 모습이 저희 학교의 성과가 아닐까 그렇게 생각을 하거든요. (동서고 40대 여교사)

제가 이 학교에 들어오면서 목표가 생겼어요. 목표를 가지고 삶을 살아가는 것... 좋은 조건은 아니지만 목표를 가지고 할 수 있다는 점에서, 꿈을 가지고 생활한다는 점에서……. 저는 목표가 있으니까, 우리나라 연고주의, 학벌주의에 연연하지 않고 생활할 수 있을 것 같아요. (동서고 3남학생)

목표가 중요하죠. 왜 공부를 하느냐면, 하나는 공부해서 돈을 벌어 떵떵거리며 사는 것을 위해서, 다른 하나는 다른 사람을 위해서, 섬기기 위해서, 하나님을 섬기기 위해서 공부를 하는 것.... (강촌)학교에서 배웠다면 후자를 선택하는 게 맞겠죠. (강촌학교 고2 여학생)

(3) 공부에 대한 자발성과 흥미

기독교대안학교에서 학생들은 공부하고자 하는 자발적 의지와 흥미를 갖게 된다. 학업적인 면에서의 성과는 학업 성취도가 중요한 지표이지만 동시에 학업에 대한 흥미, 자신감, 동기, 자기 주도 학습 능력 등 학습 심리적 요소 역시 중요한 지표가 될 수 있다. 그런 면에서 기독교대안학교의 교육 성과가 학업적인 면에서도 일반 학교와는 다른 측면이긴 하지만 나타나고 있다고 할 수 있다. 연구 대상의 기독교대안학교들은 시험에 의한 학업 성취도 검사를 적극적으로 실시하고 있지 않음으로 학업 성취도 측면에서 성과를 논하는 것은 어려운 일인 것 같다.[20] 이

---

20) 연구 대상 학교들 가운데 동서고등학교는 인가받은 고등학교이기 때문에 전국 학력 평가 시험을 친다고 하였다.

들 학교들은 대개 학업에서 학생들의 자발적 의지, 동기, 흥미, 자기주도적 학습 능력 등을 중요하게 강조했다. 그래서 수업 시간에 학생들의 학습에 대한 흥미와 참여도는 비교적 높은 편이었다.

초등학교 과정인 미래학교의 경우 참관한 수업 대부분에서 학생들이 자유롭고 밝은 분위기 속에서 학습 활동에 적극적으로 참여하는 모습을 보여 주었다. 예를 들어, 2학년 1교시 국어 시간은 아이들이 교실에서 자유롭게 노는 시간에서 자연스럽게 이어졌다. 장애아에 대한 이야기인 '가방 들어 주는 아이'란 스토리를 배우는 시간이었다. 먼저 선생님이 책을 읽어 주자 아이들은 조용히 들으며 낮은 목소리로 따라 읽곤 하였다. 책읽기가 마치자 아이들은 손을 들고 모르는 단어에 대해 질문을 하기도 하고, 선생님의 질문에 손을 들고 대답을 열심히 하곤 했다. 장애인을 보면 드는 생각, 하나님과 장애인, 우리사회의 훌륭한 장애인 등에 대해 생각하며 이야기하는 시간이 자연스럽게 이어졌다. 수업 내용이 장애인에 대한 것 때문인지 웃음소리가 잘 나지는 않았지만 2학년 아이들이 진지하게 수업에 참여하는 모습은 매우 인상적이었다.

중고등학교 과정인 강촌학교와 동서고등학교의 경우는 학생들의 활동을 중심으로 한 수업에서는 학생들의 흥미도와 참여도가 높았는데 비해 주로 교사에 의해 주도된 수업에서는 학생들의 흥미도가 낮은 것을 볼 수 있었다. 그리고 교사들의 수업 전문성도 학생들의 수업 참여도에 영향을 끼치는 것으로 보였다. 강촌학교의 경우 대학에서 전공하지 않은 교과목을 가르치는 교사가 다수 있었다. 강촌학교의 고 1 역사 수업은 수업의 전반부에서는 교사에 의해 설명이 이어졌고, 후반부에서는 관련 비디오 자료를 보여 주는 식으로 수업이 진행되었다. 전반부에서 별로 흥미를 보이지 않던 학생들이 후반부의 비디오 자료는 열심히 보는 일반학교에서와 유사한 풍경을 보여 주었다. 반면, 중2 수학 수업에서는 교사가 개념을 간단하게 설명한 뒤 학생들에게 문제를 풀도록 하고 교사는 학생들을 개인적으로 도와주는 방식으로 수업을 진행하였다. 진도에 맞춰 학생들이 따라가는 방식이 아니라 학생 수준에 맞추어 진도를 조절하다 보니 어려운 수학을 포기하는 학생 없이 대부분 문제를 성실히 푸는 모습을 볼 수 있었다. 대안학교의 대부분 교사들은 학생들이 학교 생활을 통해 공부에 대한 자발성과 흥미를 갖게 되는 것이 중요하다고 말했다.

학생들에게 성과를 따지자면 공부에 대해서 자발성을 가지고 있느냐, 재미를 느껴서 스스로 할 수 있느냐에 대해 평가를 해야 되지 않을까... (미래학교 40대 여교사)

저희 아이들은 배움의 기쁨이 있고 선생님은 가르침의 기쁨이 있다는 것이, 뭐가 있냐면 수업을 보면 아시겠지만 탄성이나 감탄사... 좋아하는 표정을 보면 다 알 수 있거든요. (미래학교 30대 남교사)

대체적으로 학생들이, 최소한 저희가 고기는 많이 못 잡아도 잡는 방법은 잘 가르친다고 생각해요. 늘 자율적으로 하는 것에 맡겼기 때문에 공부하는 것도 스스로 할 수 있는 그런 방법을 터득할 수 있도록 지도했다고 생각해요. (강촌학교 30대 남교사)

(4) 교사와 학교에 대한 높은 만족도
학교에 대한 만족도는 학교 교육의 중요한 성과중 하나이다. 연구자가 면담한 기독교대안학교의 학생들은 대체적으로 학교와 교사를 좋

아한다고 말했다. 교사들 역시 학생들이 학교와 교사를 좋아하고 있다고
생각하고 있었다. 학생들이 교사와 학교를 좋아한다는 사실은 학생과 교
사들의 말을 통해서 뿐 아니라 다양한 형태로 나타나고 있었다. 졸업 후
졸업생들이 학교를 자주 찾아오는 편이고, 군입대 할 때나 제대를 하면
반드시 학교에 와서 인사를 한다고 했다. 강촌학교의 졸업생 가운데 처
음으로 취직을 해서 첫 월급을 받은 한 졸업생은 연구자가 학교에 방문
한 날 후배들을 위해 간식을 사서 방문을 하기도 했다. 그리고 강촌학교
와 동서고등학교에서 어떤 졸업생들은 학교의 방과 후 교육 프로그램에
와서 후배들을 지도해 주기도 하고, 후배들의 문학 기행에 보조교사로
동행하기도 했다. 또한 형제나 남매가 함께 학교에 다니는 경우가 많았
다. 경제적으로 부담이 되지만 형이나 언니가 그 학교에 다니면 동생도
같은 학교에 입학하는 비율이 높은 편이었다. 이는 학교에 대한 높은 만
족도를 보여 주는 한 지표로 볼 수 있다. 이처럼 기독교대안학교에서 학
생들이 교사와 학교를 좋아하는 이유는 학생과 교사간의 친밀도가 높기
때문이다. 모든 수업이 소규모 학급에서 이루어지기 때문에 교사와 학생
의 상호 작용이 원활한 편이고, 특히 여행이나 노작 등 많은 체험 활동을
통해서 상호간에 대화가 빈번하게 이루어진다고 했다.

> 아이들이 학교를 참 좋아해요. 방학을 싫어하더라구요. 처음에
> 는 왜 운동장도 없는 학교에 보냈냐고 싫어하다가 한 학기 지나면
> 학교를 좋아하고 선생님들도 좋아하고……. (미래학교 30대 여교
> 사)

> 그 아이[졸업생]가 오늘 [학교에]와서 저를 껴안으면서 하는 소
> 리가 '선생님, 학교 오려고 38번 버스를 탔는데, 심장이 뛰었어
> 요.' 하더라구요. 그리고 호주에 있으면서 가족보다 학교 선생님

들이 더 보고 싶었어요 하는데.... (동서고 40대 여교사)

전 과학을 참 좋아합니다. 왜냐면 그냥 주입식이 아니에요. 생각해보는 거예요. 유전학 할 때 전 질문을 대개 많이 하거든요. 질문을 해 보고 원리를 생각해 봐요. 공식도 그냥 외우는 게 아니라 왜 나왔느냐 끝까지 물어보거든요. (중략) 원리를 알고 그걸 실생활에 적용해서 생각해 보고... 그런 거 참 재미있어요. 그래서 전 학교가 좋아요. (강촌 학교 고2 여학생)

우리나라 학생들의 수학, 과학 등의 학업 성취도는 세계적으로 높은 반면에 학업에 대한 흥미도, 자신감, 자기 주도 학습 능력 등의 정의적인 측면에서의 점수는 매우 낮다는 사실은 널리 알려져 있다. 그리고 중학교와 고등학교 학생들의 학교에 대한 만족도 역시 매우 낮게 조사되고 있다(이혜영 외, 2008). 이런 상황에서 기독교대안학교가 학생들에게 학업에 대한 흥미와 스스로 공부하는 능력을 중요하게 가르치고 있는 것은 바람직한 교육 활동이며, 학생들의 학업에 대한 내재적 동기가 높고 학교에 대한 만족도가 높은 것은 기독교대안학교의 중요한 성과라 할 수 있다. 특히 인가받은 대안학교 학생들의 자기 주도 학습 능력이 일반학교 학생들보다 떨어진다는 연구 결과(강영혜, 박소영, 2008)를 고려할 때 기독교대안학교의 교육적 성과의 중요성을 다시 인식하게 된다. 다만 앞으로의 과제는 학업 성취도의 면에서도 수월성, 평등성, 기초 보장성, 향상성에서 어떤 결과를 얻고 있는지 측정해 볼 수 있는 나름의 방안을 고안하여 점검해 볼 필요가 있다.

2. 배움의 공동체 실현

기독교대안학교의 교육 성과 가운데 두드러지는 특징이 학교 내에 배움의 공동체가 구현되고 있다는 점이다. 배움의 공동체란 학교에서 학생뿐 아니라 교사와 학부모 등 학교 구성원 모두가 상호 작용을 통해 서로 배워가며 성장해 가는 공동체를 말한다(사토마나부, 2001; 2006). 기독교대안학교는 학생들만 배우고 성장하는 곳이 아니라 교사와 학부모가 함께 배우고 성장하는 공간이다. 학교 구성원들의 배움과 성장은 학교 교육의 목표이고 중요한 교육 성과라고 기독교대안학교 구성원들은 생각하고 있었다. 교사의 성장에 대해서는 세 학교 교사들이 모두 중요하게 생각하는 바이다. 교사들은 인성과 전문성에서의 성장을 위해 많은 노력을 기울인다. 그런데 학교에 따라 교사들의 배움과 성장을 이루어가는 방식은 다르다. 동서고등학교와 미래학교의 경우는 교사 교육을 중시하는데 비해 강촌학교의 경우는 특별한 교사 교육 프로그램을 갖지 않고 생활 가운데 배움을 익혀 나가는 형태이다.

먼저 동서고등학교의 경우는 정기적인 교원 연수 프로그램을 통한 교사 교육에 중점을 둔다. 매주 금요일 강사를 초빙하여 다양한 주제에 대해 연수를 받기도 하고 필요한 경우는 다른 기관에 가거나 사이버 연수를 받는 경우도 있다. 방학 중 이루어지는 기독교대안학교연맹 연수도 빠지지 않고 참석한다고 한다. 연구자가 학교를 방문한 날에도 '놀이 마술'의 주제로 연수를 시행하고 있었다. 일부 교사들은 이런 체계적인 교사 교육을 통해 도움을 받는다고도 하고, 다른 교사들은 아이들과의 부대끼는 생활 속에서 깨달음을 얻어간다고도 한다.

미래학교의 경우는 한 달에 한 번씩 성품교육을 받는 것이 중요한 교사 교육이다. 학생들에게 성품 교육을 하기 전에 교사들이 먼저 그 주제에 대해 교육을 받고 자신의 삶을 성찰하는 시간을 갖는다는 것이다.

그리고 매월 마지막 금요일은 교사의 날(teacher's day)이라 해서 휴업을 하고 교사들만 학교에 모여 공부를 같이 하고 중요한 안건에 대해 토론하는 시간을 갖는다. 여름 방학 중에는 미래학교 아카데미를 여는데 학교 교사들과 예비 교사들이 같이 교육을 받기도 하고 교사들이 강사로 나서기도 한다. 그리고 교사 교육과는 달리 한 달에 한번 정도 수업 두레(줄여서 수레)를 하는데 이는 사토마나부(2001)가 말하는 수업 연구와 유사한 개념이다. 한 교사가 수업을 공개하고 다른 교사들이 수업을 참관한 뒤 함께 수업에 대해 토론하는 시간을 갖는다는 것이다. 모두가 힘을 합해 수레를 끌듯이 교사들이 함께 좋은 수업을 만들어 가자는 취지에서 시행하고 있다고 한다. 교사들이 상당히 부담스러워하지만 지나고 보면 자신의 수업 개선에 많은 도움이 되었다고 고백하기도 한다.

강촌학교는 앞의 두 학교와 달리 교사 교육을 위한 별도의 프로그램을 갖고 있지 않다. 대신 강촌학교 교사들은 공동체 생활을 하고 있고, 학생들이 모두 기숙사 생활을 하기 때문에 서로간의 상호 작용을 통해 배워간다고 한다. 생활하는 가운데 자연스럽게 무언가를 체득해 가는 것이 강촌학교의 중요한 특징이라 할 수 있다. 이처럼 세 학교가 형태가 다르기는 하지만 교사들의 배움과 변화가 학교 교육의 성과라고 생각하는 면에서는 동일하다고 할 수 있다.

교사도 생활을 하면서 사람을 보는 관점이 바뀌는 것 같아요. 교사와 학생의 상호 작용을 통해 함께 변화해가는 거죠. 초기엔 아이들과의 면담에서 아이들 문제점을 많이 지적했는데 요즘에는 아이들의 가능성을 주로 봅니다. (강촌학교 50대 여교사)

선생님들이 성숙해져 가는 것만 봐도 그 학교가 성숙해져 가고 있고, 목표를 도달하고 있다고 봅니다. 학생들도 분명히 성과이지만 선생님들도 큰 성과와 결과물이 아닌가 생각합니다. 저도 성격 많이 좋아졌거든요. (중략) 학급 운영에 있어서도 처음에는 잘 몰랐지만 가면 갈수록 아이들을 이해하는 부분이 커져가고 학급 운영에 원숙해진다면 성과라고 할 수 있잖아요. (동서고 30대 남교사)

저희는 자체 연수가 있는데, 외국에 있는 학교를 방문하는 기회도 있어요. 저도 다녀왔는데 그 경험은 제 가슴에 평생 품고 있는 그런 거예요. 저도 4년차가 되었다 해서 내 자리에 멈추어 있는 것이 아니라 4년차가 되었으면 그만큼 더 발전해 가야 된다는 것, 그런 것이 좀 다른 모습 같아요. (미래학교 40대 여교사)

교사의 성장에 대해서는 일반 학교에서도 관심을 쏟는 부분이기도 하다. 그러나 자녀의 학교를 통해 학부모의 배움과 성장을 강조하는 것은 기독교대안학교의 특징이라 할 수 있을 것이다. 기독교대안학교에서는 가정을 학교의 중요한 동반자로 생각한다. 학생에 대한 교육적 효과를 얻기 위해서는 반드시 부모들과 함께 할 필요가 있다는 것이다. 그런 측면에서 가장 적극적으로 학교와 가정의 파트너십을 강조하는 학교는 미래학교이다. 학부모들이 학교 근처에 살고 있는 유·초등학교 과정이라는 특징도 있지만 미래학교는 자녀교육의 일차적 책임이 부모에게 있다는 성경적 원리를 강조하고, 가정과 함께 하는 학교라는 것을 학교의 주요 원리로 삼고 있다. 그래서 매주 2시간 정도 학부모 교육을 실시하고 있고, 학부모 교육은 교목의 설교, 학부모 기도회, 학교 교육 활동에 대한 소개, 교장의 짧은 강의 등으로 이루어진다. 학부모 교육은 학교의 교육 철학과 교육 활동을 부모들에게 알리는 역할을 하고 학교와 학부모 간의 의사 소통을 하는 창구로 활용되기도 한다. 학부모들은 학교의 동아리 활동의 지도 교사와 수업의 보조 교사 등으로 학교 교육에 참여하기도 한다. 무엇보다 가정에서 학교와 동일한 교육 철학으로 자녀들을 교육하도록 요청받는다. 미래학교의 학부모들은 매주 있는 학부모 교육에의 참여, 가정에서의 실천 사항 등과 같은 학교의 요구들에 부담스러워 하면서도 학교의 교육 활동을 통해 아이들 뿐 아니라 자신들도 성장하고 있다고 말한다.

강촌학교에서는 학부모들을 위한 특별한 프로그램이 없다. 단지 학부모에게 부과되는 한 가지 의무 사항이 있는데 그것은 부모들이 순서를 정해 학생들의 점심밥을 지어 주는 것이다. 이것은 사람이 먹는 밥에는 정성이 담겨 있어야 한다는 학교장의 철학에 기초하고 있다. 식사 봉사를 관리하는 학부모는 강촌학교 아이들이 건강하고 밝은 이유가 부모들이 지어 주는 건강한 식단과 관계된다고 믿고 있었다. 연구자가 면담한 강촌학교 학부모들은 학교를 통해서 자신이 많이 배우고 변하고 있다고 말한다.

동서고등학교의 경우는 학부모들이 전국에 산재해 있어서인지 학교와 학부모와의 관계에 대해서는 강조를 하지 않았다. 축제와 같이 특별한 행사가 있을 때 학부모들이 학교를 방문한다고 한다. 한 달에 한 번 정도 학부모 기도회를 학교에서 요청하지만 학부모들이 모이기가 힘들다고 한다. 연구자가 면담한 학부모는 아이가 학교 생활에 대해 자세히 이야기를 하고, 교사들과 수시로 통화를 하고 있고, 교사들이 문자로 자세한 사항들을 알려 주어서 학교의 교육 활동에 대해 잘 알고 있다고 말했다. 학교와 학부모 간의 의사 소통이 잘된다고 한다.

우리가 잘못 알고 있던 것들이 이 학교를 통해서 조금씩 다듬어지고 회복되어진다는 고백을 참 많이 해요. 지나보면 아이들 덕분에 학교를 통해 말씀을 공급받고 경험하고 교류하면서 얻어지는

게 참 커요. (미래학교 2학년 학부모)

저 같은 경우는 아이를 학교에 보내면서 믿음을 가졌기 때문에, 여기에는 저 같은 경우가 참 많아요. (중략) 그리고 우리 안에 분명히 변화가 있어요. 아이도 변하고 저희도 변하고, 그래서 저는 이곳에 있는 게 굉장히 행복해요. (강촌학교 중2 학부모)

배움의 공동체의 중요한 속성은 구성원들의 밀접한 상호 작용과 상호 의존성을 통한 배움이다. 그런 면에서 본다면 강촌학교가 전형적인 배움의 공동체로서 기능하고 있다고 할 수 있다. 함께하는 생활 공동체를 통해서 학생 상호 간, 학생과 교사 간, 학부모와 교사 간의 상호 작용이 활발하게 일어나고 있고, 구성원들의 상호 의존성이 강하게 형성되어 있다. 그로 인해 각 구성원들이 인성과 학업/전문성의 면에서 많은 배움을 얻고 있고 성장하고 있다고 스스로가 인식하고 있다. 강한 공동체적 문화가 형성되어 있기 때문에 이를 토대로 교사들의 전문성 신장을 위한 공동 노력의 프로그램을 개발한다면 교사들의 배움에 더욱 효과를 낼 수 있을 것으로 보인다. 그런 면에서 미래학교의 수업 두레는 좋은 예라 할 수 있다. 교사들이 함께 노력하는 수업 연구를 통해 교사들과 학생들은 모두가 중요한 배움을 얻을 수 있을 것이다.

이들 기독교대안학교에서 학생들 뿐 아니라 교사와 학부모들도 함께 배움과 성장을 이루어가는 배움의 공동체를 구현할 수 있었던 데는 이들 학교들을 설립하고 지원하는 교회의 역할이 중요하게 작용하였다. 미래학교와 강촌학교의 많은 학부모들은 그 학교를 설립한 교회의 성도들이기도 하다. 교회를 신앙을 배워가는 공동체로 인식하는 것처럼 학교를 비슷하게 인식하는 경향이 있어 학교에서 배움과 공동체 의식은 교사나 학부모들에게도 익숙한 문화이기도 하다. 그리고 교회 목사님들이 학교에서 학부모교육을 담당하거나 교장으로서 리더십을 발휘하는 것도 학교가 교회와 같은 배움의 공동체가 되는데 일정한 역할을 하는 것으로 보인다.

IV. 나가는 말

본 장에서는 우리나라 세 개의 기독교대안학교를 선정하여 학교들의 교육적 성과가 어떤지 탐구하였다. 기독교대안학교에서의 교육 성과에 대한 분석은 학교가 추구하는 교육 목표를 얼마나 달성하고 있는지를 살펴보는 방식을 택했다. 본 연구를 통해 기독교대안학교들은 두 가지로 요약할 수 있는 교육 성과를 얻고 있음을 알 수 있었다. 먼저, 기독교대안학교들은 당장에 나타나는 교육 성과보다는 보다 내면적이고 장기적인 교육 성과를 추구하고 있었다. 잠정적으로 발견할 수 있는 내면적인 교육 성과에는 학생들의 신앙과 인성의 성장, 삶의 목표 설정, 학업에 대한 자발성과 흥미, 학교에 대한 높은 만족도 등을 들 수 있다. 다음, 이러한 교육 목표를 추구하는 과정에서 학교의 구성원들이 함께 배우고 성장하는 배움의 공동체가 구현되고 있음을 중요한 교육 성과로 볼 수 있다.

기독교대안학교들이 이와 같이 교육 성과를 얻는 데는 여러 가지 요소들이 작용을 하는 것으로 보인다. 첫째, 학교의 규모가 작고 신앙을 토대로 이루어진 교육 공동체라는 점이 중요하게 작용한다. 작은 학교이기에 학생 상호 간, 학생과 교사 간의 상호 작용이 밀접하게 일어날 수 있고, 신앙을 공유하고 있다는 점이 구성원들을 묶어 주는 끈으로 작용하며 학교 내에서 갈등이 있을 때 그 갈등을 극복하게 하는 힘으로 기능한다. 이러한 점은 미국의 가톨릭고등학교가 우수한 교육 성과를 낳고 있는 이유이기도 하다(Bryk, Lee, & Holland, 1993).

둘째, 교직원들의 높은 헌신도가 학교의 교육 성과를 낳는데 기여하고 있다. 미인가 대안학교의 경우 교사들의 임금이 일반 학교에 비해 매우 낮은 수준이지만[21] 조사 대상 기독교대안학교들에서는 교사들의 헌신도가 일반 학교의 교사들에 비해 훨씬 높다고 할 수 있다. 이러한 분석은 조용환(1999)의 대안학교 연구 결과와도 동일하다고 할 수 있다. 교사들은 방과 후나 방학 때에도 학생들을 불러내어 함께 활동을 하기도 하고, 학력 수준이 떨어지는 학생들은 교사들이 자발적으로 별도의 보충 지도를 하기도 한다. 특히 강촌학교 교사들의 경우는 학교 캠퍼스에서 공동 생활을 하면서 기숙사 생활을 하는 아이들과 늘 함께 지내게 된다. 정기적으로 기숙사에서 아이들과 함께 생활하는 교사들이 힘들어하고 불평하는 경우(Kang, 2006)와는 달리 강촌학교 교사들은 힘들어 하면서도 보람을 강조한다. 낮은 보수를 받는 대안학교 교사들의 이직률이 매우 높은 현실 속에서도 이들 기독교대안학교 교사들의 이직률은 아주 낮은 편이다.

셋째, 학교를 설립한 교회의 지원이 기독교대안학교의 성과에 중요하게 영향을 미친다. 세 학교 모두 지역 교회가 설립을 했을 뿐 아니라 지속적으로 학교 운영에 도움을 주고 있다. 세 교회는 학교의 건물을 제공하고, 일정 금액 학교 운영비나 학생들의 장학금을 지원하고 있다. 동시에 학교의 중요한 정신적 후원자의 역할을 감당하고 있다. 그러면서도 미래학교와 동서고등학교는 학교 행정의 면에서 교회의 간섭이 없이 독립적으로 운영되고 있다. 반면 강촌학교의 경우는 교회와 학교가 밀접한 관계를 이루어 교회 목사가 교장을 맡고 있다. 교회의 물적, 영적인 지원이 학교를 지탱하는 중요한 기반이 되고 있다고 세 학교의 교사들과 학부모들은 생각하고 있다.

---

21) 인가 받은 동서고의 경우는 교사들의 급여가 일반 학교 교사의 수준이고, 미래학교의 경우도 다른 미인가 대안학교에 비해서는 비교적 높은 수준이다.

기독교대안학교의 교육 성과를 분석한 본 연구는 우리나라의 일반 학교와 기독교학교의 개선을 위해 다음과 같은 시사점을 제공한다.

첫째, 학교가 교육 성과를 얻기 위해서는 학교의 비전과 목표를 구성원들이 공유하는 것이 중요하다. 이를 위해서는 학교의 비전과 교육 목표에 대한 교직원들의 지속적인 토의의 장이 마련되어야 하고, 학부모들에게 학교의 교육 철학과 교육 활동을 설명하고 피드백을 받는 시간을 정기적으로 갖는 것이 필요하다.

둘째, 학생들이 꿈과 목표를 갖고 학업에 대한 흥미, 내적 동기, 자발성 등을 갖게 하는 것이 학교 교육의 실제적인 목표가 되어야 한다. 본 연구에서 보여 주듯이 학생들이 교사들과의 인격적 관계와 상호작용이 원활하게 일어날 때 자신들의 삶의 목표에 대해 깊이 생각하게 된다. 또한 학생들의 적극적인 참여와 활동을 유도하는 수업에서 학생들은 학업에 대한 흥미와 자발성을 갖게 됨을 볼 수 있다.

셋째, 교사들의 높은 헌신도는 학교의 교육 성과를 높이는데 필수적인 요소이다. 열악한 교육 여건을 극복하고 교육의 성과를 내게 만드는 요인은 교사들의 열의와 헌신이다. 교사들에게 교육 활동에서 자율성과 전문성을 인정해 주고, 교사들이 학생들의 변화되는 모습을 보면서 보람과 긍지를 느끼게 하는 것이 교사의 헌신도를 높이는 중요한 방안임을 알 수 있다.

5장 졸업생을 통해 본 기독교대안학교 교육 성과 [22]

Ⅰ. 들어가는 말

기독교대안학교의 졸업생들은 대안학교의 교육을 통해 무엇을 배우고 어떤 면에서 성장하였는가? 특히 기독교대안학교 졸업 후 사회인으로 진출하기 이전의 과정인 대학교육의 학업과 생활에 얼마나 잘 적응하고 만족하고 있는가? 이러한 질문은 기독교대안학교의 교육이 교육 수혜자들의 삶에 어떤 영향을 끼치고 있는지 그 영향과 성과를 이해하고자 하는 관심에서 비롯된다.

그간 연구를 살펴보면, 학교 교육의 성과를 파악한다고 할 때에는 성과의 영역만 다양한 것이 아니라 접근 방법도 다양이 하는데, 학교에서 제공하는 성취도를 비롯한 성과 자료 분석도 가능하고 학교 구성원과의 인터뷰나 설문 조사를 통해 만족도나 의견을 파악하기도 한다(김양분 외, 2007; 임현정 외, 2008). 학교 구성원으로부터 의견을 구하는 경우 학교 행정가, 교사, 학생, 학부모, 졸업생 등을 대상으로 할 수 있는데 특히 그 학교에서 배출해 낸 인재인 졸업생들의 의견과 자료가 중요

---

22) 이 글은 『기독교교육논총』 26권 제1호 (2011)에 실린 논문을 일부 수정 · 보완한 것임.

하게 된다. 학교에서 배출한 졸업생들이 그 학교에서 목표하였던 인재상에 얼마나 근접하였으며 학교 교육의 어떠한 면이 그러한 인재의 배출에 기여했는가 하는 것은 결국 학교 교육이 어떤 면에서 가치부가적 성과를 이루어내고 있는지 드러내기 때문이다(Holme 외, 2005).

서구 기독교학교 졸업생을 통한 교육적 성과 연구는 영국의 압 시온(Ap Sion)과 동료들(2007)에 의해 수행되었다. 1985년에서 2003년 사이에 이들 기독교학교를 졸업한 남자 졸업생 106명을 대상으로 설문과 면담을 통해 그들이 경험한 교육적 경험을 평가하게 했다. 면담을 통해 얻은 자료들을 네 가지 주제를 중심으로 분석하였다. 즉 교육의 질, 기독교적 양육과 도덕적 양육의 상황, 관계성의 질(학생 상호 간, 학생과 교사 간, 학생과 세상 사이의 관계), 졸업 후 진로 준비 등이다. 다수의 졸업생들은 그들이 졸업한 기독교학교에서의 경험에 대해 긍정적으로 진술했다. 특히 작은 학교와 소규모 학급으로 인한 장점들, 학생과 교사의 친밀한 관계성, 개별화된 학습, 영적, 도덕적인 성숙을 위한 신앙적 토대 형성 등을 중요한 학교의 교육 성과로 들고 있다. 반면에 학교 문화와 세상 문화 사이의 넓은 간극으로 졸업 후 대학 혹 사회 적응에 어려움을 겪었음을 말하였다. 그러므로 기독교학교는 학생들에게 기독교적 문화를 교육하는 동시에 넓은 세계에 대한 바른 인식을 하게 하여 학교에서 사회로의 전이를 쉽게 할 수 있도록 해야 할 것이다. 이러한 교훈은 우리나라 기독교대안학교에서도 귀 기울여 들어야 할 내용일 것이다.

한국 기독교대안학교의 역사가 10년이 지남에 따라 초기에 설립된 기독교대안학교들은 이미 졸업생을 배출하였고 이들은 대학에 진학하거나 사회에 진출하고 있다. 기독교대안학교 수혜자인 이들 졸업생들이 경험한 기독교대안학교의 교육을 어떻게 평가하는가 하는 것은 기독교대안학교의 성과를 설명하는 중요한 단서가 된다. 이들의 평가는 향후 기독교대안학교의 지속적 성장과 발전에 시사점을 준다는 면에서 매우 중요하다. 그러나 기독교대안학교의 성과 연구를 살펴보면 졸업생을 대상으로 그들이 갖는 출신학교에 대한 인식 및 평가, 출신학교에 대한 만족도, 그들이 인식하는 기독교대안학교의 성과와 경험을 분석한 접근은 찾아보기가 어렵다. 사실 기독교대안학교의 성과를 파악하기 위해 대안학교 출신의 졸업생들을 연구하는 것은 제한적인 면이 있는 것도 사실이다. 먼저 기독교대안학교의 역사가 10년을 조금 넘었고 대다수의 졸업생이 대학 진학을 선택하고 있어서 이들은 아직 사회인이 아닌 대학생의 신분일 가능성이 높다. 이로 인해 대안학교에서 강조하는 인성이나 가치관, 학업이 졸업생들의 삶의 어떤 영역에 어떠한 영향을 끼치는지 대안학교 교육의 장기적 성과를 파악하기에는 이른 감이 없지 않다. 그러나 어떤 학교교육이든 교육의 성과는 장기적인 면뿐 아니라 단기적인 면과 그 연결 과정을 살피는 것이 필요하다. 그런 의미에서 볼 때 기독교대안학교의 교육이 졸업생들이 사회에 진출하기 전에 거치는 대학 교육에의 적응과 역량 향상, 학업 성취와 만족도 등에 어떻게 영향을 끼치는지 살피는 것은 기독교대안 교육의 단기적 성과 탐색으로서 중요한 의미가 있다.

본 장에서는 기독교대안학교 졸업생들이 자신의 고교 경험을 어떻게 조명하는지 탐색하며, 사회인으로 진출하기 전에 거치고 있는 대학 교육에 어떻게 적응하고 학업과 생활면에서 성장하고 있는지 파악하고자 한다. 기독교대안학교의 경험이 이들 졸업생들의 일생에 영향을 끼칠 것을 전제한다면 그 첫 과정인 대학에서의 성장 과정을 파악하는 시도라 할 수 있다. 그들이 기독교대안학교의 경험을 어떻게 인식하고 해석하며, 현재 대학의 학업과 생활과 어떻게 연결시키는지 알기 위해 본 연구에서는 이들의 경험을 듣고 분석하는 질적인 접근을 시도하였다. 본 연구에서는 대학생이 된 기독교대안학교의 졸업생들이 지난 경험을 돌이켜 성찰하면서 경험에 의미를 부여하고 해석하는 과정을 통해 기독교대안학교 교육을 통해 무엇을 얻었다고 보는지 이들의 교육 성과에 대한 인식을 탐색하고자 한다.

본 장은 졸업생들이 인식하는 기독교대안학교에서의 경험과 학교 교육의 성과를 탐색하기 위해 다음과 같은 질문을 제기하고 이에 대한 답을 찾고자 한다.

첫째, 기독교대안학교의 졸업생들이 인식하는 대안학교의 교육 성과는 무엇인가?

둘째, 기독교대안학교 졸업생들은 그들의 대안학교 경험을 어떻게 묘사하며 그들의 경험이 교육의 성과와 어떻게 연관이 되는가?

셋째, 기독교대안학교에서의 경험은 대학에서의 학업과 경험에 어떻게 연관이 되는가?

II. 졸업생 인식 조사 방법

본 연구는 기독교대안학교의 졸업생들이 재학 시절에 겪었던 교육적 경험과 현재 대학생으로서 경험하고 있는 바를 분석함으로써 기독교대안학교의 교육 성과를 탐구하고자 한다. 대개 지금까지 학교 교육의 교육 성과를 연구하기 위하여 학업, 인성, 만족도 등의 영역으로 구분하여 각 영역에 맞는 평가 지표를 개발한 후 이에 따라 점수를 산출하여 분석하는 양적 연구 방법을 사용해 왔다(김양분 외, 2007; 임현정 외, 2008; 정택희 외, 2009). 그러나 이러한 연구 방법은 연구 결과의 신뢰도를 높이고 변인들 간에 비교·설명을 할 수 있는 장점을 갖고 있기는 하지만 학교의 개별적인 특성을 고려하지 못하고 교육 성과의 중요한 영역인 인성의 부분을 신뢰 있고 타당하게 측정하는 것이 매우 어려운 한계를 지니고 있다. 그러므로 기독교대안학교의 성과를 탐구하는 본 연구에서는 대안학교들이 갖는 개별적 독특성을 중시해야 하기 때문에 단일한 평가 지표에 따른 양적 연구보다는 개별 학교의 구성원들이 직접 그들 학교의 교육 성과에 대해 평가하는 목소리에 귀를 기울이는 질적 연구 방법을 채택하고자 한다.

질적 연구에서는 연구자가 갖는 준거 틀을 내려놓고 연구 참여자의 세계를 중시하여 그 세계를 배우고자 하는 태도를 갖는 것이 중요하다(김대현, 2006; 조용환, 1999; Byrnes, 2005). 기독교대안학교의 성과를 탐구하는 한 방법은 학교의 핵심적인 구성원인 학생들이 생각하는 바를 잘 듣고 해석하는 것이다(홍기순, 2010). 본 연구는 질적 연구가 흔히 하듯이 연구자와 참여자 사이의 대화를 통해 참여자 학교의 세계를 파악해 내는 방법을 취한다. 기독교대안학교 졸업생들의 교육적 경험을 들으므로 기독교대안학교의 내면을 들여다보고, 그들이 이야기하는 그들의 경험의 의미를 통해 그들이 인식하는 학교 교육의 성과를 살펴보고, 최종적으로 연구자들의 입장에서 그들이 인식하는 기독교대안학교 교육의 성과의 의미를 재해석하여 우리나라에서 기독교대안학교가 갖는 의의를 살펴보고자 한다.

1. 연구 대상자[23]

이 장에서는 기독교대안학교 졸업자들의 대안학교 경험과 진학한 대학에서의 경험을 살펴보기 위해 우선 기독교대안학교를 인가받은 학교와 비인가 학교의 두 유형으로 나누었다. 그리고 각 유형에서 2개 학교를 선택하여 총 4개 기독교대안학교의 졸업생을 연구 대상으로 하였다. 각 학교의 졸업생 중에서 그들의 기독교대안학교 경험과 가장 유사

---

23) 본 연구에 참여한 일부 졸업자들은 그들이 졸업한 학교의 책임자들로부터 추천을 받은 경우이다. 이런 경우 참여자가 졸업한 학교의 평균적인 학생일 가능성 보다는 학교의 성과를 긍정적으로 대변해 줄 인물이 선정되었을 가능성이 높음을 배제하기 어렵다. 실제 면담에서 몇 학생은 학교를 대변하는 입장에서 답변하려는 모습을 보이기도 하였다.

하리라 예상되는 O대학교에 진학한 학생 2명씩과 비기독계 혹은 대형 종합대학 등 그들의 경험과 상이할 것으로 예상되는 대학교에 진학한 학생 2명씩을 선정하여 최종 16명을 연구 대상자로 삼았다. 진학 대상 유형 및 출신 고교에 따른 대상자 분포는 아래 〈표 5-1〉과 같다. 더불어 O대학교에 진학한 학생들로서 일반고등학교 졸업자 4명을 추가로 인터뷰하여 동일대학교 내에서 기독교대안학교 출신의 학생이 갖는 경험이 이들의 경험에 비교하여 과연 독특한 것인지를 확인하는 근거로 활용하고자 한다.

〈표 5-1〉 연구 대상자 진학 대학 유형 및 출신 고교별 분류

진학 대학 유형	출신고 유형	출신고명	성별(학년)	진학 대학명
비기독교대학 혹은 대형 종합대학	인가 기독교대안	A 학교	여(4학년) 여(2학년)	I대 J대
		B 학교	여(1학년) 여(1학년)	K대
	비인가 기독교대안	C 학교	여(2학년) 남(3학년)	I대 L대
		D 학교	여(1학년) 남(1학년)	M대 N대
중소규모 기독교대학	인가 기독교대안	A 학교	여(1학년) 여(4학년)	O대
		B 학교	여(1학년) 남(3학년)	
	비인가 기독교대안	C 학교	여(1학년) 남(2학년)	
		D 학교	여(1학년) 남(2학년)	
중소규모 기독교대학	일반고	E 고 F 고 G 고 H 고	여(4학년) 남(3학년) 남(1학년) 여(2학년)	O대

2. 연구 절차

면담자료는 2010년 7월에서 9월까지 연구 대상자와의 면담을 통해 수집했다. 대학과 기독교대안학교와의 접촉을 통해 각 유형에 해당하는 학생들의 명단을 받고 이들에게 참여 여부를 확인한 후 면대면 면담이 이루어졌다. 면담은 한 시간에서 한 시간 반 정도 이루어졌고 면대면 면담에서 부족한 내용은 추가 온라인 이메일과 유선 면담을 통해 보완되었다. 면담의 내용은 참여자들의 동의를 얻어 녹음하였고 녹음된 자료의 전체 내용은 전사하여 내용 분석을 위해 활용하였다.

3. 면담내용 및 분석방법

면대면 면담의 내용은 크게 출신 고교에서의 경험과 진학한 대학에서의 적응과 경험으로 나뉜다. 출신 고교의 경우, 학교의 목표에 대한 인식과 평가, 학업/신앙/인성 교육/공동체의 경험, 그리고 전반적인 만족도와 인식하는 성과를 질문하였다. 진학한 대학에 대해서는 학업, 신앙, 공동체 및 관계에서의 적응, 그리고 대학에 대한 전반적인 평가와 만족도를 질문하였다. 각 질문에 대한 학생들의 응답 내용 분석을 위해 각 학생들의 응답 내용을 반복하여 읽은 후 각 질문에 대한 응답 중 유사한 주제의 응답 내용을 구분하여 내고 다시 세분화하는 접근을 시도하였다.

<표 5-2> 면담 질문 내용

출신 고교 관련	
목표	출신 고교 목표에 대한 인식 및 평가(실현정도)
학업/ 신앙/ 인성 교육/공동체	출신 고교의 학업/신앙 교육/인성 교육이 자신에게 끼친 영향 - 인성과 지식 교육의 갈등이나 조화, 성품에 끼친 영향 - 신앙 교육이 사고, 태도, 행동에 끼친 영향 출신 고교에서 교사, 학생과의 관계 및 자신에게 끼친 영향
학교에 대한 전반적 평가	출신 고교 교육의 가장 두드러진 성과 영역 및 이유 - 출신 고교 교육이 자신의 삶에 끼친 영향 및 이유 - 출신 고교 교육에 기대하는 개선사항
진학 대학 관련	
학업 면에서의 적응	대학 학업을 잘 수행하고 있는가 - 학업 동기, 자기 주도력, 학업 성취도 수준, 향상 정도
신앙 및 생활에서의 적응	대학에서의 신앙의 상태, 변화 및 성장 대학에서의 시간관리 및 생활에서 변화나 성장
공동체 및 관계에서의 적응	- 교수, 친구나 선후배와의 관계의 성격과 어려움
대학에 대한 전반적 평가 및 만족도	대학 진학 후 순조롭게 적응하고 성장하는가 - 대학 진학 후 어려움과 해결 방안 - 대학 학업 및 생활 만족 정도 및 이유

III. 졸업생을 통해 본 교육 성과

1. 출신 학교 교육의 목표에 대한 인식

기독교대안학교 졸업생들은 공통적으로 그들이 졸업한 학교의 교육 목표를 분명하게 인식하고 있었다. 지성과 인성과 신앙이 균형 잡힌 인간 형성을 위한 전인 교육을 학교의 중요한 목표로 삼고 있었다. 이러한 균형 잡힌 인간은 다른 사람에 대한 사랑과 사회에 대한 봉사나 리더십으로 나타나야 한다고 그들은 말했다.

모든 부분에 균형을 맞추어서 성장해라. 그래서 여러 영역을 골고루 활동하게 하고 누리게 하셨던 거 같아요. 그리고 무엇보다 먼저 인간이 되라고 하셨고 인간미 있는 인성을 키우라고 하셨던 거 같아요. 덕분에 교우 관계들이 참 활발했던 거 같아요. (D학교 졸업생)

항상 저희가 생각할 수 있는 나 이외에 다른 사람들을 사랑하자는 그런 걸 항상 배웠기 때문에 어떤 면에서는 정말 학교에서 해주는 교육은 구호만큼 정확했던 것 같아요. (중략) 어떻게 하면 더욱 더 내가 가진 능력으로 주변 사람들을 더욱더 행복하게 해 줄 수 있을까. 이 사회를 내가 어떻게 하면 더욱 더 봉사를 할 수 있을까 이런 면들을 많이 생각을 하고 그런 편이에요. (B학교 졸업생)

전인 교육에 대한 강조는 기독교대안학교 졸업생들의 말 속에서 일반적으로 나타나는 현상이다. 그리고 이에 덧붙여 학교에 따라서 학교의 고유한 목표들을 강조했는데, 대표적인 것이 글로벌 리더와 관계 하는 내용이다. 선교사 자녀와 외국 생활 경험이 많은 학생들이 다수 다니는 한 학교에서는 '세계 속의 나'를 강조하며 세계로 나가서 선교적 사명을 감당하도록 많은 격려를 받는다고 했다. 또한 시골에 위치한 한 학교에서는 생태 교육에 대한 강조를 많이 하여 자연 사랑은 하나님 사랑과 인간 사랑과 동일하게 중요한 학교 교육 목표로 교육되었다고 한다.

저희 학교의 기본 가르침은 '사랑으로 세계를 품어라'였어요. 교가도 세계는 나의 교실, 그런 식의 가르침이었던 같아요. 되게 좋았어요. 정말 모토에 맞는 가르침이었다고 생각해요. (C학교 졸업생)

자연사랑은 학교 주변의 마을에서 더불어 돕기를 하는 프로그램들이 있어요. 선생님들은 저희만 보내시는 게 아니라 함께 가셔서 농사짓는 법도 알려 주시고, 유기농, 생태 그런 것들에 대해 이야기 하시고 몸에 배도록 학습시켜 주세요. (B학교 졸업생)

이에 비해 일반계 고등학교의 졸업생들은 그들의 학교가 가진 교육 목표에 대한 특별한 기억을 갖고 있지 못하였다. 전혀 기억이 없다는 학생도 있었고, 대학 입시를 위한 학업이 강조되어 이를 잘 하기 위한 성실과 근면이 목표였다고 말한 학생도 있었다. 후자 학생은 잘 기억이 나지 않는 이유는 아마도 목표를 인식하고 체화하기 위한 구체적인 활동이 부재하였기 때문이라고 지적하기도 하였다.

특별히 추구하는 교육 목표 그런 것은 없는 것 같아요. E고가 특별히 추구하고 있는 교육 목표, 특별히 그런 건 없는 것 같아요. 그냥 대학 보내기인 셈이지요. 교훈은 원래 오래 되어서 생각이 잘 안 나는데, 성실, 근면, 그냥 앞에 정문 쪽에 쓰여 있으니까 그런 것 같아요. 정문 지날 때 외에는 보게 되지 않고, 또 선생님이 말씀해 준다던가 거기에 대한 특별한 수업이나 활동이 있었던 게 아니어서 기억에 남지는 않아요. (E고 졸업생)

기독교대안학교의 졸업생들은 학교 교육의 목표나 학교가 추구한 인재상에 대한 분명한 인식을 갖고 있는 것은 기독교대안학교가 교육 목표를 분명하게 지니고 있을 뿐 아니라 학교 구성원들에 의해 잘 공유되고 있음을 보여 준다. 기독교대안학교 학생들은 학교 교육의 목표를 인식하고 그것을 긍정적으로 수용하여 자신의 삶이 지향해야 할 방향으로 삼거나 구체적으로 자신의 개인적 목표로 전환한 모습을 보여 주었다. 한 학생은 학교에서 가르치는 대로 어려운 환경에서도 참되게 사는 교사들을 본받아 본인도 모교의 교사가 되겠다고 목표를 정하고 열심히 준비하고, 또 다른 학생은 잃어버리고 있던 어린 시절의 꿈을 고등학교에서 되찾아 지금은 열심히 과학도로서의 꿈을 향해 즐겁게 공부하기도 한다.

올바른 꿈을 찾은 거라고 생각해요. 왜냐면 예전에는 장래 희망이 뭐야 그러면 이것저것이 나오잖아요. 근데 C학교에 있으면서는 비전에 대한 교육을 되게 많이 받았기 때문에 그렇기도 하고 또 고3때 수능 공부를 하면서도 굉장히 기도하고 고민하고 엄청나게 많이 그랬거든요. 그리고 보는 관점이 되게 달라졌다고 말씀드렸는데 달라졌으니까 당연히 비전이 달라질 수밖에 없어요. 내가 '어떤 직업을 가져야 겠다'가 아니라 '어떤 삶을 사는 사람이 되어야 하는가'로⋯ '어떤 사람이 되자' 이런 게 비전으로 다가오니까 좀 더 삶에 있어서 편안해지더라고요. 덜 복잡하고 쉬워졌어요. (C학교 졸업생)

영향을 많이 받았던 것 같아요. 목표를 잡는 것에 있어서 교육받고 나가서 내가 도움을 줄 수 있도록 내가 생각하도록 만든 것 같아요. '배워서 남 주자' 이런 말도 있듯이 연결되는 것 같아요. 내 공부가 아니라 나중에 나가서 도움을 줄 수 있는 사람들에게 영향을 줄 수 있는 그런 사람이 되어야 겠다고 제 삶의 목표가 이 학교에서 세워진 것 같아요. (A학교 졸업생)

그러나 몇 기독교대안학교의 졸업생들은 학교에서 강조한 교육 목표를 수용하고 개인적인 목표로 전환하는 과정에서 간격이 있음을 지적하기도 하였다. 기독교대안학교의 학생 중 학교의 교육 목표를 수용하는 데 어려움을 겪는 학생들이 있기도 하며, 학교에서 선언적으로 강조하는 교육 목표가 실제 교육 현장에서 시행하는 교육에 연결되지 않거나 적절하게 녹아 들어가지 않는 아쉬움이 있다고 표현하기도 하였다.

개인마다 [학교의 교육 목표와 방향에 대해] 느끼는 차가 클 것 같아요. 대안학교 특성상 학교에서 강조하는 교육에 임하고 있는 자세가 굉장히 중요하거든요, 대부분은 학교의 교육 목표를 받아들이지만 그런 거 하나도 못 느끼고 졸업하는 친구도 있고, 우리 학교에 불만을 가지고 있는 친구들도 있었다고 생각해요. (B학교 졸업생)

하지만 [학교에서 지향했던 교육이] 단기적인 결과를 원하는 사람들 때문에 학교가 원래 의도했던 방향의 학습이 많이 지켜지지 못하고 입시 위주의 교육이 학교에 자리를 잡은 것에 많은 아쉬움이 남습니다. (C학교 졸업생)

2. 출신학교의 학업과 인성, 신앙 교육에 대한 의견

기독교대안학교 졸업생들은 학업과 관련하여 가장 큰 특징으로 자기주도 학습을 들었다. 교사들 대부분 강제로 공부를 시키지 않았고 학생들이 자율적으로 공부를 하도록 격려하였다고 한다. 자율성에 대한 강조는 연구자가 면담한 대부분 참여자들의 공통적인 답변이었다. 또한 공부에 대한 동기를 부여하는 방식의 다양한 수업 방법이 이루어진 점이 언급되었고, 특히 독서를 강조하는 한 학교에서는 학생들이 책을 많이 읽고 생각을 깊이 한 것이 도움이 되었다고 한다.

> 대안학교이다 보니까, 일반 인문계에 비하면 별로 높지 않았기 때문에 압박이 별로 없었던 것 같아요. 좀 여유를 가지면서 공부하는 자세 이런걸, 뭔가를 쫓아서 하는 게 아니라 내가 내 의사로 결정하고 공부하기를 마음먹게 되고요. [대부분 다른 곳은] 주입식이잖아요. 공부만 해야 하는데, 저희 학교는 그렇지 않았거든요. PPT를 준비 많이 해야 했고, 연극을 되게 많이 했고, 셀 분과를 하면 연극이었고 뮤지컬이었고, PPT를 한 학기에 3,4개은 준비해야 했는데, 자기가 먼저 배워야 알려 줄 수 있잖아요. 먼저 배워야 한다는 그런 자기 주도적 학습 능력이라고 했는데, 그런 걸 많이 배운 것 같아요. (A학교 졸업생)

출신학교에서 경험한 학업의 특징과 자신에게 끼친 영향을 말하도록 했을 때 이들 졸업생들은 교실 내외에서 활발하게 이루어진 교사와 학생의 상호 작용이 학업에 긍정적으로 영향을 끼치는 점을 특징으로 삼기도 하였다. 수준별 수업이나 평가, 교실 밖에서의 학업 지도 등 학습 방법에 대해 설명을 시작하다가도 교사들이 학생 개개인의 학습에 보인 관심과 열정을 언급하며 높이 평가하였다. 이와 같은 응답은 기독교대안학교의 공동체적, 관계 중심적 문화가 학업의 영역에도 스며들어 있음을 보여 주는 좋은 예가 된다. 특히 이러한 교사와 학생, 학생과 학생 간의 상호 작용은 일반계 학생들과 비교되는 영역이다. 이 부분은 일반고 출신의 졸업생들이 경험한 학업과 차이가 나는 부분이다. 일반고 출신 졸업생의 경우 학업의 특징을 구체적으로 설명한 경우는 거의 없었다.

먼저 각 수업마다 학기 끝나면 학생들한테 평가 받고요. 선생님들한테 들었는데, 그 평가를 선생님들이 한 명 한 명 다 읽고, 방학 때 합숙 훈련할 때 그 이야기를 나누신다고 들었어요, 그래서 실제로 개선이 되고, 선생님들이 평가받았던 부분에 대해서 이 부분은 잘못되었던 것 같다고 사과하시기도 하고, 선생님들이 사실 이런 부분은 이런 걸 추구했었는데, 잘못 전달 된 것 같다고 말씀해 주시기도하고요. (B학교 졸업생)

한 학년에 17명이었는데도 반을 나눠서 공부했어요. 수학을 하면 낮은 반 높은 반 이렇게 했고 영어도 수준별로 다 섞었어요. 작은 수임에도 불구하고 1,2,3학년 다 섞어서 한 선생님이 맡는 학생 수가 적어서 케어가 더 잘 할 수 있었던 것 같아요. 그리고 수업 시간에 이런 질문하면 부끄러울까 해서 잘 안하잖아요. 근데 그런 것이 부끄럽지 않고 진짜 되던 안 되던 질문을 많이 할 수 있었던 것 같고, 세계 역사 수업을 해도 단어도 어렵고 정치적인 용어가 나오면 듣고만 있는데, 잘 모르는 거에 대해서 스스럼없이 질문할 수 있었어요. (A학교 졸업생)

이처럼 기독교대안학교 졸업생들이 고등학교에서의 학업에 대해 긍정적인 반응을 보였지만 일부는 부정적인 면을 지적하기도 했다. 대표적으로 공부의 양과 내용이 부족하였다는 점과 학습의 분위기가 잘 갖추어지지 않았다는 점이다. 대학 공부에 필요한 수학이나 과학적인 지식의 부족으로 조금 어려움을 겪었다는 것과 노는 분위기가 강해서 입시를 준비하는 아이들이 공부하기가 어려웠던 점을 이야기하기도 했다. 개별적인 필요에 맞추어 공부하도록 격려하지만 실제 심화된 내용을 공부하고

자 할 때는 도움받기가 어려웠다는 이야기도 있었다. 시험 전 날 일어났던 도난 사건으로 인해 학업과 인성 추구를 병행한다는 것이 쉽지 않다는 한 학생의 이야기는 학업 성취와 인성 교육 모두를 추구하는 일이 쉽지 않은 기독교대안학교의 현실을 반영하는 듯하다.

> 시험 기간 전 날이었는데 도난 사건이 일어나서 시험 바로 전 날인데도 새벽 3시까지 이야기 했었어요. 어떤 학생들은 당장 내일이 시험인데 공부를 해야지 않겠냐 말하고, 한쪽에서는 우리 학교는 인성을 더 추구한다 말하고, 그러니까 한쪽에서는 학교는 공부를 해야 하는 곳이다. 뭐 이렇게 많이 대립하는 걸 보면서 두 마리 토끼를 잡는 것이 어렵다는 생각을 했어요. 선생님들도 그 부분에 대해 많이 고민하시며 대학에 안 가는 친구들을 지지해 주고 있지만 동시에 현실을 말해 주고 싶기도 하시고, 학생들도 정말 뭔가를 추구하고는 싶지만 대학에 가야될 것만 같은 현실이 있고요. 학교에서도 그래서 인성만 던질 수 없고, 공부만 하라고 말할 수 없는 어려움이 있는 것 같아요. (B학교 졸업생)

기독교대안학교에서는 학업에 대한 교육 못지않게 중요하게 여기는 것이 인성 교육과 신앙 교육이다. 졸업생들은 학교 교육을 통해 "인생을 새롭게 쓰는 경험"을 하기도 한다. 많은 학생들이 중요하게 배운 것으로 남에 대한 배려를 꼽고 있다. 기독교대안학교에 들어가기 전에는 남을 잘 생각하지 않았는데 학교에서의 배움과 경험으로 다른 사람을 생각하는 마음을 갖게 되었다고 한다. 다른 사람과 대화하고 교류하는 방법을 배운 것도 유사한 교육적 경험이라 할 수 있다. 이러한 배움은 무엇보다 학교의 공동체적 성격과 관계된다. 작은 규모의 학교에서 교사와 학생간의 관계가 매우 친밀하고 상호간에 신뢰감이 형성되어 있어 한 학생은 "부모님보다 더 부모님 같은" 교사로 묘사하기도 하였다. 학생 상호간의 친밀성도 학년을 초월하여 매우 높으며 이러한 관계는 졸업 이후에도 지속된다고 말하며, 그래서 학교에서의 인간 관계는 마치 가족과 같이 편안함을 느낀다고 한다.

> 좋았어요. 더 이상 좋다고 표현할 수 없을 만큼 국어 단어가 적절한 걸 찾지 못해서 말하기 어려운데 정말로 좋았어요. 선생님들과의 관계가 참 인간적이고 다정했던 것 같아요. 엄마가 나를 보는 그 눈과 그 표정으로 그 관심으로 돌보시는데 엄마보다는 좀 더 객관적이고 차분하게 조언도 해 주시고, 인생을 알려도 주시고, 수업이나 수업 외 동아리 시간에 지정된 선생님들이 따로 있었어요. 그 분들과 거의 1:1로 만남을 가졌어요. (A학교 졸업생)

이러한 기독교대안학교 졸업생들의 경험은 일반계 고등학교 학생의 경험과 비교된다. 일반계 졸업생들은 인성 교육에 대해 별로 할 이야기가 없다는 태도이거나 오히려 학생의 학업 서열과 비례하여 교사−학생의 관계에 이루어짐에 대해 안타까워했다.

> 학생이 버릇이 없어도 공부 잘하면 선생님들이 좋아하잖아요. 그런 것이 마음에 들지 않아도 뭔가를 표출하지는 못하지요. 선생님들이 애정을 쏟는 것이 아니라 예쁜 애는 그냥 예뻐하고, 뭔가 실력을 갖춰서 1등하는 애들은 그럭저럭 보고⋯. 예쁘거나 공부 잘하는 것이 아니면 아예 신경도 안 쓰고 방관자 같으셨어요. (G고 졸업생)

기독교대안학교의 졸업생들이 인간 관계의 친밀성을 가져오는 이유에는 기숙사 생활과 활동 중심의 교육 과정을 수행하였던 것이 중요하게 나타난다. 연구 대상 기독교대안학교에서는 모든 시간을 함께 공유해야하는 기숙사 생활이 한 학생의 표현대로 "친할 수밖에 없는 구조"로 작용하고 있는 것처럼 보인다. 기숙사 생활로 인해 학생들은 가끔 서로가 너무 가까워 불편하기도 하며 자신만의 사적 공간을 갖지 못해 아쉬워하기도 하지만 결국은 인간 관계에서의 성장이라는 긍정적인 경험으로 이해를 한다.

　　기숙사 생활과 공동체 등을 통해 타인과의 관계를 어떻게 해야 하는지 자연스럽게 경험할 수 있었습니다. 사실 아직도 이것이 저희 학교의 가장 큰 장점 중의 하나인 것 같습니다. 관계의 어려움을 다른 사람들보다 일찍 경험하고 어떻게 극복해나가는지를 통해서 일반 학교의 학생들보다 더 먼저 성숙해져 가는 것 같습니다. (C학교 졸업생)

　　남들과 맞춰갈 수 있는 그런 힘을 배우고 얻은 것 같아요. 학교에서 내 인성이 어떻게 바뀌었는지는 잘 모르겠는데 생각해보니 되게 많이 바뀌었어요. 혼자만의 세상에 갇혀 있었는데, 이제 밖으로 나와서 사람들과 교류하고 대화할 수 있을 만큼 관계에 대해서 자신 있어졌어요. '쿡'하고 찌르면 들어가던 성격의 제가 이제는 '쿡'한다고 들어가는 것이 아니라 제 중심과 상대방의 의중을 알고 조절하고 이야기할 수 있을 만큼의 성장이 이루어진 것 같아요. (B학교 졸업생)

　　신앙 교육은 인성 교육과 뚜렷한 구분 없이 학교의 전체적인 분위기 가운데 이루어진다. 물론 대부분 학교에서 예배 시간과 특강 시간을 이용해서 신앙 교육을 강조하기도 하고, 어떤 학교는 QT를 매우 강조해서 QT를 습관화시키는 것을 중요한 신앙 교육으로 보는 학교도 있다. 기독교대안학교 졸업생들 중에 고등학교의 교육에서 가장 두드러진 영향을 꼽으라고 할 때 신앙이라고 언급한 경우는 극소수이다. 그러나 학생들이 구체적인 언어로 표현하지 않았으나 신앙이 그들의 삶에 스며들었으리라 짐작되는 부분은 이들이 교사를 통해 학업뿐 아니라 삶의 모든 영역을 배워가고 있다고 말한 부분이다. 학생들은 선생님들의 헌신적 신앙과 인품의 모범을 보며 세상을 보는 관점을 배우게 되고, 신앙과 인격의 성장을 가져오게 된다고 말한다. 학생들이 기독교 신앙에 대해 긍정적으로 보게 되고, 신앙적 성장을 이루게 되는 중요한 요인은 교사들의 가르침과 헌신된 삶의 모습을 통해서이다.

저는 개인적으로 학교 선생님들, 선생님들이 저희와 같이 살잖아요. 그러니까 낮 시간에만 보고 마는 게 아니라 밤에도 보고 한정된 공간에서 일 년을 같이 사니까, 그 선생님들의 삶의 모습을 한 공간에서 다 보고 다 알고 그러니까 선생님들이 사는 모습을 보면서 제일 많이 배웠던 것 같아요. 그래서 수업 시간에 막 저희에게 동기 부여를 해 주시고 수업에 상관없이 저희에게 많은 이야기를 해 주시는데. 그 희생도 물론 저에게 많은 이유가 되요. 감동이 되고. 그렇지만 거기서 보여 주신 모습들이 굉장히 감동이 되고 조심스럽죠. (C학교 졸업생)

3. 출신 학교 교육 전반에 대한 졸업생들의 평가

기독교대안학교의 졸업생들은 졸업한 학교에 대해 매우 긍정적으로 평가를 하였다. 일반고등학교 졸업생들이 대개 고등학교 생활을 힘들게 보냈다고 기억하거나 별 특별한 기억이 없는 것으로 말하는 것에 비해 기독교대안학교 졸업생들은 고교 생활이 매우 행복했다고 말한다. 기독교대안학교 졸업생들은 자신들의 고등학교 교육의 성과를 무엇으로 보고 있을까? 가장 많이 언급된 부분은 인성 부분, 특히 공동체 경험을 통해 자신을 잘 알게 되고 타인과의 관계를 어떻게 해야 하는지 배우게 된 점이었다. 좋은 친구들과 존경하는 선생님들을 만난 것이 고교 생활에서 얻은 큰 성과로 보기도 한다. 학교 교육을 통해 자신의 꿈을 찾기도 하고 꿈의 실현을 위해 노력하는 삶의 태도를 배운 점도 소중하게 말한다. 세상을 보는 관점의 변화를 학교 교육의 성과로 보기도 하고, "공평과 너그러움이 있는 공동체"를 경험할 수 있었던 것을 가장 중요한 성과로 보기도 한다.

저는 자기를 돌아보게 만드는 교육, 자기가 먼저 겸손하게 낮아지는 교육, 그리고 세계를 넓지 않게 볼 수 있는 눈을 가지게 만든 것이라고 생각해요. 세계를 넓게 보면 넓고, 좁게 보면 좁은데 저희 학교에서는 세계가 넓지 않고 좁다는 걸 많이 알게 하였어요. 그 부분이 제가 얻은 가장 큰 성과라고 생각해요. (A학교 졸업생)

학업 면에서의 성과에 대해서는 졸업생에 따라 차이가 있었다. 졸업생들이 긍정적으로 학교 교육에 대해 평가를 하면서도 한편 학교에 대한 개선책 혹은 아쉬운 점을 지적하기도 했다. 학생들의 자율성을 존중하는 학교의 분위기 덕분에 자기 주도적 삶을 살 수 있었고, 대학 생활을 미리 경험하며 오히려 대학에서는 공부하고 싶도록 스스로 동기가 부여된 점을 이야기하는 경우도 있었으나 면담을 한 여러 학생은 학교가 학업의 분위기를 좀 더 강화하여 학생들에게 공부를 더 시켜야 할 것이라고 제안을 했다. 학업에 필요한 시설의 부족을 지적한 학생도 있었다. 대개 학생과 교사들의 관계가 친밀하지만 그 중에서도 소외받는 학생들이 있고, 교사들이 모든 학생들에게 보살핌을 베풀기에는 교사에게 주어진 과업이 너무 많은 것이 아닌지 염려하는 학생도 있다.

인터뷰에 참여한 졸업생 중에는 학교가 온실의 역할을 하는 것이 아닌지 의구심을 보이기도 했다. 현실과 너무 동떨어진 환경에서 지내는 것이 사회에 적응하는데 어려움을 겪게 할 수 있다는 점을 지적한다. 이와 비슷하게 학교에서 실패를 피하게 할 것이 아니라 오히려 실패의 경험을 하게하고 적극적으로 도전의 기회를 갖도록 하는 교육이 필요하다고 지적하기도 했다.

아무리 대안학교라고 해도 애들이 점점 많아지면서 선생님들이 못하는 애들을 따로 돌보기에는 너무 인원이 부족해요. 그 때 저희 반의 목표는 졸업 시키는 거 반 내보내는 게 목표였거든요. 성적 올려가지고. 근데 그 밑에까지 다 돌보기에는 부족한 게 많이 있었죠. 그게 되게 딜레마죠. 학교에 아쉬운 건 이런 거죠. 하위에 있는데 선생님 손이 닿지 않아서 삐딱해 지는 애들이 있는데 이 아이들을 일일이 다 돌보기에는 선생님들이 할 일이 너무 많거든요. 제가 좀 아쉬운 건 그거죠. 메이저리티가 있으니까 마이너리티는 잘 신경 안 쓰게 되거든요. (C학교 졸업생)

4. 졸업 후 대학에서의 적응과 생활

과연 기독교대안학교 졸업생들은 대학에 진학하여 어떻게 적응하고 생활하고 있는가. 고교에서의 배움이 대학의 교육으로 순조롭게 전환하며 대학의 학업, 진로, 생활에서 잘 적응하고 있는가를 살펴보았다. 특히 고교 때와 비슷한 기독교계 대학에 진학한 경우와 일반 대학에 진학한 경우 학생들의 대학 적응과 생활에서 차이를 보이는지 탐색하였다.

먼저 기독교대안학교 졸업생 중 일반 대학에 진학한 이들은 대학 진학 후 자신들의 모교와 너무 다른 환경에서 적응하기에 어려움을 겪으면서도 시간이 지남에 따라 고등학교에서 배운 바대로 실천하며 대학생활을 성실하게 해 나가고 있음을 알 수 있다. 대학 초기에 학생들이 자주 어려움을 느끼는 것은 인간 관계이다. 대안학교 시절 교사들과 그리고 다른 학생들과 마음을 나누며 친밀하게 지냈던 것과는 달리 대학에서는 교수나 학생들과 관계 맺기에 어려움을 느낀다는 것이다. 생활이 너무 바빠서 다른 사람들과 관계 맺기가 어려운 학생도 있고, 가치관의 차이나 자기중심적인 학생들의 모습으로 거리감을 느끼는 경우도 있다고 한다. 학생들은 어려움을 스스로 극복할 수 있는 역량을 고교 교육을 통해 키웠는데, 특히 시간 관리에 대한 훈련이 잘 되어 대학 생활에서 자율적으로 계획을 세워 공부를 한다는 학생이 많았다. 고교 교육을 통해 삶의 방향을 확실하게 정한 것도 대학 생활을 성공적으로 할 수 있는 요인이 되기도 한다.

기숙사의 친구와 조 친구들과는 꽤 친해졌어요. 근데 아이들은 좀 수동적인 거 같아요. 시키는 건 아주 잘하는데, 시키지 않은 걸 나서서 하지는 않아요. 전 고등학교 땐 수동적이라는 평을 들었는데 여기오니 굉장히 적극적이란 평을 듣고 있어요. 아주 만족해요. 그런데 역시 삶을 나누는 건 아니니까. 원인은 공부가 많은 탓도 있고. 성향 탓도 있지만 이 곳 자체가 경쟁 사회기 때문에 그런 거 같아요. 이 부분이 D학교와 다

른데 적응해야죠. (D학교 졸업생)

기독교대안학교 졸업생 중 고교와 비슷한 분위기인 기독교계 대학에 진학한 학생들은 활발하게 활동하며 "즐겁게" 적응 중이라고 표현한다. 그러나 대학 입학 이후 학업이나 인간 관계면, 시간 관리나 진로 면에서 볼 때 졸업생들은 고교의 영향으로 긍정적으로 적응하는 부분과 오히려 어려움이 되는 영역이 있음을 인식하고 이러한 차이를 줄이고 균형을 맞추기 위하여 노력하고 있었다. 학업의 경우 기독교대안학교 교육을 통해 자기 주도적 학습이나 에세이 작성 등의 공부하는 훈련과 방법이 익숙하여서 대학의 학습에 수월하게 적응하였다고 말하는 반면, 학습적 준비가 미흡하여 특정 과목의 경우 어려움이 있다고 말하기도 하였다.[24] 대입 후 인간 관계 면에서는 고교 때의 공동체 훈련을 통해 교우나 소속팀, 교수와의 관계가 편안하고 친밀한 것으로 나타났으나 동시에 고교 때 교우 관계의 깊이에 비해 부족함을 느낀다고 하였다. 신앙 영역 역시 고교 때와 달리 자신의 신앙 고백으로 신앙 생활을 유지하는 과정을 거치고 있었다. 일반계 출신의 졸업생 역시 그들이 경험한 고교와는 다른 학습 환경과 인간 관계에 적응하기 위한 노력을 경주한다는 면은 비슷하다. 일반계 출신이나 대안학교 출신 모두 고교에서 대학 교육으로 전환하면서 적응하기 위해 노력한다는 공통점을 갖고 있으나 다른 형태의 고민을 하고 있음을 알 수 있었다.

일반대에 간 친구들 이야기로는 술 담배와 같은 문제로 고

---

24) 실제 이 대학에서 실시한 대안학교 출신자 학업 만족도 분석 자료를 보면 이러한 학업의 어려움은 실제에 근접하는 것으로 분석된다. 20여 전형의 입학생 대상으로 입학 후 대학의 학업 성취도를 보면 평점 3.5이상 성취도를 보인 학생 비율이 타 전형에 비해 낮은 것으로 나타났다 (예, 대안학교 전형의 경우 2006, 2007년도 각각 20%, 36%인데 비해 정시전형의 경우 약 47%, 48%를 보였다). (이은실 외, 2009)

민하고 기도한 아이들이 많아요. 자신들이 학교에서 배웠던 것들을 실천하지 못한다는 자책감과 부담감을 갖는 아이들도 있는 것 같고요. 기독교대학인 이곳에서는 또 다른 아쉬움이 있어요. 여기는 예배도 있고 기도실도 있어서 신앙 생활을 잘 유지해갈 수 있는 연결성이 높은 편인데도 고교 때에서 했던 만큼 기도하지 않고 말씀 보지 않고 더 많은 시간이 내게 주어 졌는데 왜 못할까 하는 회의감 같은 것이 들 때가 있어요. 의식적으로 예배에 많이 가고 QT를 잘하도록 시간 관리표에 가장 우선으로 표시하고 있어요. (C학교 졸업생)

고등학교 때는 정해진 영역의 시험 공부만 하면 되지만, 대학에서는 더 전체적인 흐름을 중심으로 공부해야 해서 어려운 부분이 있었어요. 선택형, 단답형, 수행 평가 명목의 주관식 문제들 위주였던 고등학교와 달리 서평, 그룹 발표, 보고서 등의 새로운 학습 방법은 처음 적응할 때 어렵기도 했지만 동시에 신선하여 좋았어요. (E고 졸업생)

시간 관리의 영역은 고교에서 자율적 학습에 익숙한 기독교대안학교 출신 학생들에게 강점으로 나타나는 영역이라고 보았으나 대학에서 다양한 활동과 학습을 병행하면서 자율적인 시간 관리의 능력을 더 향상시키려 하고 있다는 응답은 기독교대안학교 학생이나 일반계 고등학교 졸업생이나 비슷하였다. 향후 진로와 전공에 대해서 볼 때 기독교대안학교 졸업생들은 출신 고교에서 자신에 대한 성향과 재능에 대한 인식이 이루어져서인지 진로나 전공과 관련하여 시행착오를 하거나 고민하였던 내용을 말하는 졸업생들은 그리 많지 않았다. 이러한 응답은 일반계 출신의 졸업생들에게도 마찬가지였다. 아마도 O대학교에서는 1학년 무전공 제도 속에서 원하는 전공을 선택할 수 있고 전공 변동이 매우 수월하여서 기독교대안학교 출신이나 일반계 출신 모두 전공에 대한 만족도가 비슷하게 높았던 것으로 분석된다.

IV. 나가는 말

이 장에서는 기독교대안학교 출신 대학생들의 학교 경험 이야기를 통해 이들 졸업생들이 인식하는 대안학교의 교육 성과와 그들의 고교 경험을 분석하고, 이러한 경험이 대학의 학업과 경험에 어떻게 연결되고 있는지 살펴보고자 하였다. 특히 대학 교육에의 적응과 경험은 출신 고교와 비슷한 문화를 갖고 있는 대학인 경우와 그렇지 않은 경우 차이가 있을 것으로 짐작한다. 따라서 이 연구에서는 기독교대안학교 출신 대학생 중 비슷한 문화를 갖고 있는 중소 규모 기독교대학에 진학한 졸업생들과 비기독교 대학이거나 대형 종합대학교에 진학한 졸업생을 중심으로 이들의 경험을 분석하였다. 이 연구에서 찾고자 하는 연구 질문에 따른 결론은 다음과 같다.

1. 졸업생들이 인식하는 대안학교 교육 성과

기독교대안학교 졸업생들이 대안학교 교육을 통해 얻었다고 인식하는 성과는 삶을 보는 시각의 변화, 상호 신뢰의 인간 관계 경험, 그리고 자기 주도적 학습 능력으로 요약할 수 있다. 각자의 재능에 따라 섬기는 삶을 살고자 하는 이들 졸업생들의 이야기는 주로 학교 교육의 목표를 인식하고 수용하며 학업 과정을 통해 자신의 관점으로 발전시켜 가는 과정 중에 있는 것으로 나타났다. 보다 구체적인 영역을 보면 자기 주도적으로 학업을 수행해 가는 기술을 익힌 것과 교사나 동료 학생들과의 만남 및 관계를 큰 성과로 꼽았다. 이러한 학교 교육의 성과는 공부에 대한 자발성과 학교 교사에 대한 높은 만족도 등을 기독교대안학교의 교육 성과로 본 4장의 연구 결과와 매우 유사함을 알 수 있다. 기독교대안학교 졸업생들의 인식은 그들이 고교와 비슷한 문화를 가진 중소 규모 기독교대학에 진학을 하였거나 문화가 상이한 비기독교 대학 혹은 대형 종합 대학에 진학한 것과 관계 없이 유사하였다. 졸업생들이 인식하는 관계 면에서의 성과는 기독교대안학교 교사들의 열정과 더불어 학교들의 처한 물리적 환경, 즉 기숙사 생활을 하는 소규모 학교의 특성과 무관하지 않다고 본다. 동료 학생들과의 만남 및 관계를 큰 성과로 꼽은 기독교대안학교 졸업생들의 결과는 최근 중소 규모 기독교대학인 O대학에서 대안학교 출신자 재학생을 대상으로 실시한 출신 고교 만족도의 결과와도 일치하고 있다(이은실 외, 2009). 이 보고서에서 보면 대안학교 출신의 학생들에게 출신 고교의 생활 만족도와 수업 만족도를 질문하였을 때 대부분의 경우 출신고교 생활 만족도가 출신 고교 수업 만족도보다 높게 나타났다.

2. 졸업생이 인식하는 대안학교 교육 성과와 학교 경험과의 관계

학교가 계획하는 교육의 성과를 이루기 위해서는 학생을 비롯한 학교 공동체가 지향하는 교육 목표를 수용해야 하며 특히 학생들의 구체적인 삶 속에서 이를 연습하고 자기 것으로 소화시킬 수 있도록 돕는 것을 의미한다. 본 연구에 참여하여 자신들의 기독교대안학교 경험을 공유한 졸업생들은 대다수 학교의 교육 목표를 수용하고 자신의 삶의 방향을 그에 맞추어 재조정하는 과정을 거치고 있음을 알 수 있다. 학교에서 지향하는 교육의 목표가 교육의 현장에 구체적으로 스며들지 않는 경우에는 학생들이 혼란을 겪는 경우도 있었다. 특히 기독교대안학교에서는 학업과 인성 교육이 통합된 개념으로 이해하고 시행하는 것이 바람직하나 학생들은 각각을 분리하여 이해하고 있었다. 기독교대안학교 학생들이 자신의 경험을 교육 성과와 연결시키기 위해서는 이들이 학업과 인성을 아우르는 시각을 갖도록 하는 일이 중요하겠다.

졸업생들이 교육 성과로 꼽은 교사와 동료 학생과의 친밀한 관계 및 만남, 상호 작용은 교육은 만남이라는 명제를 확인하게 한다. 특히 작은 기숙형 학교의 특성에 두드러진 환경적 경험에서 나온 관계 중심 문화가 수업의 현장에서는 협력 학습과 자기 주도 학습의 학습 공동체로 발전되고 있음은 다행한 일이라 하겠다. 그런데 면담을 통해 볼 때 때로 학습 성취 동기가 높고 학습 난이도가 높은 과정을 배우고자 하는 소수 학생들의 요구는 어떤 방향에서 구체적으로 수용되는지 알기가 어려웠다. 자기 주도 학습의 요소 중 하나는 필요한 자원을 찾아내고 요청하는 행동적 기술이 포함되는데 그러한 요구를 학교에서 어떻게 반영하고 있는지 궁금하다. 졸업생들이 인식하는 대안학교의 교육 성과와 학교 경험 역시 졸업생들이 어떤 유형의 대학에 진학하는가의 여부에는 크게 영향을 받지 않은 것으로 보인다.

3. 기독교대안학교의 경험과 대학에서의 학업 및 생활과의 관계

중등 과정의 학교 교육에서 고등 과정의 학교 교육으로의 전환은 어느 고등학교 졸업생에게나 적응을 요하는 과업이다. 여기서는 과연 기독교대안학교의 졸업생들은 일반 학교의 졸업생보다 이 과업을 용이하게 수행하는가, 그리고 비슷한 문화로의 적응이 더 수월하겠는가 하는 질문을 다루게 된다. 학업 적응에서 볼 때 기독교대안학교 졸업생들은 대학에서의 수업을 전반적으로 원활하게 잘 진행하는 것으로 나타난다.

그러나 앞서 다룬 것과 같이 특정 영역이나 과목에서 어려움을 겪고 있다. O대학에 진학한 졸업생들의 경우 영어의 준비가 부족하여 영어 진행 수업을 따라가기 어려워하거나 수학이나 과학 분야의 기초가 약하여서 관련 과목의 학습에서 어려움을 겪는다고 하였다. 이러한 특정 분야의 학습력 부족은 전공 선택과 향후 진로 선택에서 제한을 받을 수 있으리라 예측된다. 따라서 다양한 경험과 재능 개발, 인성 교육을 목적으로 특성화된 교과를 운영하면서도 졸업생들이 대학에서의 전공 선택과 향후 진로 선택에 다양성을 갖도록 어떻게 지도할 것인가라는 질문은 앞으로 기독교대안학교가 풀어가야 할 과제라 본다.

공동체 훈련을 통해 자신을 알고 타인을 아는 인간 관계 능력을 함양한 기독교대안학교 졸업생들은 대학에서도 각종 학교 프로그램에 적극적으로 참여하며 대학의 다양한 생활 영역에서 높은 만족도를 보이고 있다. 이는 이들 졸업생이 대학 생활에 잘 적응하고 있음을 의미한다. 특히 대안학교 출신의 재학생들은 선배와 동료와의 관계에 대한 만족도가 높아서 기숙 생활이나 관계를 중요하게 여기는 환경에서 생활했던 대안학교 출신자들이 출신 학교와 비슷한 문화 환경을 갖고 있는 대학에 진학한 경우 대학 생활에의 적응이 더욱 용이한 것으로 보인다.

졸업생이 대학에 진학한 후 대부분의 영역에서 만족하는 것과는 달리 신앙 부분에서는 큰 만족을 보이지 않고 있다. 한 면담 학생이 말한 바와 같이 이제 "보호막이 없는 곳에서 자신의 신앙을 스스로 훈련해야 한다"는 것이다. 이러한 상황은 예배와 영성 프로그램, 기독교 모임이 잦은 기독교대학에서도 마찬가지이다. 기독교대안학교 졸업생들은 이제 스스로 선택하고 참여하고 훈련해야 한다는 부담을 갖고 있다. 기독교대안학교 중 특히 영성을 강조하고 각종 프로그램이 많았던 학교 출신의 졸업생일수록 이러한 부담은 크게 마련이다. 앞서 인용한 보고서에 의하면 실제 대안학교 출신의 대학생들이 입학 후 인성, 지성, 영성, 감성,

사회성, 리더십, 국제화 능력에서 얼마나 향상하였는지 자가 평가하도록 요청한 경우 유일하게 향상을 보이지 않은 영역이 바로 영성 영역이다. 기독교대안학교의 졸업생들이 보호막과 공동체 속의 신앙을 어떻게 넘어서야 할지 대학 측에서도 진학 후 지도가 필요하겠으나 기독교대안학교에서도 장기적 안목의 신앙 교육을 고민해야 하리라 본다.

기독교대안학교 출신의 학생이 기독교계 대학을 선택했을 때와 비기독교 대학에 진학했을 때 어떤 경험의 차이가 있는지에 대해서는 이 연구에서 명료하게 드러나지는 않았다. 다만 비기독교 대학으로 진학한 학생들은 자신의 모교에 대한 높은 만족도와는 달리 대개 자신이 현재 재직하고 있는 대학에 대해서는 만족도가 낮은 편이었다. 그것은 대학의 사회적 평판과 관계없이 그 대학에서 교수와 다른 학생들과의 관계에서 자신들이 대안학교에서 경험했던 것과는 사뭇 다른 경험을 하기 때문이라고 볼 수 있다. 비기독교대학에 진학한 학생들은 자신과 생각이 다른 사람들과의 관계와 대안학교와는 다른 학교 문화에서 오는 어려움을 토로하기도 한다. 이는 영국의 기독교학교 졸업생들이 경험하는 것과 유사한 현상으로 기독교대안학교들이 주의를 기울여야 할 부분으로 보인다(Ap Sion, et al., 2007).

기독교계 대학을 선택한 한 학생은 "너무 보호되는 느낌이어서 나중에 적응을 못할까 걱정된다"고 염려하는 학생이 있었으나 과연 비기독교계 대학에서 더 잘 적응하고 사회에 진출한다는 보장 역시 미지수이다. 기독교대안학교의 성과는 기독교대안학교 출신의 학생들이 사회에 나가 사회의 일원으로 활약할 무렵에 더 명확해지리라 본다. 기독교대안학교의 성과를 연구하는 일은 졸업생들이 진학한 대학의 유형에 따라, 선택한 진로에 따라 어떻게 이 사회에 영향을 끼치게 되겠는지 기독교대안학교 1세대인 이들의 삶을 지속적으로 추적하여 그 흐름을 파악해야 하는 장기적인 과제가 될 것이다.

기독교대안학교의 졸업생들이 인식하는 학교 교육의 성과와 경험에 대한 본 연구는 기독교대안학교가 앞으로 더욱 발전하기 위하여 참고해야 할 시사점을 다음과 같이 제시하고 있다.

　　첫째, 기독교대안학교 졸업생들이 학교에서 신앙적 성격이 강한 공동체의 경험을 통해 좋은 인간관계를 경험한 것은 중요한 학교 교육의 성과라 할 수 있다. 그러나 신앙을 강조하는 대안학교 졸업생일수록 자신과 다른 사람들과의 관계 맺기에 어려움을 느끼는 경향이 있다. 이는 기독교대안학교 교육에서 보다 폭넓은 경험을 하게하고 다양성에 대한 교육이 더욱 요구됨을 알려 준다.

　　둘째, 기독교대안학교가 학생들의 진로 지도를 위해 개별적인 은사를 개발하고 지원하여 대학에 적절하게 진학하도록 교육하는 성과를 보여 준다. 그러나 기독교대안학교에서 자연계 과목과 관련해서 충분하지 못한 지원은 학생들의 진로 교육에 부정적으로 작용하고 있다. 이 문제는 대안학교의 열악한 재정적 실태와 관련 있기도 하지만 학교는 이 문제에 대해 보다 적극적으로 대응할 필요가 있다.

　　셋째, 기독교대안학교의 교육 목표가 비교적 뚜렷하고 졸업생들이 그것을 분명하게 인지하고 있다는 사실은 학교의 교육 성과가 높게 나타날 가능성을 보여 준다. 그러나 교육 목표가 학생들의 학업과 긴밀하게 통합되지 못할 때 학생들은 혼란을 가질 수 있다. 그러므로 신앙과 인성 교육이 지식 교육에 어떻게 접목될 것인지에 대해 깊은 연구와 실천이 필요하다.

참고 문헌

강영혜, 박소영 (2008). "특성화 고등학교의 실태와 개선 방안 연구." 한국교육개발원.

강영택(2010). 기독교대안학교의 교육 성과에 대한 질적 사례 연구. 신앙과 학문, **Vol**.15 **No**.1, 31-58.

강영택. 이은실(2011). 기독교대안학교 졸업생들이 인식하는 교육 성과에 대한 질적 연구. 기독교교육논총, **Vol**.26 **No**.-, 481-515.

강영택, 황병준, 김현숙, 박상진, (2009)『입시에 대한 기독교적 대응』서울: 예영커뮤니케이션,

고병헌 외 (2009).『교사, 대안의 길을 묻다』. 서울: 이매진.

교육인적자원부(2007).『대안 교육 백서: 1997-2007』. 서울: 교육인적자원부.

기독교학교교육연구소(2007).『기독교대안학교 가이드』. 서울: 예영커뮤니케이션.

김양분, 강상진, 유한구, 남궁지영 (2003). "학교 교육 수준 및 실태 분석 연구: 고등학교." 한국교육개발원.

김양분, 박병영, 남궁지영, 황지희 (2007). "학교 교육의 실태 및 수준 분석: 중학교 연구 (II)." 한국교육개발원.

김태연 (2008). 『대안 학교와 대안 교육 정책』. 서울: 한국학술정보.

김희규 (2004). "Senge의 학습 조직 이론의 학교 적용에 관한 연구." 『교육 행정학 연구』, 22(1), 67-87.

민들레 편집실 (2005). "대안학교가 제도화된다?" 『민들레』. 42호, 130-140.

박상진. (2006) 『기독교학교 교육론』. 서울: 예영커뮤니케이션.

박상진 (2007). "기독교대안학교의 정체성에 관한 논의." 기독교학교교육연구소 주최 세미나 자료집.

박상진(2010). 기독교대안학교 유형화 연구. 장신논단, 제37집.

박상진, 조인진(2011). 기독교대안학교 영역별 교육 성과 분석 연구. 장신논단, 제41집.

박상진, 조인진(2011). 한국 기독교대안학교의 유형 분류에 대한 연구. 신앙과 학문, Vol.16 No.3. 121-145.

박영재. (2005). 대안학교 교육을 이수한 학생들의 경험과 변화. 석사 학위 논문, 경남대학교.

배유태. (2006). 기독교적 대안학교의 모형 연구: 세인고등학교, 풀무농업기술학교 사례를 통해. 석사 학위 논문, 한일장신대학교.

사토마나부 (2001). 『교육 개혁을 디자인한다』. 서울: 공감.

사토마나부 (2006). "교육의 공공성과 자율성의 재구축으로." 2006년 한국교육학회 초청강연.

손영덕 (2003). "대안학교 교육 만족도 연구." 석사 학위 논문. 연세대학교.

엄재춘 (2005). "대안학교의 실태 분석을 통한 개선 방안 연구." 석사 학위 논문. 부산대학교이병환, 김영순(2008). 『대안 교육의 실천과 모색』. 서울: 학지사.

이선숙 (2001). 『대안학교와 학생들의 생활 이야기』. 서울: 교육과학사.

이수광 (2005). "공교육에 대한 기독교적 대안, 어떻게 볼 것인가? 에 대한 논찬." 기독교대안학교연맹 심포지엄.

이시호. (2002). 생태학적 기독교대안학교에 대한 한 연구: 풀무농업 고등기술학교를 중심으로. 석사 학위 논문, 서울신학대학교.

이종태(2001). 『대안 교육과 대안학교』. 서울: 도서출판 민들레.

이정미. (2006). 기독교학교 자체 평가 준거틀. 기독교대안학교 평가, 어떻게 할 것인가? 기독교학교연구소 세미나 자료집.

이은실, 변수연, 권지은. (2009). 대안학교 전형 선발 기준 개발 연구: 서류 평가 방안을 중심으로. 한동대학교 교무처 입학사정관실 연구보고서. 포항: 한동대.

이춘화 (2004). "대안학교 교육 만족도 분석." 석사 학위 논문. 공주대학교.

이해우 (2002). "효과적인 학교의 특성 분석을 통한 학교 경영 체제 모형 탐색." 『교육학 연구』.   20(1), 233-255.

이혜영 황준성, 강대중, 하태욱, 문혜림(2009). "대안학교 운영 실태 분석 연구". 한국교육개발원

이혜영, 강영혜, 박재윤, 나병현, 김민조 (2008). "미래학교 모형 탐색 연구." 한국교육개발원.

이희순. (2006). 기독교초등대안학교의 교육 과정 비교 연구: 어린이 학교, 두레학교, 샘물기독교학교를 중심으로. 석사 학위 논문, 장로회신학대학교.

임현정, 김양분, 장윤선, 기경희 (2008). "학교 교육 실태 및 수준 분석: 초등학교 연구 (II)." 한국교육개발원.

장선희(2002). "우리나라 기독교대안학교 사례 연구" 석사 학위 논문.

연세대학교 교육대학원.

정택희 외 (2008). "한국의 교육 지수 개발 연구: 학교 교육 성과 지수를 중심으로." 한국교육개발원.

정희영 (2009). "기독교교사 교육 프로그램 현황 분석." 『신앙과 학문』. 14(2), 197-223.

조용환 (1999). 『질적 연구: 방법과 사례』 서울: 교육과학사.

조인진(2010). 기독교대안학교 교육 성과 분석을 위한 평가 지표 개발. 신앙과 학문, Vol.15 No.1. 153-184.

최정윤, 이정미, 정진철, 성태제 (2007). "한국 대학의 질적 수준 분석 연구 (I)." 한국교육개발원.

최정윤, 이정미, 나민주, 이병식 (2008). "한국 대학의 질적 수준 분석 연구 (II)." 한국교육개발원.

현병호(2005). "대안 교육과 전망과 과제." 제 2차 카톨릭적 대안 교육 교사연수 자료집, 양업고등학교. 18-28.

홍기순. (2010). 대안학교 학생들의 학교 생활 경험에 관한 질적 연구. 신앙과 학문, 15(3), 327-355.

Ap Sion, T., Francis, L., & Baker, S. (2007). *Experiencing education in the new Christian Schools in the United Kingdom: listening to the male graduates*. Journal of Beliefs & Values, 28(1), 1-15.

Bryk, A., Lee, V, & Holland, P. (1993). *Catholic Schools and the Common Good*. Cambridge: Harvard University Press.

Byrnes, R. (2005). *To improve high schools, listen to the insights of students*. Education Week, 24, 39.

Sloan, Douglas (1983). *Insight-Imagination: The Emancipation of Thought and the Modern World*. Westport, Conn.: Greenwood Press.

Glesne, C. (2006). *Becoming Qualitative Researcher: An Introduction*. Allyn & Bacon. 안혜준 역 (2008).『질적 연구자 되기』. 서울: 아카데미 프레스.

Holme, J., Wells, A., Revilla, A. (2005). *Learning through experience: What graduates gained by attending desegregated high schools. Equity & Excellence in Education*, 38, 14-24.

Hoy, & Miskel (1999). *Educational Administration: Theory*, Research, and Practice. 송화섭 역 (2000).『최신교육 행정의 이론탐색과 실제』. 서울: 학문사.

Ilich, Ivan (2004). *Deschooling Society*, 심성보 역.『학교 없는 사회』. 서울: 도서출판 미토.

Kang, Y. (2006). "Building Authentic Communities Within Schools: A Case Study of Two Korean High Schools." Ph.D. Dissertation. Michigan State University

Kim, K. (2009). "Perception Of the Rationale For the Establishment of Christian Alternative Schools in Korea." Ph.D. Dissertation. Southern Baptist Seminary.

Richard Niebuhr(1951). *Christ and Culture*, 김재준 역(1998).『그리스도와 문화』. 서울: 대한기독교서회.

Yin, R. (2003). Case Study Research: Design and Methods. Thousand Oaks: Sage.

설문지_ 2장 기독교대안학교 평가 지표

『기독교대안학교 교육 성과에 대한 의견 조사』

　　안녕하십니까? 본 설문은 기독교학교교육연구소에서 연구 지원을 받고 수행하는 「기독교대안학교의 교육 성과에 대한 평가 지표 개발 연구」를 위한 것입니다. 기독교대안학교의 교육 성과를 평가하는 지표로서 적합한 정도에 대해 학교 현장에서의 경험을 바탕으로 솔직하게 답해 주시기 바랍니다. 본 설문지와 설문 결과는 연구의 목적 외에는 사용되지 않을 것이며, 여러분의 개인적인 신상 정보는 절대 공개되지 않을 것입니다. 여러분의 적극적인 협조를 부탁드립니다.

기독교학교교육연구소 드림

I. 다음은 일반적인 사항에 대한 질문입니다.

1. 성별
　① 남(　), ② 여(　)

2. 연령
　① 20대(　), ② 30대(　), ③ 40대(　), ④ 50대(　), ⑤ 60대(　)

3. 학교급별
　① 초등학교(　), ② 중학교(　), ③ 고등학교 (　)

4. 대안학교 경력
　① 1년 미만(　), ② 1-5년 미만(　), ③ 5-10년 미만(　), ④ 10년
이상(　)

5. 학교에서의 역할
　① 교육 행정가(　), ② 교목(　), ③ 교사(　), ④ 직원(　)

6. 학교 소재지
　① 대도시(　), ② 소도시(　), ③ 농촌(　)

　※ 다음에 제시된 영역별 평가 항목과 평가 지표들을 측정 지표로
적합한 정도를 평가해 주시고, 의견란에는 수정되거나 추가되어야 할 지
표에 대한 의견을 작성해 주시기 바랍니다.
　평가 지표의 적합도는 내용 측면의 타당성뿐만 아니라 해당 지표의
현실성, 조사 가능성을 기준으로 판단하여 주시고, 개별 학교의 사정에
관계없이 지표 자체의 적합성을 고려해 주시기 바랍니다.

Ⅰ. 교육 여건

평가 영역	평가 항목	평가 준거	평가 지표	적합도				
				전혀 적합하지 않음	별로 적합하지 못함	보통	대체로 적합함	매우 적합함
Ⅰ. 교육 여건	1.1 학교 경영 및 재정	1.1.1 학교 비전과 목표 설정의 적절성	1.1.1.a 기독교교육에 기초한 학교 비전, 목표의 명료성	①	②	③	④	⑤
			1.1.1.b 학교 구성원의 학교 비전, 목표에 대한 이해 및 공유 정도	①	②	③	④	⑤
		1.1.2 학교 발전 계획의 적절성	1.1.2.a 발전 계획 수립시 구성원 참여 정도	①	②	③	④	⑤
			1.1.2.b 발전 계획 예산 확보율	①	②	③	④	⑤
	1.2 시설 (공간)	1.2.1 대안적 학교 규모	1.2.1.a 교사 1인당 학생수	①	②	③	④	⑤
			1.2.1.b 학급당 학생수	①	②	③	④	⑤
		1.2.2 교육 공간의 안정성	1.2.2.a 교지 확보율	①	②	③	④	⑤
			1.2.2.b 교사 시설 확보율(공간)	①	②	③	④	⑤
	1.3 학부모	1.3.1 학부모의 학교 참여	1.3.1.a 학부모 모임 실행횟수 (학운위, PTA, 반별 모임, 기도회)	①	②	③	④	⑤
			1.3.1.b 부모 참여 프로그램 참여율 (보조 교사, 자원 봉사)	①	②	③	④	⑤
			1.3.1.c 부모 교육 참여율	①	②	③	④	⑤
	1.4 학교장	1.4.1 학교장 리더십	1.4.1.a 학교장의 대안 교육에 대한 확신과 실행 의지	①	②	③	④	⑤
			1.4.1.b 리더십 형태 (의사 결정의 민주화 정도)	①	②	③	④	⑤
			1.4.1.c 학교 경영 능력(교사 업무 분장 능력, 학교 구성원의 의견 수렴 의지, 의사 소통 능력)	①	②	③	④	⑤

				①	②	③	④	⑤
1.5교사	1.5.1 교직원 신앙 헌신도	1.5.1.a 교사 선발 시 분명한 신앙 고백 검증 정도		①	②	③	④	⑤
		1.5.1.b 채플, 선교 활동, 학생 지도,사회 봉사, 교회 봉사 등에 자발적, 적극적 참여도		①	②	③	④	⑤
	1.5.2 교원 확보	1.5.2.a 정교사 확보율		①	②	③	④	⑤
		1.5.2.b 전공 일치 교사 확보율		①	②	③	④	⑤
	1.5.3 교사의 업무	1.5.3.a 교사 지원 프로그램 여부(행정 지원, 교육 프로그램 지원, 재정 지원)		①	②	③	④	⑤
		1.5.3.b 교사의 주당 업무 비율(수업, 수업 준비, 행정 업무, 생활 지도)		①	②	③	④	⑤
		1.5.3.c 교사의 주당 수업 시간		①	②	③	④	⑤
		1.5.3.d 정교사 수업 담당 비율		①	②	③	④	⑤
	1.5.4 교사 역량 개발	1.5.4.a 교사 계속 교육 프로그램 여부 (예비 교사 교육, 신규 교사 교육, 계속 교육, 학교 정체성에 대한 교육, 교과 교육)		①	②	③	④	⑤
		1.5.4.b 자발적 교사 모임 여부 (교과별, 학년별, 주제별 모임)		①	②	③	④	⑤
1.6 학생	1.6.1 학생 교육 여건	1.6.1.a 학생 1인당 교육비		①	②	③	④	⑤
		1.6.1.b 학생 1인당 장서 수		①	②	③	④	⑤
		1.6.1.c 학생 1인당 기숙사 면적		①	②	③	④	⑤
	1.6.2 저소득층 자녀들의 학교 접근성	1.6.2.a 등록금 의존율		①	②	③	④	⑤
		1.6.2.b 장학금 수혜율		①	②	③	④	⑤
	1.6.3 학생의 다양성	1.6.3.a 학생에 대한 다양성과 잠재 가능성 인정 정도		①	②	③	④	⑤
		1.6.3.b경제적, 문화적, 장애 통합 등 학습자 구성의 다양성 정도		①	②	③	④	⑤
	1.6.4 학생 선발의 적절성	1.6.4.a기독교인 학생, 학부모 선발 기준과 실행		①	②	③	④	⑤
	1.6.5 학생 보유력	1.6.5.a 재학생 충원율		①	②	③	④	⑤
		1.6.5.b 신입생 충원율		①	②	③	④	⑤

의견란 :

II. 교육 프로그램

평가 영역	평가 항목	평가 준거	평가 지표	적합도 전혀 적합 하지 않음	별로 적합 하지 못함	보통	대체 로 적합 함	매우 적합 함
II. 교육 프 로그램	2.1 교육 과정	2.1.1 교육 과정 편성과 운영	2.1.1.a 영성 교육 특성화 프로그램 여부	①	②	③	④	⑤
			2.1.1.b 기독교 통합 교과 교육 비율	①	②	③	④	⑤
			2.1.1.c 학생의 다양성에 기초한 은사 교육 프로그램 실행 비율	①	②	③	④	⑤
			2.1.1.d 학교 교육 과정에 대한 문서화, 체계화 정도	①	②	③	④	⑤
			2.1.1.e 기독교적 진로 지도 프로그램	①	②	③	④	⑤
			2.1.1.f 무학년제, 개인별 맞춤 수업, 수준별 수업, 분기별 집중 이수 여부	①	②	③	④	⑤
	2.2 수업	2.2.1 수업 운영	2.2.1.a 학습자 참여 수업 방법	①	②	③	④	⑤
			2.2.1.b 다양한 수업 자료 활용정도	①	②	③	④	⑤
			2.2.1.c 학생들 간의 상호 작용 유형	①	②	③	④	⑤
		2.2.2 수업평가 결과 활용	2.2.2.a 수업 평가 방법과 결과 활용 방법	①	②	③	④	⑤
	2.3. 학교 문화	2.3.1 학교 문화	2.3.1.a 큐티, 선교 활동, 영성 캠프, 부흥회 등	①	②	③	④	⑤
	2.4 학생 활동	2.4.1 학생 활동	2.4.1.a 기독교 동아리 활동 참여율	①	②	③	④	⑤
			2.4.1.b 방과 후 활동 참여율	①	②	③	④	⑤
			2.4.1.c 학생 자치 활동의 자율성 여부	①	②	③	④	⑤
			2.4.1.d 봉사 활동 참여율	①	②	③	④	⑤
	2.5 학생 지원	2.5.1 학생 지원 프로그램	2.5.1.a 멘토, 튜터 제도 활용	①	②	③	④	⑤
		2.5.2 학생 상담	2.5.2.a 학생 1인당 상담 시간과 건수	①	②	③	④	⑤
			2.5.2.b 교사와 학생 간의 상호 작용 유형	①	②	③	④	⑤
의견란 :								

Ⅲ. 교육 성과

평가 영역	평가항목	평가준거	평가 지표	적합도				
				전혀 적합 하지 않음	별로 적합 하지 못함	보통	대체 로 적합 함	매우 적합 함
Ⅲ. 교육 성과	3.1 교사	3.1.1 교사 만족도	3.1.1.a 교사의 학교 교육 철학, 학교 경영, 교육 활동, 행정 지원에 대한 만족도	①	②	③	④	⑤
		3.1.2 교사의 교직 안정성	3.1.2.a 교사의 이직율	①	②	③	④	⑤
		3.1.3 교사와 학생 의 관계	3.1.3.a 학교 교육에 대한 성과 로 얻어진 교사, 학생 관계에 대 한 설문 평가	①	②	③	④	⑤
	3.2 학부모	3.2.1 학부모 만족도	3.2.1.a 학부모의 학교 교육 철학, 학교 경영, 교육 활동, 행정 지원, 교육 결과에 대한 만족도	①	②	③	④	⑤
		3.2.2 부모 와 자녀 관계	3.2.2.a 학교 교육에 대한 성과 로 얻어진 부모, 자녀 관계에 대 한 설문 평가	①	②	③	④	⑤
	3.3 졸업생	3.3.1졸업 생과 학교의 관계	3.3.1.a 졸업 이후 학교와의 지 속적인 네트워킹 및 자원 봉사 여 부	①	②	③	④	⑤
		3.3.2 졸업생 진로	3.3.2.a 진학률	①	②	③	④	⑤
			3.3.2.b 취업률	①	②	③	④	⑤
	3.4 재학생	3.4.1 학생 만족도	3.4.1.a 학생의 학교 교육 철학, 학교 경영, 교육 활동, 행정 지원, 교육 결과에 대한 만족도	①	②	③	④	⑤
		3.4.2 학생의 영적 성숙도	3.4.2.a 채플, 선교 활동 등에 학생의 자발적, 적극적 참여도	①	②	③	④	⑤
		3.4.3 부적응 학생	3.4.3.a 중도 탈락율	①	②	③	④	⑤
			3.4.3.b 부적응(일탈, 비행) 행동 정도	①	②	③	④	⑤
		3.4.4기초 학업 보장성	3.4.4.a 기초 학습 능력	①	②	③	④	⑤
		3.4.5 사고력	3.4.5.a 비판적 사고력	①	②	③	④	⑤
			3.4.5.b 자기 주도 학습 능력	①	②	③	④	⑤
		3.4.6 자아 성숙	3.4.6.a 자아 개념	①	②	③	④	⑤
			3.4.6.b 진로 성숙도	①	②	③	④	⑤
의견란 :								

※ 대단히 감사합니다.

설문지_ 3장 기독교대안학교 유형화와 교육 성과

[학교 행정가용]
기독교대안학교 교육 성과에 대한 의견 조사

안녕하십니까?

기독교학교교육연구소입니다. 올해 연구소에서는 기독교대안학교의 교육 성과에 대한 분석 연구를 수행하고 있습니다. 본 연구는 개별 기독교대안학교에 대한 성과 분석이 아니라 전체 기독교대안학교에 대한 성찰 연구의 목적을 지니고 있습니다.

본 조사의 내용은 맞고 틀린 답이 있는 것이 아니며, 설문에 응답하여 주신 내용은 향후 기독교대안학교 교육의 발전 방향을 모색하는데 귀중한 자료로 사용될 것이며, 설문의 결과는 연구 목적 이외에는 사용되지 않을 것을 약속드립니다. 여러분의 적극적인 협조를 부탁드립니다. 바쁘신 중에도 본 연구에 참여해 주셔서 감사드리며, 귀하의 고견을 소중히 사용하겠습니다.

다시 한 번 설문에 응해 주신데 대해 감사합니다.

기독교학교교육연구소 드림

■ 다음은 귀하의 일반적인 사항에 대한 질문입니다. 해당하는 곳에 √ 표 해 주십시오.

Q1) 성별
    __ ① 남자   __ ② 여자

Q2) 연령
    __ ① 20대   __ ② 30대   __ ③ 40대   __ ④ 50대 이상

Q3) 근무학교
    __ ① 초등학교   __ ② 중학교   __ ③ 고등학교
    __ ④ 초·중 통합   __ ⑤ 중·고 통합   __ ⑥ 초·중·고 통합

Q4) (일반 학교) 교직 경력
    __ ① 없음   __ ② 1년 미만   __ ③ 1년 이상–3년 미만
    __ ④ 3년 이상–5년 미만   __ ⑤ 5년 이상–10년 미만
    __ ⑥ 10년 이상

Q5) 대안학교 교직 경력
    __ ① 1년 미만   __ ② 1년 이상–3년 미만
    __ ③ 3년 이상–5년 미만   __ ④ 5년 이상–10년 미만
    __ ⑤ 10년 이상

Q6) 근무학교 소재지 규모
    __ ① 서울특별시 __ ② 수도권 신도시 __ ③ 광역시 및 대도시
    __ ④ 중소도시   __ ⑤ 읍·면·리

Q7) 학교 규모

　　교사(전임 교사)　　　　명 + 강사　　　명,　　학생　　　　명

■ 귀 학교의 기독교대안학교 유형에 대한 질문입니다. 선생님의 의견에
해당하는 곳에 √ 표 해 주십시오.

문 항	① 전혀 그렇지 않다	② 그렇지 않다	③ 보통 이다	④ 그렇다	⑤ 매우 그렇다
1-1) 우리 학교는 현 학교 교육의 진정한 대안은 기독교교육이라고 생각한다.	①	②	③	④	⑤
1-2) 우리 학교에서 추구하는 기독교교육은 소외된 자를 돌보는 것이다.	①	②	③	④	⑤
1-3) 우리 학교는 정의와 평화를 기독교교육의 중요한 가치로 인식한다.	①	②	③	④	⑤
1-4) 우리 학교는 기독교교육보다 공교육에 대한 대안을 중시한다.	①	②	③	④	⑤
1-5) 우리 학교는 기독교 엘리트 인재양성을 중요한 교육 목표로 삼는다.	①	②	③	④	⑤
1-6) 우리 학교는 학생의 학업성적 향상보다는 신앙과 인성 함양을 더 중시한다.	①	②	③	④	⑤
1-7) 우리 학교 졸업생의 상당수는 외국의 대학교(학교) 진학을 목표로 한다.	①	②	③	④	⑤
1-8) 우리 학교는 학생들의 사회적응훈련을 중요하게 여긴다.	①	②	③	④	⑤
1-9) 우리 학교는 교사들이 기독교적으로 재구성된 교과를 가르치려고 한다.	①	②	③	④	⑤
1-10) 우리 학교는 생태, 환경을 중시하여 교육과정 중에 노작 수업이 있다.	①	②	③	④	⑤
1-11) 우리 학교는 부모를 대상으로 한 신앙 교육 프로그램(기도회 등)을 월 1회 이상 실행하고 있다.	①	②	③	④	⑤

1-12) 우리 학교 교육 과정은 외국 교육 과정을 참고하거나 외국 교과서를 그대로 사용한다.	①	②	③	④	⑤
1-13) 우리 학교는 성적에 따른 수준별 수업을 통해 학생들의 학업 성취도를 높이려고 한다.	①	②	③	④	⑤
1-14) 우리 학교는 학생들의 학업 신장을 정기적인 시험으로 평가하고 있다.	①	②	③	④	⑤
1-15) 우리 학교에는 일정기간 동안 외국에서 연수하는 프로그램이 있다.	①	②	③	④	⑤
1-16) 우리 학교는 대부분의 수업을 영어(외국어)로 진행한다.	①	②	③	④	⑤
1-17) 우리 학교가 영어 이외의 외국어 교육을 하는 것은 국제화 시대에 부응하기 위해서이다.	①	②	③	④	⑤
1-18) 우리 학교는 학생들의 대학진학까지 고려해서 교육하는 편이다.	①	②	③	④	⑤
1-19) 우리 학교 교사들은 학생들의 전인적 치유에 초점을 맞춰 교육하는 편이다.	①	②	③	④	⑤
1-20) 우리 학교는 학생 선발 시 부모와 자녀의 신앙을 매우 중요한 기준으로 고려한다.	①	②	③	④	⑤
1-21) 우리 학교는 학생 선발 시 성적을 중요한 기준으로 고려한다.	①	②	③	④	⑤
1-22) 우리 학교 학생 선발의 주요대상은 다른 학교에 적응할 수 없는 학생들이다.	①	②	③	④	⑤
1-23) 우리 학교는 학교의 의사결정에 있어 학생 자치회가 중요한 역할을 하고 있는 편이다.	①	②	③	④	⑤
1-24) 우리 학교는 비기독교대안학교와 긴밀히 교류하고 있다.	①	②	③	④	⑤
1-25) 우리 학교는 경제적으로 어려운 학생들을 위하여 수업료가 없거나 매우 저렴하다.	①	②	③	④	⑤

■ 귀 학교의 학교경영과 관련한 문항입니다. 선생님의 의견에 해당하는 곳에 √표 해 주십시오.

문 항	① 전혀 그렇지 않다	② 그렇지 않다	③ 보통 이다	④ 그렇다	⑤ 매우 그렇다
2-1) 우리 학교는 기독교대안학교로서의 비전과 목표를 명료하게 제시하고 있다.	①	②	③	④	⑤
2-2) 우리 학교는 비전과 목표를 학교 구성원들과 정기적으로 공유하는 시간을 가지고 있다.	①	②	③	④	⑤
2-3) 우리 학교 대부분의 교사들은 학교가 추구하는 비전과 목표에 대한 확신을 가지고 실행하고 있다.	①	②	③	④	⑤
2-4) 나는 모든 업무에 학교의 비전과 목표를 이루기 위해 노력하고 있다.	①	②	③	④	⑤
2-5) 나는 학교가 가지는 비전과 목표를 다른 사람에게 설명해 줄 수 있다.	①	②	③	④	⑤
2-6) 우리 학교는 기독교대안 교육을 위한 체계적인 교사교육 프로그램이 마련되어 있다.	①	②	③	④	⑤
2-7) 우리 학교는 학생 선발 시 학생들의 다양한 측면(영성, 인성, 체력, 감성, 지성)을 평가하는 기준을 가지고 있다.	①	②	③	④	⑤
2-8) 우리 학교에는 일반 학교에 비해 다양한 사회·경제·문화적 배경을 가진 학생들이 많은 편이다.	①	②	③	④	⑤

2-9) 우리 학교의 비전과 목표가 가장 잘 나타나 있다고 생각하는 항목을 우선순위대로 3가지 고르시오.

---
① 교육 과정 ② 평가 ③ 수업 방법 ④ 진로 지도 ⑤ 행정 서비스 ⑥ 학생 선발
⑦ 생활 지도 ⑧ 방과 후 활동

  1순위 :   ,   2순위: ,   3순위:

■ 귀 학교의 교육 과정 및 교육 프로그램과 관련한 문항입니다. 선생님의 의견에 해당하는 곳에 √표 해 주십시오.

문 항	① 전혀 그렇지 않다	② 그렇지 않다	③ 보통 이다	④ 그렇다	⑤ 매우 그렇다
3-1) 우리 학교의 교육 과정은 학교의 비전과 목표를 분명히 반영하고 있다.	①	②	③	④	⑤
3-2) 우리 학교는 학생의 다양한 능력 계발을 위한 은사 교육/진로 지도 프로그램을 실행하고 있다.	①	②	③	④	⑤
3-3) 우리 학교는 기독교세계관에 입각해서 교육 과정을 운영하고 있다.	①	②	③	④	⑤
3-4) 우리 학교는 영성 교육 프로그램이 활성화되어 있다.	①	②	③	④	⑤
3-5) 우리 학교 수업에서는 교사와 학생 간, 학생들 간에 다양한 의사 소통 방법이 활용된다.	①	②	③	④	⑤
3-6) 우리 학교 교육 과정 운영은 구성원들(교장, 교사, 학생, 학부모) 간의 원활한 의사 소통에 의해 이루어지고 있다.	①	②	③	④	⑤

Q8) 기독교대안학교의 유형을 다음과 같이 나눈다면, 귀하의 학교는 어디에 해당한다고 생각하십니까? 해당한다고 생각하는 한 곳에만 √표 해 주십시오.

___ ① 기독교미인가학교   ___ ② 기독교수월성학교
___ ③ 기독교국제학교   ___ ④ 기독교긍휼학교
___ ⑤ 대안기독교학교

수고하셨습니다. 본 설문에 응답하여 주셔서 다시 한 번 감사드립니다.

기독교대안학교 교육 성과에 대한 의견 조사

안녕하십니까?

기독교학교교육연구소입니다. 올해 연구소에서는 기독교대안학교의 교육 성과에 대한 분석 연구를 수행하고 있습니다. 본 연구는 개별 기독교 대안학교에 대한 성과 분석이 아니라 전체 기독교대안학교에 대한 성찰 연구의 목적을 지니고 있습니다.

본 조사의 내용은 맞고 틀린 답이 있는 것이 아니며, 설문에 응답하여 주신 내용은 향후 기독교대안학교 교육의 발전 방향을 모색하는데 귀중한 자료로 사용될 것이며, 설문의 결과는 연구 목적 이외에는 사용되지 않을 것을 약속드립니다. 여러분의 적극적인 협조를 부탁드립니다. 바쁘신 중에도 본 연구에 참여해 주셔서 감사드리며, 귀하의 고견을 소중히 사용하겠습니다.

다시 한 번 설문에 응해 주신데 대해 감사합니다.

기독교학교교육연구소 드림

■ 다음은 선생님의 일반적인 사항에 대한 질문입니다. 해당하는 곳에 √ 표 해 주십시오.

Q1) 성별

___ ① 남자 ___ ② 여자

Q2) 연령

___ ① 20대　　___ ② 30대　　___ ③ 40대　　___ ④ 50대 이상

Q3) 근무학교

___ ① 초등학교　　　___ ② 중학교　　　___ ③ 고등학교

___ ④ 초 · 중 통합　　___ ⑤ 중 · 고 통합　　___ ⑥ 초 · 중 · 고 통합

Q4) (일반 학교) 교직경력

___ ① 없음　　___ ② 1년 미만　　___ ③ 1년 이상–3년 미만

___ ④ 3년 이상–5년 미만　　___ ⑤ 5년 이상–10년 미만

___ ⑥ 10년 이상

Q5) 대안학교 교직 경력

___ ① 1년 미만　　　　　___ ② 1년 이상–3년 미만

___ ③ 3년 이상–5년 미만　　___ ④ 5년 이상–10년 미만

___ ⑤ 10년 이상

Q6) 주당 담당 수업 시간

___ ① 10시간 미만　　　　　___ ② 10시간 이상–15시간 미만

___ ③ 15시간 이상–20시간 미만　___ ④ 20시간 이상

■ 귀 학교의 기독교대안학교 유형에 대한 질문입니다. 선생님의 의견에 해당하는 곳에 √ 표 해 주십시오.

문 항	① 전혀 그렇지 않다	② 그렇지 않다	③ 보통 이다	④ 그렇다	⑤ 매우 그렇다
1-1) 우리 학교는 현 학교 교육의 진정한 대안은 기독교교육이라고 생각한다.	①	②	③	④	⑤
1-2) 우리 학교에서 추구하는 기독교교육은 소외된 자를 돌보는 것이다.	①	②	③	④	⑤
1-3) 우리 학교는 정의와 평화를 기독교교육의 중요한 가치로 인식한다.	①	②	③	④	⑤
1-4) 우리 학교는 기독교교육보다 공교육에 대한 대안을 중시한다.	①	②	③	④	⑤
1-5) 우리 학교는 기독교 엘리트 인재 양성을 중요한 교육 목표로 삼는다.	①	②	③	④	⑤
1-6) 우리 학교는 학생의 학업 성적 향상보다는 신앙과 인성 함양을 더 중시한다.	①	②	③	④	⑤
1-7) 우리 학교 졸업생의 상당수는 외국의 대학교(학교) 진학을 목표로 한다.	①	②	③	④	⑤
1-8) 우리 학교는 학생들의 사회 적응 훈련을 중요하게 여긴다.	①	②	③	④	⑤
1-9) 우리 학교는 교사들이 기독교적으로 재구성된 교과를 가르치려고 한다.	①	②	③	④	⑤
1-10) 우리 학교는 생태, 환경을 중시하여 교육 과정 중에 노작 수업이 있다.	①	②	③	④	⑤
1-11) 우리 학교는 부모를 대상으로 한 신앙 교육 프로그램(기도회 등)을 월 1회 이상 실행하고 있다.	①	②	③	④	⑤
1-12) 우리 학교 교육 과정은 외국 교육 과정을 참고하거나 외국 교과서를 그대로 사용한다.	①	②	③	④	⑤
1-13) 우리 학교는 성적에 따른 수준별 수업을 통해 학생들의 학업 성취도를 높이려고 한다.	①	②	③	④	⑤

	①	②	③	④	⑤
1-14) 우리 학교는 학생들의 학업 신장을 정기적인 시험으로 평가하고 있다.	①	②	③	④	⑤
1-15) 우리 학교에는 일정기간 동안 외국에서 연수하는 프로그램이 있다.	①	②	③	④	⑤
1-16) 우리 학교는 대부분의 수업을 영어(외국어)로 진행한다.	①	②	③	④	⑤
1-17) 우리 학교가 영어 이외의 외국어 교육을 하는 것은 국제화 시대에 부응하기 위해서이다.	①	②	③	④	⑤
1-18) 우리 학교는 학생들의 대학 진학까지 고려해서 교육하는 편이다.	①	②	③	④	⑤
1-19) 우리 학교 교사들은 학생들의 전인적 치유에 초점을 맞춰 교육하는 편이다.	①	②	③	④	⑤
1-20) 우리 학교는 학생 선발 시 부모와 자녀의 신앙을 매우 중요한 기준으로 고려한다.	①	②	③	④	⑤
1-21) 우리 학교는 학생 선발 시 성적을 중요한 기준으로 고려한다.	①	②	③	④	⑤
1-22) 우리 학교 학생 선발의 주요 대상은 다른 학교에 적응할 수 없는 학생들이다.	①	②	③	④	⑤
1-23) 우리 학교는 학교의 의사 결정에 있어 학생 자치회가 중요한 역할을 하고 있는 편이다.	①	②	③	④	⑤
1-24) 우리 학교는 비기독교대안학교와 긴밀히 교류하고 있다.	①	②	③	④	⑤

■ 귀 학교의 학교 경영과 관련한 문항입니다. 선생님의 의견에 해당하는 곳에 √표 해 주십시오.

문 항	① 전혀 그렇지 않다	② 그렇지 않다	③ 보통 이다	④ 그렇다	⑤ 매우 그렇다
2-1) 우리 학교는 기독교대안학교로서의 비전과 목표를 명료하게 제시하고 있다.	①	②	③	④	⑤

2-2) 우리 학교는 비전과 목표를 학교 구성원들과 정기적으로 공유하는 시간을 가지고 있다.	①	②	③	④	⑤
2-3) 나는 학교가 가지는 비전과 목표를 다른 사람에게 설명해 줄 수 있다.	①	②	③	④	⑤
2-4) 나는 모든 업무에 학교의 비전과 목표를 이루기 위해 노력하고 있다.	①	②	③	④	⑤
2-5) 우리 학교장은 학교가 추구하는 비전과 목표에 대한 확신을 가지고 실행하고 있다.	①	②	③	④	⑤
2-6) 학교장은 충분한 학교경영 능력(교사 업무 분장 능력, 학교 구성원의 의견 수렴 의지, 의사 소통 능력)을 지니고 있다.	①	②	③	④	⑤
2-7) 나는 기독교 대안 교육을 위한 교사 교육 프로그램에 적극적으로 참여하는 편이다.	①	②	③	④	⑤
2-8) 나는 기독교대안학교 교사로서의 소명 의식을 가지고 헌신하고 있다.	①	②	③	④	⑤
2-9) 우리 학교의 학급당 학생 수는 학생들과 원활히 소통하기에 적합하다.	①	②	③	④	⑤

2-10) 우리 학교의 비전과 목표가 가장 잘 나타나 있다고 생각하는 항목을 우선순위대로 3가지 고르시오.

---

① 교육 과정 ② 평가 ③ 수업방법 ④ 진로지도 ⑤ 행정서비스 ⑥ 학생선발 ⑦ 생활지도 ⑧ 방과 후 활동

1순위 :   ,   2순위: ,   3순위:

■ 귀 학교의 교육 과정 및 교육 프로그램에 관련한 문항입니다. 선생님의 의견에 해당하는 곳에 √표 해 주십시오.

문 항	① 전혀 그렇지 않다	② 그렇지 않다	③ 보통 이다	④ 그렇다	⑤ 매우 그렇다
3-1) 우리 학교의 교육 과정은 학교의 비전과 목표를 분명히 반영하고 있다.	①	②	③	④	⑤
3-2) 우리 학교는 학생의 다양한 능력 계발을 위한 은사 교육/진로 지도 프로그램을 실행하고 있다.	①	②	③	④	⑤
3-3) 우리 학교는 기독교 세계관에 입각해서 교육 과정을 운영하고 있다.	①	②	③	④	⑤
3-4) 우리 학교는 영성 교육 프로그램이 활성화되어 있다.	①	②	③	④	⑤
3-5) 우리 학교는 수업에서 교사와 학생 간, 학생들 간에 다양한 의사 소통 방법이 활용된다.	①	②	③	④	⑤
3-6) 우리 학교 교육 과정 운영은 구성원들(교장, 교사, 학생, 학부모) 간의 원활한 의사 소통에 의해 이루어지고 있다.	①	②	③	④	⑤
3-7) 나는 기독교 세계관에 입각해서 수업을 계획, 실행하고 있다.	①	②	③	④	⑤
3-8) 나는 모든 학생들이 수업에 참여할 수 있도록 다양한 방법을 사용하고 있다.	①	②	③	④	⑤
3-9) 나는 학생 1인당 상담 시간과 상담횟수를 충분히 가지고 있다.	①	②	③	④	⑤
3-10) 나는 학생과 관련된 개인적 사항(예 : 가정 환경, 심리 상태, 교우 관계, 관심사 등)을 파악하고 있다.	①	②	③	④	⑤

■ 다음은 학교 만족도와 교육 결과와 관련한 문항입니다. 선생님의 의견에 해당하는 곳에 √표 해 주십시오.

문 항	① 전혀 그렇지 않다	② 그렇지 않다	③ 보통 이다	④ 그렇다	⑤ 매우 그렇다
4-1) 나는 학교의 비전과 교육 목표에 만족한다.	①	②	③	④	⑤
4-2) 나는 학교의 리더십에 만족한다.	①	②	③	④	⑤
4-3) 우리 학교는 행정 지원이 잘 이루어지고 있다.	①	②	③	④	⑤
4-4) 우리 학교의 업무 분담 정도는 적절하다.	①	②	③	④	⑤
4-5) 교사-학생 간의 관계가 원만하다.	①	②	③	④	⑤
4-6) 우리 학교에서는 전문성을 향상시킬 수 있는 기회가 제공되고 있다.	①	②	③	④	⑤

Q7) 기독교대안학교의 유형을 다음과 같이 나눈다면, 귀하의 학교는 어디에 해당한다고 생각하십니까? 해당한다고 생각하는 한 곳에만 √표 해 주십시오.

__ ① 기독교미인가학교   __ ② 기독교수월성학교
__ ③ 기독교국제학교   __ ④ 기독교긍휼학교
__ ⑤ 대안기독교학교

수고하셨습니다. 본 설문에 응답하여 주셔서 다시 한 번 감사드립니다.

[학부모용]
기독교대안학교 교육 성과에 대한 의견 조사

안녕하십니까?

기독교학교교육연구소입니다. 올해 연구소에서는 기독교대안학교의 교육 성과에 대한 분석 연구를 수행하고 있습니다. 본 연구는 개별 기독교대안학교에 대한 성과 분석이 아니라 전체 기독교대안학교에 대한 성찰 연구의 목적을 지니고 있습니다.

본 조사의 내용은 맞고 틀린 답이 있는 것이 아니며, 설문에 응답하여 주신 내용은 향후 기독교대안학교 교육의 발전 방향을 모색하는데 귀중한 자료로 사용될 것이며, 설문의 결과는 연구 목적 이외에는 사용되지 않을 것을 약속드립니다. 여러분의 적극적인 협조를 부탁드립니다. 바쁘신 중에도 본 연구에 참여해 주셔서 감사드리며, 귀하의 고견을 소중히 사용하겠습니다.

다시 한 번 설문에 응해 주신데 대해 감사합니다.

기독교학교교육연구소 드림

■ 다음은 부모님의 일반적인 사항에 대한 질문입니다.

※ 둘 이상의 자녀가 기독교대안학교에 다니고 있는 경우, 고학년 자녀의 학교를 기준으로 설문에 답해 주시기 바랍니다.

Q1) 성별

 __ ① 남자 __ ② 여자

Q2) 연령

 __ ① 30대 __ ② 40대 __ ③ 50대 __ ④ 60대 이상

Q3) 자녀학교

 __ ① 초등학교 __ ② 중학교 __ ③ 고등학교

 __ ④ 초·중 통합 __ ⑤ 중·고 통합 __ ⑥ 초·중·고 통합

Q4) 자녀의 대안학교 재학 년수

 __ ① 1년 미만   __ ② 1년 이상~3년 미만

 __ ③ 3년 이상~5년 미만 __ ④ 5년 이상~6년 미만

 __ ⑤ 6년 이상

Q5) 부모님의 최종 학력

 __ ① 고졸 __ ② 전문대졸 __ ③ 대졸

 __ ④ 대학원 석사 __ ⑤ 대학원 박사

Q6) 부모님의 거주지

 __ ① 서울특별시 __ ② 수도권 신도시 __ ③ 광역시 및 대도시

 __ ④ 중소도시 __ ⑤ 읍·면·리

Q7) 부모님의 신앙 여부

 __ ① 기독교인   __ ② 비기독교인

■ 자녀 학교의 학교 경영과 관련한 문항입니다. 부모님의 의견에 해당하는 곳에 √표 해 주십시오.

문 항	① 전혀 그렇지 않다	② 그렇지 않다	③ 보통 이다	④ 그렇다	⑤ 매우 그렇다
2-1) 자녀의 학교는 기독교대안학교로서의 비전과 목표를 명료하게 제시하고 있다.	①	②	③	④	⑤
2-2) 자녀의 학교는 비전과 목표를 학교 구성원들과 정기적으로 공유하는 시간을 가지고 있다.	①	②	③	④	⑤
2-3) 나는 학교가 가지는 비전과 목표에 동의한다.	①	②	③	④	⑤
2-4) 나는 학교가 가지는 비전과 목표를 다른 사람에게 설명해 줄 수 있다.	①	②	③	④	⑤
2-5) 자녀의 학교장은 학교가 추구하는 비전과 목표에 대한 확신을 가지고 실행하고 있다.	①	②	③	④	⑤
2-6) 자녀의 학교장은 충분한 학교 경영 능력(교사 업무 분장 능력, 학교 구성원의 의견 수렴 의지, 의사 소통 능력)을 지니고 있다.	①	②	③	④	⑤
2-7) 나는 학교 발전을 위한 운영 모임에 참여하고 있다.	①	②	③	④	⑤

2-8) 자녀의 학교의 비전과 목표가 가장 잘 나타나 있다고 생각하는 항목을 우선순위대로 3가지 고르시오.

① 교육 과정 ② 평가 ③ 수업방법 ④ 진로지도 ⑤행정서비스 ⑥ 학생선발 ⑦ 생활지도 ⑧ 방과 후 활동

1순위 :   ,   2순위: ,   3순위:

■ 자녀 학교의 교육 과정 및 교육 프로그램에 관련한 문항입니다. 부모님의 의견에 해당하는 곳에 √표 해 주십시오.

문 항	① 전혀 그렇지 않다	② 그렇지 않다	③ 보통 이다	④ 그렇다	⑤ 매우 그렇다
3-1) 자녀 학교의 교육 과정은 학교의 비전과 목표를 분명히 반영하고 있다.	①	②	③	④	⑤
3-2) 자녀 학교는 학생의 다양한 능력 계발을 위해 은사 교육/진로 지도 프로그램을 실행하고 있다.	①	②	③	④	⑤
3-3) 자녀 학교는 기독교 세계관에 입각해서 교육 과정을 운영하고 있다.	①	②	③	④	⑤
3-4) 자녀 학교는 영성 교육 프로그램이 활성화되어 있다.	①	②	③	④	⑤
3-5) 자녀 학교 수업에서는 교사와 학생 간, 학생들 간에 다양한 의사 소통 방법이 활용된다.	①	②	③	④	⑤
3-6) 자녀 학교 교육 과정 운영은 구성원들(교장, 교사, 학생, 학부모) 간의 원활한 의사 소통에 의해 이루어지고 있다.	①	②	③	④	⑤
3-7) 나는 학교의 부모교육 프로그램에 적극적으로 참여하는 편이다.	①	②	③	④	⑤

■ 다음은 학교 만족도와 교육 결과와 관련한 문항입니다. 다음 각 사항에 대한 부모님의 의견에 해당하는 곳에 √표 해 주십시오.

문 항	① 전혀 그렇지 않다	② 그렇지 않다	③ 보통 이다	④ 그렇다	⑤ 매우 그렇다
4-1) 아이와 부모와의 관계가 개선되었다.	①	②	③	④	⑤
4-2) 우리 아이가 영적으로 성장하였다고 생각한다.	①	②	③	④	⑤

4-3) 우리 아이가 예의바르고 배려있는 아이로 변화하였다.	①	②	③	④	⑤
4-4) 우리 아이가 자기 스스로 공부하는 습관을 가지게 되었다.	①	②	③	④	⑤
4-5) 우리 학교 교사들은 학생들을 공평하고 인격적으로 대한다.	①	②	③	④	⑤
4-6) 나는 학교의 비전과 교육 목표에 만족한다.	①	②	③	④	⑤
4-7) 나는 학교의 리더십에 만족한다.	①	②	③	④	⑤
4-8) 우리 학교는 행정 지원이 잘 이루어지고 있다.	①	②	③	④	⑤
4-9) 기독교적 비교과 활동(동아리활동, 특별활동, 영성 프로그램) 운영에 만족한다.	①	②	③	④	⑤
4-10) 수업 및 교육 활동이 효과적으로 이루어지고 있다.	①	②	③	④	⑤
4-11) 생활지도가 믿음 안에서 이루어지고 있다.	①	②	③	④	⑤
4-12) 교사들은 소명의식을 가지고 헌신하고 있다.	①	②	③	④	⑤

수고하셨습니다. 본 설문에 응답하여 주셔서 다시 한 번 감사드립니다.

[학생용]
기독교대안학교 교육 성과에 대한 의견 조사

안녕하십니까?

기독교학교교육연구소입니다. 올해 연구소에서는 기독교대안학교의 교육 성과에 대한 분석 연구를 수행하고 있습니다. 본 연구는 개별 기독교 대안학교에 대한 성과 분석이 아니라 전체 기독교대안학교에 대한 성찰 연구의 목적을 지니고 있습니다.

본 조사의 내용은 맞고 틀린 답이 있는 것이 아니며, 설문에 응답하여 주신 내용은 향후 기독교대안학교 교육의 발전 방향을 모색하는데 귀중한 자료로 사용될 것이며, 설문의 결과는 연구 목적 이외에는 사용되지 않을 것을 약속드립니다. 여러분의 적극적인 협조를 부탁드립니다. 바쁘신 중에 도 본 연구에 참여해 주셔서 감사드리며, 귀하의 고견을 소중히 사용하겠습니다.

다시 한 번 설문에 응해 주신데 대해 감사합니다.

기독교학교교육연구소 드림

■ 다음은 여러분의 일반적인 사항에 대한 질문입니다. 자신의 것에 해당하는 것에 √표 해 주세요.

Q1) 성별
__ ① 남자　　__ ② 여자

Q2) 학년

___ ① 1   ___ ② 2   ___ ③ 3   ___ ④ 4

___ ⑤ 5   ___ ⑥ 6   ___ ⑦ 7   ___ ⑧ 8

___ ⑨ 9   ___ ⑩ 10   ___ ⑪ 11   ___ ⑫ 12

Q3) 재학 학교

___ ① 초등학교   ___ ② 중학교   ___ ③ 고등학교

___ ④ 초·중 통합   ___ ⑤ 중·고 통합   ___ ⑥ 초·중·고 통합

Q4) 대안학교 재학 년수

___ ① 1년 미만   ___ ② 1년 이상~3년 미만

___ ③ 3년 이상~5년 미만   ___ ④ 5년 이상~6년 미만

___ ⑤ 6년 이상

Q6) 집 거주지 규모

___ ① 서울특별시   ___ ② 수도권 신도시   ___ ③ 광역시 및 대도시

___ ④ 중소도시   ___ ⑤ 읍·면·리

■ 다음은 여러분의 학교에 대한 질문입니다. 여러분의 의견에 해당하는 것에 √표 해 주세요.

문 항	① 전혀 그렇지 않다	② 그렇지 않다	③ 보통 이다	④ 그렇다	⑤ 매우 그렇다
2-1) 나는 학교의 목표와 비전에 대해 다른 사람에게 설명해 줄 수 있다.	①	②	③	④	⑤

2-2) 나는 모든 생활에 학교의 비전과 목표를 이루기 위해 노력하고 있다.	①	②	③	④	⑤
3-1) 수업 시간에 선생님들이 우리의 생각과 의견을 존중해 주신다.	①	②	③	④	⑤
3-2) 우리 학교 선생님과 친구들은 한 가족 같다.	①	②	③	④	⑤
4-1) 우리 학교의 수업을 통해 하나님이 창조주임을 더 잘 알게 되었다.	①	②	③	④	⑤
4-2) 우리학교의 교육을 통해 친구들을 존중하고 배려하는 마음을 가지게 되었다.	①	②	③	④	⑤
4-3) 학교에서 어려움이 생기면 언제라도 의논할 수 있는 선생님이 있다.	①	②	③	④	⑤
4-4) 학교 입학 후에 부모님과의 관계가 더 좋아졌다.	①	②	③	④	⑤
4-5) 나는 우리 학교를 다른 사람에게 추천하고 싶다.	①	②	③	④	⑤
4-6) 나는 학교를 다니면서 하나님과 더 친밀히 교제하게 되었다.	①	②	③	④	⑤
4-7) 나는 학교를 다니면서 나의 재능에 대해 더 잘 알게 되었다.	①	②	③	④	⑤
4-8) 나는 학교를 다니면서 나의 꿈(비전)을 찾게 되었다.	①	②	③	④	⑤
4-9) 나는 우리 학교의 특별활동(방과 후 프로그램 등)에 참여하는 것이 즐겁다.	①	②	③	④	⑤
4-10) 우리 학교에는 나의 재능을 살릴 수 있는 프로그램이 있다.	①	②	③	④	⑤
4-11) 나는 우리 학교 수업시간이 즐겁다.	①	②	③	④	⑤
4-12) 우리 학교 선생님들은 학생들을 사랑으로 가르치신다.	①	②	③	④	⑤
4-13) 우리 학교 선생님은 나를 존중하며 지도해 주신다.	①	②	③	④	⑤
4-14) 나는 우리 학교 선생님이 잘 가르친다고 생각한다.	①	②	③	④	⑤

수고하셨습니다. 본 설문에 응답하여 주셔서 다시 한 번 감사드립니다.